미래는 인성이다!!

바른 인성지도사

인성 지도를 위한 바른 교과서

우리 모두의 즐거운 삶을 위한 길잡이!
이론과 현장실무를 통한 신교육방법!

HCC교육재단

편찬 (사)고전문화연구회
감수 (사)고전문화연구회

형 민 사

책 머 리 에

　　사람은 세상에 태어나면서부터 끊임없이 배우고 실천하면서 성장
해 간다. 아무리 천부적으로 착한 성품을 타고 태어났더라도 후천적
인 교육과 자기 계발에 대한 노력이 없다면 자신의 천부적 기질을
제대로 발휘하여 주위 환경이나 사람들과 조화를 이루며 살아가기가
쉽지 않다. 중국 전국시대 철학자인 맹자孟子가 성선설性善說을 주장
하고, 순자荀子는 그와 상반된 성악설性惡說을 주장한 것도 궁극적으
로 보면 인간에게는 후천적 교육이 절대적으로 필요하다는 사실을
강조한 것에 지나지 않는다.

　　인지人智가 발달하고 생활이 유족裕足한 오늘날의 현실에서 중요
한 문제로 부각되고 있는 것은 역설적이게도 인간과 인간 사이의 조
화로움이다. 인구가 많아지고 문명이 발달하면 사회 구성원들이 각
자 지켜야 도리와 행해야 할 책임을 충분히 인지하고 실천해야 하겠
지만 오히려 구성원 간에 서로를 용납하지 못하고 끊임없이 부조화
와 갈등을 빚어 사회가 점점 피폐화 되고 있는 사실에 우리 모두가
당혹감을 감추지 못하고 있다, 우리 사회가 이렇게 된 데에는 여러
가지 이유가 있겠지만 무엇보다도 우리 인간이 자연에 순응하면서
도덕과 윤리를 존중하는 문명의식文明意識을 상실해 가고 있기 때문
이라고 할 수 있다.

　　근래에 이러한 반문명적인 현실을 극복하여 문명사회로 돌아가야
한다는 주장이 거세게 일어나고 있다. 우리의 교육현장에서도 그러
한 노력의 일환으로, 인성교육이 화두로 떠오르고 있다. 그래서 사
람을 평가하는 중요한 잣대를 인성지수로 삼고, 그 지수 여하에 따
라서 사람의 됨됨이를 가늠하기도 한다. 여기에서 보면, 인성교육이
란 결국 자신과 환경 사이에 안정적이고 호혜적인 관계를 유지하기
위한 부단한 공부와 자기성찰自己省察이라고 정의할 수 있을 것이다.

　　옛 선인들은 학문에 입문하려는 초학자들의 수신을 위해 편찬된
소학小學에서 먼저 "일찍 일어나 마당에 물 뿌려 집 안팎을 청소하
고, 웃어른이 부르면 바로 대답하며, 나아가고 물러날 때 절도가 있
어야 한다는 쇄소응대진퇴지절灑掃應對進退之節을 강조하였다. 이는

바로 어릴 적부터 근면 성실한 인품을 함양하고 조행操行을 반듯하게 별러야만 훌륭한 사회인으로서 또는 학인學人으로 성장할 수 있다는 것이다. 이는 논어에서 공자의 제자인 유약有若이 말한 '기본이 서면 삶의 도리가 저절로 형성된다.'(本立而道生)고 한 것과 일치한다. 여기에서 기본은 인간이 가져야 할 기초적인 덕목을 말하는 것이고 이러한 인품을 갖추어야 만이 도덕과 윤리규범을 제대로 지키며 올바른 삶을 살아갈 수 있게 된다는 말이다. 이렇게 인간으로서의 기본적인 품성이 갖추어지고 도덕적 사고와 행동을 하게 된다면, 통치자는 제왕으로서 덕치德治를 행하게 될 것이고, 군자는 사회 지도자로서의 소임을 충실히 이행할 수 있을 것이다. 그리고 부모는 자식을 기르는 도리에 충실할 것이며, 자식은 자식 된 도리로 부모에게 효도를 다 할 것이다. 그리 되면 공자가 주창한 수신제가치국평천하修身齊家治國平天下가 이루어져 우리는 도덕적 규범이 존중되는 이상적인 세상에서 화평和平과 복락福樂을 누릴 수 있으리라고 본다.

2015년 1월 20일 공포된 인성교육법에서 '예禮·효孝·정직正直·책임責任·존중尊重·배려配慮·소통疏通·협동協同'등 8개 항목을 인성교육의 핵심가치로 삼은 것도 어떻게 하면 자꾸만 비뚤어져 가는 대중들의 인성을 제자리로 되돌려놓을 놓을 수 있을까 고심한 결과라고 하겠다. 이 8가지 항목에서 볼 수 있듯이 인성교육은 인간의 심성을 선하게 가지게 하는 것에서부터 주위 사람이나 환경과의 원만한 관계에 이르기까지 인간이 인간답게 살아가는 방식을 가르치는 것이라고 할 수 있다.

인성교육의 필요성이 절실히 대두되고 있는 현실에서 HCC교육재단의 산하 단체인 사단법인 고전문화연구회가 인성교육에 무관심할 수는 없었다. 왜냐하면 고전문화연구회의 설립취지가 한문고전을 대중에게 널리 보급하여 우리의 전통과 문화라는 정신적 유산을 전파하는 데에 있으므로 인성교육은 우리 고전문화연구회가 짊어져야할 당연지사라고 생각했기 때문이다.

인성교육을 그 취지에 맞게 교육하려면 거기에 맞는 교재 개발이 선행되어야 한다는 생각에서 이번에 우리 고전문화연구회에서 『바른 인성지도사』라는 제목의 교재를 펴내게 되었다. 교재의 구성은 기존의 관련 서적들의 편찬 범주에서 크게 벗어나지는 않았지만 무엇보다도 인성교육의 정체성을 확립하고, 교육 내용을 확대·심화시키는 데 심혈을 기울였다. 또한 인성교육은 언어로 이루어질 수밖에 없기 때문에 인성교육에 맞는 격언, 명구, 성어들을 동서양고전에서 발췌하여 교재 내용을 구성하였고, 인성지도자 양성을 위한 실기문제 및 예상문제를 제시하여 "바른인성지도사 자격시험"에 응시하는 사람들이 효율적으로 시험에 대비할 수 있게 하였다. 그러나 인성교육이 교육과정으로 도입된 역사가 일천日淺하여 축적된 연구 업적이나 성과들이 많지 않으므로 이번에 펴내는 교재가 진선진미盡善盡美하게 이루어지지는 못했다. 앞으로 강의를 진행해 나가면서 이 책의 보완을 위해 인성교육의 의미와 목적 그리고 교육방법 등을 심도 있게 연구하여 절장보단絶長補短하는 노력을 아끼지 않겠다.

이 책이 나오기까지 많은 분들의 도움과 조언에 힘입은 바가 크다. 먼저 이 책 편찬을 기획하시고 직접 집필에도 참여하신 HCC교육재단 장형식 회장님의 노고에 감사드린다. 이어서 이 책의 기획과 방향설정에 많은 도움을 주신 사단법인 한자교육진흥회 나미수 이사장님께도 감사의 말씀을 드린다. 이 책은 여러 편찬위원이 공동으로 참여하여 이루어졌는데, 이 책의 편찬을 총괄하면서 직접 집필에도 참여하고 원전 자료의 수집과 선택에 노고를 아끼지 않으신 손호출 원장님과 편찬위원으로 참여하여 다양한 의견을 제시하고 자료의 편집에 노력을 아끼지 않은 차민경 부장, 장윤경 차장 그리고 김융창 팀장에게도 감사의 말씀을 드린다.

끝으로, 작금에 출판계가 어려움을 겪고 있는데도 불구하고 이 교재의 편찬 취지에 동의하여 출간을 흔쾌히 수락해 주신 주식회사 형민사 김정덕 대표님과 편집진에게도 고맙다는 말씀을 전한다.

2017년 3월

HCC교육재단
사단법인 고전문화연구회 이사장 박 성 규

차 례

HCC교육재단

사단법인 고전문화연구회
어문능력개발평생교육원 · 태학원

전화 (02)3406-9117 / 전송 (02)3406-9118

홈페이지: www.icc39.org / E-mail: icc39@icc39.org

⑨ 04551 서울특별시 중구 수표로 45(저동2가) 을지비즈센터 4층 401호

제1장 인성교육(人性敎育)의 개관(槪觀)

제1.1절 인성교육의 개념(槪念)

1.1.1 인성의 의의

1.1.2 바른 인성교육의 필요성과 내용

제1.2절 생애(生涯) 주기별 인성교육

1.2.1 유아기(幼兒期)의 인성교육

1.2.2 청소년기(靑少年期)의 인성교육

1.2.3 성인(成人)의 인성과 책임

제1.3절 인성교육의 핵심가치(核心價値) 덕목(德目)

1.3.1 예(禮)

1.3.2 효(孝)

1.3.3 정직(正直)

1.3.4 책임(責任)

1.3.5 존중(尊重)

1.3.6 배려(配慮)

1.3.7 협동(協同)

1.3.8 소통(疏通)

제1.1절 인성교육의 개념(槪念)

1.1.1 인성(人性)의 의의

① 인성을 사전에서 찾아보면 '사람의 성품' 또는 '각 개인이 가지는 사고와 태도 및 행동 특성'이라고 정의되어 있다. 고도화된 산업화와 급격한 사회발달로 물질적인 풍요로움과 편리함을 가져다주었지만, 반면에 전통적으로 내려오는 예절, 가치관 등의 교육은 줄어들고 있다. 사람의 마음가짐은 인성(人性)이 바탕이며, 예절이라 할 수 있다. 인성교육은 '사람다운 사람을 기르는 교육'이며, '사람답게 살아가는 사람을 기르는 교육'이라고 할 수 있다. 따라서 학교, 가정, 공동체의 인성교육 기능을 강화하고, 법적·제도적인 강화를 위해 **인성교육진흥법**[1]을 제정하게 되었다.

---

1) **인성교육진흥법(人性敎育振興法)**: 2014년 12월 국회를 통과한, 인성교육을 의무로 규정한 세계 최초의 법이다. 법안이 2014년 12월 29일 국회를 통과, 2015년 1월 20일 공포됨에 따라 6개월 후인 7월 21일 시행된다. 인성교육진흥법은 건전하고 올바른 인성(人性)을 갖춘 시민 육성을 목적으로 한다. 이 법에 명시된 인성교육의 정의는 "자신의 내면을 바르고 건전하게 가꾸며 타인(他人), 공동체(共同體), 자연과 더불어 사는 데 필요한 인간다운 성품(性品)과 역량을 기르는 것을 목적으로 하는 교육"이다. 이 법안에 따라 2015년 7월부터 국가와 지방자치단체, 학교에 인성교육 의무가 부여된다. 이를 위해 정부(政府)는 인성교육진흥위원회를 설립해 5년마다 인성교육 종합계획을 수립하게 된다. 또 종합계획에 따라 17개 시·도 자치단체장과 교육감(敎育監)은 개별 기본계획을 세우고 실행하게 된다. 전국의 초·중·고교는 매년 초 인성교육 계획을 교육감(敎育監)에게 보고하고 인성에 바탕을 둔 교육과정을 운영해야 한다. 아울러 교사는 인성교육 연수를 의무적으로 받아야 하고, 사범대·교대 등 교원 양성기관은 인성교육 역량을 강화하기 위한 필수과목을 개설해야 한다.

* **性格(성격)과 性品(성품)의 관계**는 떠 있는 빙산으로 설명할 수 있다. 성격은 사람들의 눈에 보이는 빙산크기의 20%에 해당하는 윗부분과 같은 것으로 이미지, 기교가 외형상의 성공에 영향을 미칠 수 있지만, 진정한 성공을 이루게 해 주는 것은 수면 아래에 잠겨 있어 빙산의 80%에 해당하는 부분으로 이것이 성품에 해당된다.

가. 학자들마다 '인성'에 대해 각기 다르게 접근하고 있고, 이를 어떻게 규정하느냐가 인성교육의 방향 및 내용이 달라진다. 한 심리학 교수에 의하면 인성교육은 마음을 올바로 갖게 하는 교육(教育)이라고 한다. 사람은 자신이 마음먹은 대로 행동(行動)하는데, 반복된 행동들은 습관(習慣)으로, 습관(習慣)은 인성(人性)으로 이어지게 된다. 즉, 인성교육은 올바른 습관을 길러주는 것이다.

나. 고도화 된 산업화와 자본주의가 급속하게 발전하면서 개인주의(個人主義)와 이기주의(利己主義)가 팽배해지고 있다. 지나친 개인주의나 이기주의는 사회구성원 간에 협조와 협력을 생각할 수 없게 만들고, 이는 결국 사회자체의 존립과 발전에 심각한 영향을 미치게 한다. 인성교육은 사회구성원으로서 사회를 발전시키는 인격체가 되며, 정신적 만족을 이룰 수 있도록 협조하는 인간으로 만드는 필수 조건이다.

다. 인성교육의 인성 요소에는 인류의 보편적 가치(價値)와 덕목(德目)이 포함되며, 미래 사회에서 성공적인 삶을 영위하기 위한 핵심역량, 즉 공감능력, 소통능력, 갈등해결능력, 문제해결능력, 대인관계능력, 자기관리능력 등이 강조된다. **T. Lickona(리코나)**[2]에 의하면, 인성교육은

---

2) **T. Lickona(리코나)**: 통합적 인격교육론자인 Lickona(1991)는 도덕성을 인지적 도덕성, 정의적 도덕성, 행동적 도덕성으로 나누어 제시하고 있으며 이러한 도덕성의 요인들이 결합하여 통합적인 인격을 형성하게 된다고 주장한다. Lickona는 도덕적 선을 행하게만 하는 인격교육(character education)과 도덕적 선을 알게 하는데 치중한 인지발달론적 관점의 통합을 주장하여 도덕성 교육의 실행을 위한 구체적인 방법론을 제시하고 있다. 특히 리코나(T. Lickona)에 의하면, 인성은 도덕적 앎(지식), 도덕적 감정, 도덕적 행동으로 이루어져

윤리적 가치를 이해하고, 이에 따라 행동할 수 있도록 돕기 위한 의도적이고 집중적인 노력이다.

② 인성교육은 왜 중요할까? 인성교육의 부재는 한 개인의 차원에서만 끝나는 것이 아니라 사회문제까지 확대된다는 데 그 심각성이 있다. 또 학벌만능주의 만연으로 인한 지적교육의 강조와 학교교육이 마치 교육의 전부인 양 오인되고 있기도 하다.

가. 이에 따라 '과연 참된 사람이란 무엇인가, 나는 참된 사람인가'라는 고찰을 하지 못하고 있다. 이는 바로 인성교육이 부족하기 때문이다. 인성발달의 결여로 인해 발생되는 非道德的(비도덕적)인 청소년 문제들과 점차 연령이 낮아지는 청소년 범죄가 여기에서 발생하기 때문에 최근 인성교육은 더욱 중요시 되고 있다.

나. 그렇다면 인성교육은 어떻게 해야 할까? 먼저 어릴 때부터 시작하는 것이 좋다. 무엇보다 인성교육의 가장 기본적인 기틀은 부모를 통해 시작된다. 아이들은 어른의 거울이라는 말이 있듯 자녀는 부모를 통해 보고, 듣고, 배운다. 그렇기 때문에 父母(부모)와의 간단한 일상 대화에서부터 인성교육이 시작된다고 볼 수 있다. 하루아침에 이뤄지지는 않겠지만 매일매일 일상 속에서 한 부분으로 자리 잡을 수 있도록 家庭(가정)에서부터 실천해 주어야한다.

다. 인성교육은 바른 價値觀(가치관)과 禮節(예절), 겸양, 옳고 그름에 대한 인식, 참을성, 공동체 의식 및 규칙 준수, 기본매너, 타 문화에 대한 이해 및 포용 등을 전부 아우를 수 있다. 동서고금을 막론하고 예

있으며, 도덕적 자각, 도덕적 가치인식, 도덕적 추론, 의사결정, 자아에 대한 지식, 양심, 선을 사랑하는 마음, 자아통제 및 겸손 등과 같은 다양한 하위요인으로 구성되어 있다고 주장한다.

의 바름과 옳고 그름을 잘 구분하는 사람은 어디를 가나 환영 받을 것이다. 어디에서나 환영받는 우리아이가 될 수 있게 가정에서부터 올바른 인성교육을 지도해야 한다. 가정의 인성교육의 기능 회복을 위한 방안으로는, 밥상머리 교육을 통해 가족 간의 대화를 확대하고, 학부모가 자녀 인성교육에 동참할 수 있는 기회를 확대하여야 하며, 자녀의 성장 단계별 부모교육 및 온·오프라인을 통한 자녀 인성교육 프로그램을 제공하여야 한다.

② 사람은 누구나 태어나면서부터 각기 다른 신체적 특징과 마음의 특성인 인성을 지니고 태어난다. 신체적 특성은 얼굴의 생김새, 신체형태 등 외형적인 것을 의미하며, 이는 의학적 치유를 통하여 변형 될 수 있을 것이며, 마음의 특성인 인성은 **맹자(孟子)**[3]**와 순자(荀子)**[4]가 각각 주장한 성선설(性善說)과 성악설(性惡說)을 인용하지 않더라도 선하거나, 악하거나 각각 다른 심성(心性)을 갖고 태어난 다고 볼 수 있다. 일란성 쌍둥이라도 성품이 각각 다르다는 것을 통하여 알 수 있다.

가. 선악(善惡) 이외에도 예의(禮儀)와 염치(廉恥), 의로움과 부끄러움을 아는 심성(心性), 어려움에 처한 사람을 불쌍히 여길 줄 알며 상대방이 나와 다름을 인정하고 사랑할 줄 아는 심성(心性) 등등 사람으로서 지녀야할 품성(品性)은 환경이나 모태(母胎)의 건강이나 조건에 관계없이 각각 달리 태어난다는 것은 부인할 수 없는 이치이며, 이 모든 품성(品性)을 선과 악으로 대별하여 표현함에 불과하다.

---

3) **맹자(孟子):** 산둥성 추현 지방 출생으로 이름은 가(軻), 자는 자여(子與) 또는 자거(子車)다. 세 살 때에 아버지를 잃고 편모슬하에서 성장했는데, 조숙했던 공자(孔子)와는 달리 말썽꾸러기였다. 모방하려는 기질이 강하여 주변 지역의 풍습(風習)을 곧잘 흉내 냈기 때문에, 그 어머니가 세 번 이사를 다니며 가르쳤다고 하는 맹모삼천지교(孟母三遷之敎)가 유명하다.

4) **순자(荀子):** 맹자(孟子)와 같은 시대를 살았던 것으로 알려진 순자(荀子)는 전국 시대 조(趙)나라의 유학자로서 이름은 황(況)이며, 자는 경(卿)이다. 맹자가 성선설(性善說)에 입각하여 덕치주의(德治主義)를 주장했다면, 그는 성악설(性惡說)에 근거하여 예치주의(禮治主義)를 주장했다. 진(秦)나라의 재상 이사(李斯)와 한비자(韓非子)가 그의 제자다.

나. 고전에 '**마중지봉(麻中之蓬)**'이란 성어(成語)가 있는데, 이는 쑥이 길가에서 자라면 볼품없이 크지만 대마(大麻) 속에서 자라면 대마(大麻)같이 크고 곧게 자란다. 하찮은 쑥도 삼과 함께 있으면 삼과 같이 곧게 크게 될 수 있다는 말이니, 사람도 어진 이와 함께 있으면 어질 게 되고 악(惡)한 사람과 있으면 악(惡)하게 된다는 것을 비유한 것이다. 즉 "모든 생물은 환경의 영향을 받는다."라는 뜻이다. 이는 '**봉생마중(蓬生麻中) 불부이직(不扶而直)**'이란 고전의 한 구절을 요약한 성어(成語)이다.

○ (麻中之蓬 마중지봉)
- '삼밭 속의 쑥'이라는 뜻으로, 곧은 삼밭 속에서 자란 쑥은 곧게 자라게 되는 것처럼 선(善)한 사람과 사귀면 그 감화를 받아 자연히 선(善)해짐을 비유적으로 이르는 말이다. 좋은 환경에 있거나 좋은 벗과 사귀면 자연히 주위의 감화를 받아서 선인(善人)이 됨을 비유해 이르는 말이다.
〔출전: 순자〕

○ (蓬生麻中 不扶而直 봉생마중 불부이직 白沙在涅 與之俱黑 백사재열 여지구흑)
- 쑥이 삼밭에서 자라면 붙들어 주지 않아도 곧게 자라고, 흰 모래가 진흙 속에 있으면 함께 검어진다는 뜻이다. 군자(君子)는 거처를 정할 때 반드시 마을을 가리고(擇), 교유(交遊)할 때는 반드시 곧은 선비와 어울린다. 이는 사악(邪惡)함과 치우침을 막아서 중정(中正)에 가까이 가기 위함이다.

○ (近墨者黑 근묵자흑 近朱者赤 근주자적)
- 먹을 가까이 하면 검어지고 인주(印朱)를 가까이 하면 붉어진다는 뜻

으로, 사람도 주위환경(周圍環境)에 따라 변할 수 있다는 것을 비유한 말이다. 훌륭한 스승을 만나면 스승의 행실을 보고 배움으로써 자연스럽게 스승을 닮게 되고, 나쁜 무리와 어울리면 보고 듣는 것이 언제나 그릇된 것뿐이어서 자신도 모르게 그릇된 방향(方向)으로 나아가게 된다는 것을 일깨운 고사성어(故事成語)이다. 〔출전: 중국 서진(西晉) 때의 문신·학자인 부현(傅玄)의 태자소부잠(太子少傅箴)〕

○ 사람이 생활하는 데 환경이 중요함을 함축한 말로, 이와 같은 뜻을 지닌 한자성어(漢字成語)로는 귤화위지(橘化爲枳) 남귤북지(南橘北枳), 맹모삼천지교(孟母三遷之敎) 등이 있다.

* **귤화위지(橘化爲枳)**: 강남(江南)의 귤을 강북(江北)에 심으면 탱자가 된다는 뜻으로, 사람도 환경(環境)에 따라 기질이 변한다는 말이다.

* **남귤북지(南橘北枳)**: 남쪽 땅의 귤나무를 북쪽에 옮겨 심으면 탱자나무로 변한다는 뜻으로, 사람도 그 처해 있는 곳에 따라 선(善)하게도 되고 악(惡)하게도 됨을 이르는 말이다.

* **맹모삼천지교(孟母三遷之敎)**: 맹자(孟子)의 어머니가 맹자(孟子)의 교육을 위해 세 번이나 이사(移徙)를 한 가르침이라는 뜻으로, 교육에는 주위환경이 중요하다는 가르침을 이르는 말이다. 〔출전: 열녀전〕

다. '될 성 부른 나무는 떡잎부터 알아본다.'는 속담(俗談)은 인성교육의 중요함을 나타낸다. 인성(人性)에는 바른 인성과 바르지 못 한 인성을 통칭하는 언어적 의미라면, 우리가 추구하는 사람으로서의 올바른 도리를 하도록 가르쳐야 하는 것은 "바른 인성(人性)", "바른 품성(品性)", 즉 "바른 인성" 교육이라고 표현함이 옳을 것이다.

③ 하늘이 주신 것이 생명이고, 생명의 흔적이 만남이다. 만남은 관계를 짓고, 관계를 닦는 것이 인성이다. 인성은 사람답게 사는 품성(品性)이고, 품성은 생각과 말과 행위로 드러난다. 품성(品性)을 드러냄은 인성교육으로 가능하고, 인성교육은 교육의 기본이다.

＊ 인성(人性)의 작동방식 및 순서(順序)

1. 느낌(감성)
2. 생각(이성, 인지, 의식)
3. 언어(言語)
4. 행위(行爲)
5. 습관(習慣)
6. 인생(삶)의 순으로 작동하게 된다.

---

④ 단군신화(檀君神話)에서 '사람(人)은 곧 하늘(天) 같은 존재이고, 사람은 무한한 능력을 소유하고 있으며, 가장 존귀하고 누구나 평등하며 영원한 존재이다.'라고 말하고 있다.

가. 한국인의 인성교육의 방향은 '한마음'의 원리를 체득하고 홍익인간(弘益人間)을 실천하는 사람을 만드는데 두고 있다. 인성교육은 학생들에게 삶의 목표를 세우게 하고, 집중하는 명상을 통해 실질적인 변화를 시현하도록 하는 것이 필수적인 과정이 되어야 한다. 그 결과 하늘 같은 마음으로 홍익인간(弘益人間)을 실천하는 사람을 만드는 것이 인성교육의 목표가 되어야 한다.

나. 인성교육의 궁극적인 목표는 가정과 사회에서 리더십을 발휘하게 하는 데 있다. **대학(大學)**5)의 수신제가치국평천하(修身齊家治國平天下)의

---

5) **대학(大學)**: 유교 《사서(四書)》의 하나. 공자(孔子)의 가르침의 정통성을 담고 있다고 평가되는 경전(經傳)이다. 본래는 《예기(禮記)》 49편 가운데 제42편이었다.

원리가 그것을 말해 주고 있다. 사회적 역할 이전에 먼저 가정을 화목하게 하는 것이 필수적이며, 그것은 또한 수신(修身)에 달려있다는 것이다. 수신(修身)이 되면 제가(齊家) 이후는 저절로 되며, 수신(修身)이 되지 않으면 제가(齊家) 이후는 불가능해진다. 그래서 덕본(德本), 즉 덕(德)을 근본으로 여기는 것이 강조되는 것이다. 덕(德)이 있으면 사회적인 성공도 보장된다는 것을 대학(大學)에서 강조하고 있다. 여기서 우리는 인성교육의 방향성과 비전을 발견할 수 있다. 수양(修養)으로 덕(德)을 갖추는 것이 인성교육의 핵심이며, 훌륭한 리더가 되어 사회적인 성취를 이루는 것이 거기에 달려있다. 이것이 인성교육의 방향성이며, 비전인 것이다. 이는 또한 인성지도자의 비전일 것이다.

다. 인성교육자는 자기를 수양하여 스스로 하늘과 같은 사람이 되고, 타인을 하늘처럼 존중하고, 홍익인간(弘益人間), 재세이화(在世理化)를 실천하는 리더가 되어야 한다. 『바른인성지도사』로서 자격을 취득하는 의의가 바로 여기에 있다할 것이다.

1.1.2 바른 인성교육의 필요성과 내용

① 바른 인성교육의 필요성

가. 인성교육의 필요성은 인간으로서 지녀야 할 바람직한 성향을 지니게 하는 것으로서 개인적으로 만족할 줄 알고 사회적으로 건설적인 삶을 영위하는데 필요한 지식(知識), 기능(技能), 태도(態度), 가치(價値)를 획득할 수 있도록 도와주는 것이라고 할 수 있다. 자기 자신을 바르게 정확하게 이해하도록 하여 합리적이고 현실적인 행동을 할 수 있는 인간다운 인간을 길러내는 데 구체적인 목표를 실천해 가는 과정 속에서 바람직한 인성을 기르고 함양할 수 있다. 인성교육은 지·정·의(知·情·意)를 긍정적으로 변화시켜 인간의 가치를 극대화하는 활동으로 이해되기도 하는데 이는 인성교육의 목표가 개개인의 인격 완성과 자아실현을 통해 보다나은 미래사회, '인격과 인격이 더불어 살아가는 사회'를 건설하는데 있다. 학교교육학회(2001년)에서 밝힌 인성교육의 필요성은 다음과 같이 다섯 가지로 요약해 볼 수 있다.

> * **인성교육의 필요성 〔학교교육학회(2001년)〕**
> ① 인성교육을 통해 자신에 대한 올바른 이해를 돕는다.
> ② 인성교육을 통해 자신을 존중하고 수용하는 자세를 기른다.
> ③ 인성교육을 통해 자기 통제 및 조절 능력을 기른다.
> ④ 인성교육을 통해 올바른 현실 감각을 함양한다.
> ⑤ 인성교육을 통해 타인에 대한 공감각적 이해와 타인 존중의 자세를 함양한다.

나. 인간으로서의 바르지 못한 성품으로 변하는 것을 막는다든지 스스로 바르게 가는 사람이라도 이를 변화하지 않고 계속 유지되도록 하기 위해서는 교육이란 과정을 통하여 지속적 관리가 필요하다. 선(善)하게 태어난 사람이라도 자라면서 환경의 적용을 받을 수밖에 없으며 생존경쟁이란 피할 수 없는 현실에 부딪치면서 점차 자기중심적(自己中心的)이며, 탐욕(貪慾), 독선(獨善), 시기(猜忌), 모함(謀陷) 등등 사람으로서의 바르지 못한 성품으로 변해간다. 즉 '성품(性品)'이란 주위환경과 생존의 조건에 따라 변한다고 정의된다.

다. 사회(社會), 경제(經濟), 문화(文化)가 급속도로 발전하고 다양한 종교, 국제교류의 확대와 더불어 IT라는 신기술의 개발로 정보의 양이 다양하고 방대해지며, 시간적, 공간적 제약을 받지 않는 통신 수단의 확충 등으로 인간생활의 총체적 환경이 복잡 다양해지기 때문에 자신에 대한 성취욕구가 많아지고 광범위한 이질적 문화의 유입과 산업구조의 변화에 따라 가족공동체 문화가 무너지고 핵가족 제도가 확대됨으로 인하여 오직 자기중심적(自己中心的) 사고가 팽배해지는 현상을 낳아 '효(孝)'라는 인간이 지닌 최고의 덕목과 더불어, 사람으로서의 의로운 가치와 사회적 관계를 질서지어 주는 도덕적(道德的) 윤리가 붕괴되어가는 심각한 현실에 봉착하게 되었음을 부인할 수 없는 현실에서 더 늦기 전에 사람으로 살아가는 방법인 바른 인성교육이 절실하다.

라. 특히 언어(言語)란 사용하는 사람의 인격과 마음의 창(窓)이라고 할 수 있으며, 지구상에 약 6,000여개의 언어가 존재한다고 하는데 우리는 아름다운 우리 고유어가 있음에도 불구하고 현재 우리아이들이 쓰고 있는 은어(隱語) 또는 약어(略語)의 실상을 살펴보면 외국어인지 우리말인지 구분하기 어려움을 넘어 도저히 용인할 수 없는 분노와 허탈감을 갖지 않을 수 없는 지경에 이르렀다.

마. 예절이 바르면 인성도 좋고, 인성이 좋으면 예절도 바르다. 예절(禮節)
은 예의범절(禮儀凡節)의 준말로서, 행동의 기준이 되는 마음가짐과 바른
몸가짐을 뜻한다. 이는 가장 사람답게 살기 위해 필요로 하는 기본인 것
이다. 사람다운 사람이란 도리(道理)를 지키기 위해 항상 노력하고, 공부
하며, 실천하는 사람을 말한다. 즉 공부(工夫)하는 사람만이 정신을 다듬
을 수 있으며, 이렇게 다듬어진 정신을 형성화하는 것이 예절이다. 인성
을 위한 생활예절(生活禮節)의 필요성을 개인적 입장과 사회적 입장으로
구분하여 살펴보면 다음과 같다. (예원예술대학교 이상명 교수)

◆ 개인적 입장	① 여유 있는 마음가짐을 갖도록 한다. ① 자녀의 예절지도에 도움을 준다. ② 삶의 질(質)을 향상시킨다.
◆ 사회적 입장	① 좋은 인간관계를 형성하도록 한다. ② 신뢰하는 분위기를 조성하는데 도움을 준다. ③ 사회질서(社會秩序) 유지에 도움이 된다.

② 바른 인성교육의 시기

가. 바른 인성교육은 조기교육과 지속적인 교육이 필요하다. 아울러 교육
의 시기를 유아(幼兒), 청소년(靑少年), 성인(成人), 부모(父母), 노인(老
人) 등으로 구분하여, 각각 사회적 위치와 역할에 따라 그에 맞는 교육이
필요하며, 지속적인 교육을 위해서는 시간적, 공간적 제약이 따르는 학교
교육에 만 한정할 것이 아니라 사회교육, 평생교육(平生教育)으로 확대하
여 지속적으로 실시해야 한다.

나. 생애(生涯) 주기별 인성교육을 실시하기 위해서는 먼저 인간의 발달심
리학(發達心理學)에 관한 내용을 살펴보아야 한다. 발달심리학에서 발달
(development)의 개념은 인간의 생명이 시작되는 수정의 순간에서부터

죽음에 이르기까지의 전 생애를 통해 이루어지는 모든 변화의 양상과 과정을 의미한다고 **"송명자 교수"**[6]는 "발달심리학(發達心理學)"에서 밝혔다. 발달적 변화의 과정에는 신체, 운동기능, 지능, 사고, 언어, 성격, 사회성, 정서, 도덕성 등 인간의 모든 특성들이 포함 된다.

다. 과거에는 아동기(兒童期)와 청년기(靑年期)의 발달은 긍정적인 반면 중년기 이후부터 노년기(老年期)의 발달은 쇠퇴로 인한 부정적 변화라고 치부함이 지배적이었다. 하지만 최근 연구결과는 노년기(老年期)에도 분석, 통합, 추론, 문제해결 능력 등 많은 영역에서 긍정적인 발달이 지속된다고 결론짓고 있다.

라. 발달과 연관 지어 볼 수 있는 개념은 성장과 성숙을 들 수 있는데, 성장은 주로 신체적 특성의 변화를 뜻하는 개념으로 인식되어 왔으나, 현재는 발달과 상호 연관 지어 동일한 개념으로 간주된다. 성숙은 유전인자(遺傳因子)의 발달과정을 방향 짓는 것을 뜻한다고 볼 수 있다. 유전인자의 발달과정은 환경의 영향을 받지 않는다고 주장하는 학설이 있지만 이는 동의할 수 없으며 오히려 환경이 유전인자의 발달과정과 발달방향에 영향을 미친다고 보아야 할 것이며, 이러한 발달심리학(發達心理學)적 개념을 파악하여 바른 인성의 교육계획을 수립해야 할 것이다.

③ 바른 인성교육의 내용

가. 교육의 목적이나 의미를 한마디로 표현하기는 매우 어려운 것이지만, 교육의 일반적 의미는 인간이 지닌 각자의 장점을 최대한 발휘할 수 있

---

6) **송명자 교수:** 동아대학교 학부와 대학원에서 영문학(英文學)을 전공하였으며, 경북대학교 교육심리과정에서 발달심리학(發達心理學)을 전공하였다. 1973년부터 동아대학교 교육학과 교수로 발달심리학(發達心理學)과 교육심리학(敎育心理學)을 강의하였으며, 1985년부터 1991년까지 경북대학교 심리학과 대학원 강사로 발달심리학(發達心理學)을 강의하였다. 저서로 발달심리학 송명자 저, 도서출판 학지사 등 다수가 있다.

는 능력을 일깨워 주는 과정이라고 볼 수 있다. 현재 우리교육은 고등학교까지는 입시위주(入試爲主)의 교육에 함몰되어 크나큰 부작용을 낳고 있으며, 성인교육 역시 취업위주(就業爲主)의 학과목과 기술교육만을 중시하는 경향이 있는데, 이보다 먼저 가르쳐야 할 것이 사람으로서의 도리(道理)를 지킬 줄 아는 올바른 인성을 갖도록 교육하는 것이 우선되어야 한다고 본다.

나. 우리는 이 시대에 필요한 "바른 인성교육의 내용"을 사람으로서의 지녀야 할 보편적 덕목을 보다 구체화하여 '효(孝)의 사상(思想)'은 물론, 직장인으로서의 책임과 도리, 국제사회 일원으로서의 도덕(道德)과 질서(秩序), 인간이 서로 다름의 인정과 배려(配慮), 소통(疏通)과 통섭(通涉)의 방법, 그리고 행복의 기준을 알며 만족함을 느낄 줄 알며, 나의 가치를 스스로 찾을 줄 아는 지혜 등을 가르쳐야 할 것이다.

* **통섭(通涉)**: 서로 다른 것을 한데 묶어서 새로운 것을 잡는다는 것으로 융합(融合)의 의미이다. 다양성을 인정하고 수용하는 통합적(統合的)인 삶을 뜻하는 군자불기(君子不器)가 통섭의 대표적인 성이다.

* **군자불기(君子不器)**: 군자(君子)는 일정한 용도로 쓰이는 그릇과 같은 것이 아니라는 뜻으로, 군자(君子)는 한 가지 재능에만 얽매이지 않고 두루 살피고 원만하다는 말이다.

다. 인성교육하면 대체적으로 효도(孝道)와 예절(禮節)이라는 덕목만을 중시하는 경향이 있는데 물론 "효도(孝道)"란 인간이 지닌 최고의 덕목임은 부인할 수 없는 가치이지만 현대사회에서는 그 이외의 여러 가지 사람으로서의 지녀야 할 광범위한 덕목(德目)이 요구되기 때문에 보다 광범위한 분야에 대해서도 이를 간과해서는 안 될 것이다. 때문에 정부에서도 인성교육의 중요성을 인식하고 2015년 1월 20일 **인성교육진흥법(人性教育振興法)** <법률 제13004호>을 제정 공포한바 있다.

제1.2절 생애(生涯) 주기별 인성교육

1.2.1 유아기(幼兒期)의 인성교육

움 유아기(幼兒期)[7]에는 교육이란 과정에 앞서 부모의 양육에 관한 책임이 선행되어야 한다. 부모는 자녀의 양육에 대한 의무가 먼저 따르기 때문이다. 양육 과정에는 신체적 보살핌과 정서적 안정감, 그리고 환경적 쾌적함과 인지발달의 자극, 규칙적인 습관, 자율성과 독립성, 사회성을 갖도록 지속적인 훈련이 필요하다.

행 어머니의 자애로움과 아버지의 엄격함과 모범적인 행동으로 무언(無言)의 교육이 되도록 함은 물론 자녀도 한 인격체로 대해야 하며, 항상 관심을 갖고 함께 나누며 즐기는 생활방식(生活方式)이 중요하다. 주의할 점은 맹목적인 보호와 사랑이란 이름으로 모든 걸 무조건(無條件) 감싸주려는 부모의 태도를 경계해야 한다.

려 옛말에 "세살 버릇 여든까지 간다."라는 속담이 있는데 이는 사람의 수명을 최대 80세 까지로 보았기 때문일 것이며, 요즘 말로는 "세살버릇

---

7) **유아기(幼兒期)**: 보통 2세부터 초등학교 입학 전인 6세까지를 유아기라고 한다. 유아기에도 신체가 꾸준히 성장하는데 신체 비율이 변화하고 대뇌(大腦)가 성장한다. 신체 성장은 운동 능력 발달의 기초가 되고 운동 능력이 발달하면서 외부 환경을 더 능동적으로 탐색하게 된다. 또한, 인지 능력이 발달하여 눈앞에 존재하지 않는 대상을 기억하는 표상 능력이 생기는데 이는 피아제의 인지발달단계 중 전조작기에 해당하는 특징이다. 전조작기 아동이 가진 사고의 큰 특징은 다른 사람의 관점을 이해하지 못하는 자아중심적 사고를 보인다는 것이다. 유아기에는 영아기에 분화된 정서(情緒)가 더 발달하고 정서 규제 능력이 향상된다.

평생(平生) 간다."라고 해야 옳을 것이다. 때문에 사람으로서의 올바른 길을 가도록 가르친다는 것은 최소한 세살부터 라고 보아야 할 것이며, 이때부터 가정교육(家庭敎育)이 필요하며 바른 말과 바른 행동을 가르쳐야 한다.

* **세 살 버릇이 여든까지 간다.**: 어릴 때의 버릇은 늙어서도 고치기 어렵다. (삼세지습 지우팔십, 三歲之習 至于八十)

4 유아기(幼兒期)부터 반복적, 지속적, 실천적인 인성교육을 강화하여 올바른 인성교육이 되도록 하여야 한다.

5 유아교육(幼兒敎育)의 시기가 되면 학교교육에 앞서 가정교육(家庭敎育), 소위 **'밥상머리 교육'**[8]을 통해서 도덕성(道德性)과 사회성 즉, 또래 아이들과의 관계를 유지하는 과정의 교육이 필요하다. 옛날처럼 형제가 많은 가정에서는 자연히 어울리는 교육이 되었지만, 현대사회는 한 가정에 한 명의 아이를 낳아 가르치는 사례가 많기 때문에 또래와 어울릴 경험이 부족한데 그 원인을 찾을 수도 있다. 이는 옛 성현들께서 아동학습서(兒童學習書)로 만들어 놓은 사자소학(四字小學)을 비롯하여 명심보감(明心寶鑑) 등 많은 고전이 있음으로 과정별 교육내용은 제3장에서 자세히 언급하기로 한다.

---

8) **밥상머리 교육(敎育)**: 밥상머리 교육(敎育)이란 단어는 어딘지 모르게 권위적인 느낌이 난다. 하지만 아주 다정한 교육법(敎育法)이다. 함께 밥을 먹으면서 시간을 보내며 아이들의 인격을 형성해 나가는 것이다. 예전에는 온 가족이 함께 밥을 먹는 것이 당연한 것이었지만 지금은 각자 바쁜 라이프스타일 때문에 한 식탁에 앉기도 어려운 게 현실이다. 또 같이 밥을 먹더라도 핸드폰을 보거나 TV를 시청하며 대화가 많이 사라졌다. 밥상머리 교육이란 식구끼리 함께 식사를 하면서 대화를 나누고 꼭 필요한 인성을 형성해 주는 것이다.

1.2.2 청소년기(靑少年期)의 인성교육(人性敎育)

움 **청소년기(靑少年期)**[9]는 대략 중·고등학생의 시기로 볼 수 있는데, 이 시기는 신체적으로는 이미 성장하였으나 정신적으로 완성되었다고 보기 어렵다, 때문에 이들에게는 성인들의 정신적, 학문적 올바른 지도가 필요한 시기이다.

행 "청춘(靑春)! 이는 듣기만 해도 가슴이 설레는 말이다!"라고 일찍이 시인(詩人) **"민태원(牛步 閔泰瑗) 선생**[10]이 청춘(靑春) 예찬(禮讚)"에서 말하지 않았던가. 그렇다! 이 시기에는 신체적으로 끊임없이 분출되는 왕성한 혈기를 자제하지 못하고 무언가와 부딪치고 싶고, 용솟음치는 모험심과 현실로 부터의 탈출(脫出)과 반항(反抗), 그리고 무모한 도전이 요구되는 시기이다.

려 성인들은 이들에 대한 이해와 더불어 분출된 욕구의 올바른 해소 방안과 조절방법을 슬기롭게 제시하여야 할 의무가 있는 것이며, 무조건 억제하려 한다거나, 순종만을 강요 한다면 청소년(靑少年)들은 기성세대에

---

9) **청소년기(靑少年期)**: 청소년기본법 제3조1항 '청소년(靑少年)이라 함은 9세 이상 24세 이하의 사람을 말한다.'라고 정하고 있다. 청소년보호법 제2조1항은 '청소년(靑少年)이란 19세 미만인 사람을 말한다. 단 만19세가 되는 해의 1월1일을 맞이한 사람(연 나이라고 함)은 제외한다.'라고 정하고 있다. 여기서 많은 사람들이 왜 청소년(靑少年)이 24세 이하이지, 민법상 19세 이상은 성인인데 하는 의문을 가진다. 또한 청소년(靑少年)하면 대체적으로 중·고등학생을 연상하므로 13~18세를 청소년으로 생각하고 있다.

10) **우보(牛步) 민태원(閔泰瑗)**: 1894년(고종 31) 서산시 음암면 신장리에서 태어났다. 일본 와세다대학교 정경과를 졸업하고,『폐허』의 동인으로 신소설기와 현대 소설기에 걸쳐 창작 활동을 하였다. 동아일보사 사회 부장과 조선일보사 편집국장을 역임하고,「부평초(浮萍草)」,「소녀」,「갑신정변과 김옥균」 등의 작품을 창작하면서 언론인과 소설가로 활약하였다. 민태원의 대표작은 일제 강점기 암울한 시대에 젊은이들에게 용기를 심어 준 수필(隨筆)「청춘예찬」이다.

대한 불신과 원망으로 더 큰 반항심만 키울 것이며 비뚤어진 길로 갈수 밖에 없겠다. 정신적 지도는 이 시기가 인생의 가장 중요한 시기임을 이해시키고 학문에 매진하도록 지도해야 할 것인바 이는 부모가 솔선하여 공부하는 모습을 보이는 것이 가장 바람직하다. 현대사회의 일반적 현상이기도 하지만 부모가 모두 직장에 나가는 가정이 대부분인 경우 자녀혼자서 학교수업이 끝나면 곧바로 학원(學院)으로 달려간 후 집에는 밤늦게 도착하면 아무도 없는 빈집에서 책상에 앉은들 공부가 되겠는가. 집에 들어오면 따뜻한 훈기(薰氣)가 느껴지며, 오순도순 가족 간의 대화가 있어야 정신적으로 안정감이 들어 공부에도 열중하게 된다.

④ 어떤 경우는 집에 들어서면 어머니가 TV나 켜놓고 연속극에 몰두하여 자녀가 돌아오던 말 던 배우들의 연기에 맞춰 웃고 우는 진풍경(珍風景)이나 노출한다면 자녀가 무슨 공부할 마음이 생기겠는가. 그렇다고 자녀 공부시킨다고 부부 또는 가족 간에 대화도 않고 절간처럼 조용히 해야 된다는 건 아니다. 공부할 수 있는 환경을 살펴보면, 인간의 정신집중이 가장 잘되는 주위의 소음은 절간처럼 고요함 보다 **"백색소음(白色騷音)"**11)이라고 하는 즉, 옆에서 두 사람이 도란도란 예기하는 정도의 소리가 들리는 환경이 가장 집중력이 좋다는 연구 결과가 있다는 것도 알아두면 좋겠다.

---

11) **백색소음(白色騷音 , white noise):** 넓은 음폭을 가져 일상생활에 방해가 되지 않는 소음(騷音)을 말한다. 음폭이 넓어 공해에 해당하지 않는 소음이다. 백색 잡음, 화이트 노이즈 등으로 불리며 무작위의 패턴을 보여주기 때문에 '랜덤 노이즈'라고도 한다. 그래프로 나타내면 주파수(周波數) 대역이 전체에 걸쳐 나타나는 평탄한 잡음이다. 소음의 종류에는 특정 음높이를 가지고 있는 칼라 소음(color noise)과 넓은 음폭(音幅)을 가진 백색 소음이 있다. 하얀색 빛은 프리즘을 통과하면 모든 스펙트럼의 색을 보여주는데 이에 착안하여 백색(白色)처럼 넓은 음폭을 가지고 있다고 하여 백색 소음이라는 이름이 붙었다. TV와 라디오에서 나오는 잡음이 대표적인 백색 소음이고, 파도소리와 숲의 소리 등에도 백색 소음이 들어 있다. 특히 파도소리나 계곡소리에 들어 있는 백색 소음은 인간 뇌파(腦波)의 알파파를 동조시켜 심리적 안정을 불러와 수면을 촉진한다. 한편, 가전제품(家電製品)에서 나오는 백색 소음에는 고주파(高周波)가 섞여 있어 듣기에 불편한 경우가 많다. 집중(集中) 및 안정 효과를 얻기 위해서는 자연음향인 빗소리, 귀뚜라미 소리, 물 흐르는 소리 등이나 선풍기(扇風機)나 공기청정기(空氣淸淨器) 소리 같은 저주파(低周波)의 기계음이 도움이 된다.

⑤ 청소년(靑少年)의 시기에는 현실적으로 입시공부라는 당면한 과제에서 자유로울 수가 없다. 때문에 이시기에는 모든 것은 잘못되어도 공부만 잘해서 좋은 대학에 만 입학하면 된다는 사고가 결국 인생을 망치는 경우를 우리는 흔히 봐 오지 않았던가. 인생의 목표는 본인이 하고 싶은 일을 평생 할 수 있는 것이 행복한 인생이란 걸 부모가 먼저 알고 인도해야 한다. 이 시기는 공부 즉, 학문적 자기 인격의 기초적 자질을 축적하기 위하여 끊임없는 노력과 천착(穿鑿)을 통한 학문적, 기술적 성취를 이루어 그로부터의 희열을 느끼도록 성인들은 애착과 지도를 개을리 하지 않아야 한다.

⑥ 학교를 중심으로 가정(家庭)과 사회가 연계하여 올바른 인성교육이 되도록 각각의 교육적 기능을 다하여야 한다. 대학(大學)이나 기업(企業)에서 인재 선발 시 인성을 반영하여 좋은 인성을 가진 학생들이 대학과 기업에서 인정받을 수 있도록 한다. 학교 내 인성교육이 실패한 주요 원인에는 다음을 들 수 있다.

* **학교 내 인성교육이 실패한 주요 원인**
① 학교에서 교사(敎師)의 역할 축소
② 지도하는 명분으로 학생을 꾸중할 수 없는 사회적 분위기
③ 학부모의 교사에 대한 인식 문제
④ 교사가 학생의 인성교육을 등한시(等閑視)
⑤ 학교의 학급당 학생 수(數)가 많음
⑥ 학교가 행정(行政) 중심으로 운영되는 경우 등

⑦ 학문적 성취 못지않게 한 인간으로서의 인격과 사람다운 인성을 겸비하기 위해서 수련(修練)해야 할 과정이 있을 것인바 그 내용은 제3장에서 『고전(古典)을 통한 바른 인성 교육과정』을 통해 배워야 할 것이다.

1.2.3 성인(成人)의 인성(人性)과 책임(責任)

움 성인의 개념은 학령(學齡)으로 보면 대학생부터 보아야 할 것이며 연령적 기준에서 본다면 현행 민법(民法)에서 규정한 19세 이상을 성인으로 봐야한다. 더불어 자기가 하는 일에 대해 책임을 질줄 알아야 하며, 청소년(靑少年)의 지도에 대한 사회적 의무가 따른다는 것을 인식해야 하며, 그들에 대한 윤리와 도덕적 모범이 되어야 할 것이다.

행 그렇기 위해서는 도덕(道德), 윤리(倫理)에 관한 정립과 '어떤 사람이 되어야 하는가?'와 '어떤 행동을 해야 하는가'를 스스로 결정지을 줄 알아야 할 것이며, 그에 대한 교육적 능력을 갖추어야 할 것이다.

려 윤리학(倫理學)의 목적은, 행동의 원리를 탐구함으로써 도덕적 판단력을 배양하고, 사람으로서 갖추어야 할 품성(品性)을 기르도록 하는 데 있다. 우리는 전자를 원리의 윤리학이라 하고, 후자를 덕(德) 혹은 품성의 윤리학(倫理學)이라 한다. 덕(德)은 기본적으로 인격자인 사람의 정신적 작용에 의해서 주어진다. 그러므로 덕은 현실적으로 실천되어야만 그 가치가 있다. 덕의 실천이란, 곧 자신의 정신적 노력에 의하여 덕을 생활화 할 수 있도록 몸과 감정을 훈련·습관화하는 것이다.

4 동서양을 막론하고 전통적 윤리사상에서는 품성을 다루는 덕론(德論, aretology)이 윤리설의 중심문제가 되어 왔다. 우리에게 있어서 윤리(倫理)·도덕(道德)이라 함이 심성수양의 문제로 연상되는 것은 이와 같은 이유에서이다.

5 동양에서는 주로 공자(孔子)와 맹자(孟子)의 유교사상(儒敎思想)에서 그 윤리적 정통성을 찾을 수 있는데, 공자는 특히 인(仁)사상에 근거한 효제충신(孝悌忠信)의 덕목을 강조하였다. 그리고 맹자는 인의예지(仁義禮智)의 인간본성을 추구하는 방법으로 측은·수오·사양·시비(惻隱·羞惡·辭讓·是非)의 심정을 중시하였으며, 친·의·별·서·신(親·義·別·序·信)을 덕목으로 하는 소위 오륜(五倫)을 천명하여 전통윤리의 요체로 간주되어 오게 하였다.

6 한편 한대(漢代) 이후에는 충·효·열(忠·孝·烈)을 기본으로 한 삼강(三綱)의 명분이 중시되기도 하였다. 그밖에 불교의 자비(慈悲)와 보은 정신, 도가(道家)의 검소와 겸양 정신 또한 간과될 수 없는 부분이다. 이러한 동양윤리를 배경으로 하는 우리나라에서는 그러한 보편덕목과 함께 특히 충효(忠孝) 정신과 의리(義理) 정신이 최고의 덕목으로 간주되어 왔으니, 그 이유는 그것이 우리나라 특유의 생존 원리로 작용하는 것이었기 때문이다.

7 서양에서 덕(德)을 처음으로 제시한 사람은 **플라톤**[12]이다. 그의 4주덕, 즉 지혜·용기·절제·정의는 서양 윤리학에 있어서 덕목(德目)의 표본이 된다. **퀴닉학파**[13]에서 박애(博愛)의 덕이, 로마시대에서는 애국·준법·균형·공정의 덕목이 중요시되었고, 기독교에서는 믿음·소망·사랑의 세 가지 덕

---

12) **플라톤(Platon)**: BC 428/427 ~ BC 348/347, 국적: 그리스, 출생지: 고대 그리스 아테네, 주요저서: 《소크라테스의 변명》《파이돈》《향연》《국가론》, 고대 그리스의 대표 철학자이다. 소크라테스의 제자이자 아리스토텔레스의 스승으로도 알려져 있다. 30여 편에 달하는 대화록을 남겼는데 그 안에 담긴 이데아론(형이상학), 국가론 등은 고대 서양 철학의 정점으로 평가받는다.

13) **퀴닉학파**: 안티스테네스(Antisthenēs)가 퀴닉학파를 창립한 그리스의 철학자. 소크라테스의 제자. 아테네의 부유계급에서 태어났으나, 소크라테스를 만나서 부, 권력, 쾌락 등의 외적인 선의 허무함을 알고, 혼의 내적평정에 참된 행복이 있다고 생각했다. 일체의 인위적 문화, 사회적 규범의 위선에 예리한 비판을 가하고, 그와 같이 자연에 따라서 살아갈 것을 제창하고, 스토아학파 등 고대 말기의 실천철학이나 수도생활에 큰 영향을 주었다. 안티스테네스(Antisthenēs): BC 445년 ~ BC 365년, 출생지: 그리스

을 근간으로 하여 자신의 희생으로 공동선을 추구해 나가는 데 목적을 두고 있다. 그밖에도 겸손, 복종, 인내, 순결, 의무, 완성 등을 찾아 볼 수 있으며, 근대 자본주의 사회의 형성과 더불어 근면, 검소의 덕이 강조되었다. 도덕교육학자인 **피터스(R.S.Peters)**[14]는 공정, 타인의 이익 고려, 자유, 그리고 인간존중을 덕목의 내용으로 제시하고 **프랑케나(K.Frankena)**[15]는 선행과 정의를 주요 덕목으로 제시하고 콜버그(Lawrence Kohlberg)는 평등과 공정분배, 정의, 인간의 공정한 대우, 사랑 등을 구체적인 덕목으로 제시한다.

⑧ 사실 오늘날의 윤리이론이 주로 사람들의 행위를 판단하는 데 초점이 놓여져 있다면, 과거 동서양의 윤리설은 인간 자체의 아름다움, 훌륭함을 강조하였던 것이다. 어떠한 행동의 원리를 이해하고 그것을 실천하는 일 못지않게 하나의 습관을 통해서 길러지는 심성적 요소를 갖는 것을 강조하는 덕목의 윤리학(倫理學)은 근래에 들어서 다시 새롭게 각광 받고 있다. 미국에서 구가되는 **'도덕의 르네상스'**[16]로 많은 교훈 책들이 널리

---

14) **피터스(R. S. Peters, 1919 - 2011)**: 2011년에 사망, 영국의 철학자, 피터스는 1919년 10월 31일 영국에서 태어났다. 그는 브리스톨의 클리프톤 고등학교에서 교육 받은 후, 옥스퍼드 대학교의 퀸스컬리지에서 고전을 전공하였다. 2차 세계대전 중에는 군 의무대에서 복무하였으며, 사회구제 사업에 종사하였다.

15) **윌리엄 K. 프랑케나(William K. Frankena)**: 윌리엄 K. 프랑케나(William K. Frankena)의 『윤리학』(황경식 역, 종로서적, 1984)과 제임스 레이첼즈(James Rachels)『도덕철학』(김기순 역, 서광사, 1989)에 의하면, 이들은 행위공리주의자로서 매순간 '최대 다수의 최대 행복'을 산출하는 행위 자체를 선택한다는 측면에서 그때그때의 상황에 충실한 반면에 신중하지 못한 판단으로 말미암아 결과적으로 손해가 되는 행위를 할 수 있다는 난점이 있다. 규칙 공리주의는 '최대의 선'을 산출할 것으로 예상되는 규칙을 합의하고자 하는 입장이며, 이는 최초의 공리주의에서는 다소 완화된 것이다. 이 두 입장은 결과론적 이익 혹은 선에 비중을 두고 있다는 측면에서는 맥을 같이 하지만, 특수한 상황에서 규칙과 판단이 배치될 경우에는 갈등하는 입장이다. 따라서 로빈 후드 같은 경우에는 행위공리주의자라고 보는 편이 타당하다 할 것이다.

16) **르네상스(Renaissance)**: 14~16세기에 서유럽 문명사에 나타난 문화운동. 르네상스는 학문 또는 예술의 재생·부활이라는 의미를 가지고 있는데, 프랑스어의 renaissance, 이탈리아어의 rina scenza, rinascimento에서 어원을 찾을 수 있다. 고대의 그리스·로마 문화를 이상으로 하여 이들을 부흥시킴으로써 새 문화를 창출해 내려는 운동으로, 그 범위는 사상·문학·미술·건축 등 다방면에 걸친 것이었다. 5세기 로마 제국의 몰락과 함께 중세가 시작되었다고 보고 그때부터 르네상스에 이르기까지의 시기를 야만시대, 인간성이 말살된 시대로 파악하고 고대의 부흥을 통하여 이 야만시대를 극복하려는 것을 특징으로 한다.

읽혀지고 있다. **스티븐 코비(Stephen R. Corvey)의 『성공하는 사람들의 7가지 습관』**[17]이나 **윌리엄 베네트(William J.Bennett)의 『미덕의 책』**[18]이 그것이다. <1969.01.27., 전국 국·공립대학총장 협의회편 또 하나의 시작을 위하여 에서 밝힌 내용이다.>

앞으로 우리는, 위와 같은 윤리학자들의 공통적 견해와 한국적(韓國的) 상황을 고려해서 우리 실정에 맞는 품성교육을 **『사단법인 고전문화연구회의 평생교육 과정』**을 통하여 교육해 나갈 것이다.

⑨ 더불어 현대문명이 앞선 몇몇의 서구사회를 두고 선진화라는 목표로 그들을 뒤좇아 가려고 노력하는 이런 과정과 달리, 세기의 전환기(轉換期)에 서있는 지구의 시계 앞에 서구는 '현대성과 탈현대'라는 논쟁을 통해 자신들이 구축해 놓은 현대문명의 문제점을 비판하고 있다. '신(神) 중심의 사회'에서 '인간중심의 사회'로의 이행, '신의 무한성'에서 '인간의 무한성'에로의 인식전환이 이루어진 사회, 그리고 자유와 평등이 실현된 유토피아를 신의 나라에서가 아니라 지상의 나라에서 성취시킬 수 있다고 믿었던 시기를, 서구인은 그 스스로 근대와 연속된 현대의 특징으로 인식하고 그 원천인 동양고전에 심취하기 시작했다.

⑩ 칭찬(稱讚, praise, admiration)은 좋은 점이나 착하고 훌륭한 일을

---

17) 《성공하는 사람들의 7가지 습관》 (영어: The 7 Habits of Highly Effective People): 스티븐 코비가 쓴 자기 계발서이다. 이 책은 전 세계에서 38개 국어로 번역되었으며, 총 1500만부 이상 판매되었다. 대한민국에서는 1994년 4월 15일에 최초로 출간되었으며, 이어서 개정판이 2003년 9월 24일에 출간되었다. 책은 개인이나 조직을 어떻게 성공적으로 만들 수 있는지에 대해서 언급되어 있다. 스티븐 코비는 이러한 행동들을 목록화하여 '성공하는 7가지 습관'이라고 정의하였다. 책에는 이러한 습관들이 실생활에 왜 필요한지, 7가지 습관의 종류와 실천 방법 등에 대해 나와 있다.

18) 미덕의 책(William J. Bennett): 책임감, 용기, 동정심, 충성, 정직, 우정, 인내심, 노동 자기훈련, 신념-모든 사람은 이러한 특정들을 훌륭한 인격의 본질적인 요소로서 인식한다. 우리 아이들에게 이 특정들이 발달하도록 하기 위하여 우리는 그들에게 선과 악, 옳음과 그름의 본보기를 제공하여야 한다. 그리고 그것들을 발견할 수 있는 가장 좋은 장소는 바로 문학작품과 역사 속에 존재해왔던 모범적인 이야기들이다. 윌리엄 베네트는 <미덕의 책>에서 수백 가지의 이야기들을 아이들의 이해력과 올바른 인격형성을 위해, 또한 성인들이 그것을 아이들에게 가르칠 수 있도록 흥미 있고 고무적인 문학선집으로 엮어 놓았다.

높이 평가함 또는 그런 말을 뜻한다. 칭찬은 사람의 됨됨이를 시험하는 도구가 될 수 있다는 점에서 늘 주의하고 자신을 살펴야 한다. 인간의 행동은 타인의 반응에 크게 영향을 받는다. 의사소통에서 화자(話者)가 가지는 자신에 대한인지는 화자 자신이 자기에게 가지는 감정과 자신에 대해 다른 사람이 가진다고 생각하는 감정들 속에서 형성된다. 화자는 자신의 이미지에 대해 분명한 인상을 가질 때 의사소통(意思疏通)에 쉽게 집중한다. 그러므로 청자는 자신이 가지고 있는 화자에 대한 긍정적 감정을 직접 화자에게 피드백 해 줌으로써 효과적인 의사소통(意思疏通)과 좋은 인간관계(人間關係)를 형성할 수 있다. 이 때 칭찬은 아첨이나 빈정거림이 아니라 자신의 솔직한 감정 표현이 되어야 한다. 그러기 위해서는 칭찬받을 만한 일에 대해 칭찬해야 하며, 구체적인 행동에 대해 칭찬해야 한다.

---

* 『바른 인성지도사』가 알아야 할 "칭찬(稱讚) 10계명(誡命)"을 들면 다음과 같다.

❶ 칭찬할 일이 생겼을 때 즉시 칭찬(稱讚)하라.

❷ 잘한 점을 구체적으로 칭찬하라.

❸ 가능한 한 공개적으로 칭찬하라.

❹ 결과(結果)보다는 과정(過程)을 칭찬하라.

❺ 사랑하는 사람을 대하듯 칭찬하라.

❻ 거짓 없이 진실(眞實)한 마음으로 칭찬하라.

❼ 긍정적(肯定的)인 눈으로 보면 칭찬할 일이 보인다.

❽ 일이 잘 풀리지 않을 때 더욱 격려(激勵)하라.

❾ 잘못된 일이 생기면 관심을 다른 방향으로 유도하라.

❿ 가끔씩 자기 자신을 칭찬하라.

제1.3절 인성교육의 핵심가치(核心價值) 덕목(德目)

○ 인성교육진흥법(시행 2016.12.20, 법률 제14396호, 2016.12.20, 일부개정) 〔교육부(인성체육예술교육과), 044-203-6647〕

○ 제2조(정의) 이 법에서 사용하는 용어의 뜻은 다음과 같다.

2. "핵심 가치·덕목"이란 인성교육의 목표가 되는 것으로 예(禮), 효(孝), 정직(正直), 책임(責任), 존중(尊重), 배려(配慮), 소통(疏通), 협동(協同) 등의 마음가짐이나 사람됨과 관련되는 핵심적인 가치 또는 덕목을 말한다.

인성교육진흥법(人性教育振興法)에서 "핵심가치 8가지 딕목"이린 인성교육의 목표가 되는 것으로 예(禮), 효(孝), 정직(正直), 책임(責任), 존중(尊重), 배려(配慮), 소통(疏通), 협동(協同) 등의 마음가짐이나 사람됨과 관련되는 핵심적인 가치를 말한다.

1.3.1 예(禮)

(1) 예(禮)의 의의

가. 예(禮)란 예의(禮儀)에 관한 모든 절차나 질서를 뜻하며, 禮法(예법), 禮儀(예의)를 말한다.

① 예(禮)는 함께 지키고 따르기로 약속한 생활규범이며, 사람이 만든 질서에 따라 나와 남을 구분하고 그 구분에 따라 알맞게 표현하는 것이다.

② 예는 인간으로서 자기관리와 대인관계를 원만히 유지하기 위해 필수이며, 사람이 아름답게 이 세상을 살아가는 데에 꼭 필요한 도리(道理)요 질서이다.

③ 예는 자기관리, 대인관계 및 가족과 사회의 질서, 가족과 사회의 화합의 기능을 가진다. 착한 행동은 작더라도 해야 하고, 나쁜 행동은 작더라도 하지 말아야 한다.

나. 예절(禮節)은 상대방을 존중하는 마음을 일정한 형식을 갖춰 표현하는 것이다.

① 상황에 따라 알맞은 격식을 차린 모습으로 나타나거나 상대에 대한 배려(配慮)의 모습으로 나타난다.

② 웃어른께 존댓말을 사용하거나 지하철 같은 공공장소에 다른 사람을 배려(配慮)해 작은 목소리로 말을 하는 등 예절의 형식을 지킨다.

③ 대인이 용기만 있고 예의(禮儀)가 없으면 세상은 어지러워지고, 소인배(小人輩)가 용기만 있고 예의가 없으면 도둑이 된다. 부모는 자식의 됨됨이를 말하지 말고, 자식은 부모의 허물을 말하지 말라.

다. 예(禮)에 대한 쓰임을 보면, 예절(禮節)을 지키다, 예절(禮節)을 갖추다, 학교에서의 선후배 예절은 엄격하다 등이 있다.

* **예절(禮節)**: 대나무(竹)가 자라면서 곧(卽) 생기는 마디처럼 세월의 마디인 계절마다 신(示) 앞에 풍성한(豊) 음식을 차리는 예(禮)를 갖추듯이 깍듯한 태도인 덕목을 말한다.

○ 禮 : 예절 예, 예도 례, 인사 예, 절할 례, 인사할 예
= 示 : 땅귀신 기, 지신 기, 보일시, 지시할 시, 가르칠 시, 둘 치
+ 豊 : 풍년 풍, 넉넉할 풍, 무성할 풍, 클 풍, 예도 례, 예절 예, 절할 예
- 제사를 풍성하게 차려 놓고 신에게 예의(禮義)를 다함.

○ 節 : 마디 절, 예절 절, 절제할 절
= 竹 : 대나무 죽, 대 죽, 대쪽 죽, 피리 죽,
+ 卽 : 곧 즉, 나아갈 즉, 죽을 즉, 끝날 즉, 가까울 즉
- 먹을 것을 많이 담은 그릇 앞에 사람이 무릎을 꿇고 있음.

* **서양의 예(禮)**
- 매너(manner): 행동하는 방식이나 자세
- 에티켓(etiquette): 사교상의 마음가짐이나 몸가짐.

* **동양의 예(禮)**
- 仁(인), 敬(경), 和(화), 五德(仁義禮智信), 五倫(君臣有義, 父子有親, 夫婦有別, 長幼有序, 朋友有信)
- 中庸(중용): 지나치거나 모자라지 아니하고 한쪽으로 치우치지도 아니한, 떳떳하며 변함이 없는 상태나 정도.

<敎育 前 人事 方法>

☞ 선생님께 예의를 갖추겠습니다.
☞ 공수 (양손을 모은다.)　　　 * 공수(拱手). 두 손 맞잡을 공./손 수.
☞ 배 (고개를 숙여 절을 한다.)　 * 배(拜). 절 배. 절할 배.
☞ (다같이) 선생님 안녕하세요?

<敎育 後 人事 方法>

☞ 선생님께 예의를 갖추겠습니다.
☞ 공수 (양손을 모은다.)　　　 * 공수(拱手). 두 손 맞잡을 공./손 수.

☞ 배 (고개를 숙여 절을 한다.)　　* 배(拜). 절 배. 절할 배.
☞ (다같이) 선생님 감사합니다.
　(선생님께서 나가실 때 까지 앉아 있는다.)

* **공수(拱手)**: 남자는 왼손을 오른손 위에 놓고, 여자는 오른손을 왼손 위에 놓고, 두 손을 마주잡아 공경의 뜻을 나타내는 예.

* **배례(拜禮)**: 절을 하는 예. 절하여 예를 표함.

(2) 예(禮)에 관한 성어(成語)

① 禮俗相交(예속상교): 서로 사귐에 예의를 지킴.

② 禮儀凡節(예의범절): 모든 예의와 절차.

③ 禮儀之國(예의지국): 예의를 숭상하며 잘 지키는 나라.

④ 禮儀之邦(예의지방): 예의를 숭상하며 잘 지키는 나라.

⑤ 先禮後學(선예후학): 예절을 배우고 학문을 하라.

⑥ 先行後敎(선행후교): 선인의 행위를 들어 후학을 가르침.

⑦ 易子敎之(역자교지): 나의 자식과 남의 자식을 바꾸어 교육.

⑧ 禮義廉恥(예의염치): 예절, 의리와 청렴(淸廉)한 마음과 부끄러워하는 태도.

⑨ 溫故知新(온고지신): 옛것을 익히고 그것을 미루어서 새것을 앎.

⑩ 吐哺握髮(토포악발): 입 속에 있는 밥을 뱉고 머리카락을 움켜쥠.

⑪ 非禮勿視(비례물시): 예가 아니면 보지도 말라.

(3) 예(禮)에 관한 명언(名言)

① 예는 사치스럽기보다는 검소해야 한다. 〔공자〕

② 예의의 실천은 자기를 낮추는 것이다. 〔공자〕

③ 용기는 있으나 예절(禮節)이 없다면 결국 혼란이 온다. 〔 공자〕

④ 군자(君子)에게 용맹만 있고, 예가 없으면 세상을 어지럽게 한다. 소
   인(小人)에게 용맹만 있고, 예가 없으면 도둑이 된다. 〔공자〕

⑤ 예의(禮儀)는 남과 화목함을 으뜸으로 삼는다. 〔논어〕

⑥ 문 밖에 나설 때는 큰 손님을 대하는 것처럼 하고 방안에 들어올 때
   에는 사람이 있는 것처럼 하라. 〔명심보감〕

⑦ 앵무새가 아무리 말을 잘한다고 하더라도 새고, 원숭이가 아무리 흉
   내를 잘 낸다 하더라도 역시 짐승에 지나지 않는다. 사람도 아무리 훌
   륭한 말을 한다고 하더라도, 사람으로 갖추고 있어야 할 예를 갖추지
   못한다면 앵무새나 원숭이와 다를 것이 무엇이 있겠는가. 〔예기〕

⑧ 예는 스스로를 낮추어 남을 존경하는 것이다. 〔예기〕

⑨ 예란 절도(節度)를 지키는 것이다. 도(道)는 지나친 음풍을 제지시키
   는 힘이 있다. 〔예기〕

⑩ 예의(禮儀)의 시작은 자세를 바르게 하고, 얼굴빛을 반듯이 하며, 말을 삼가는데 있다.〔예기〕

⑪ 예는 자기 자신을 비추는 거울이다.〔J.W. 괴테〕

⑫ 모든 사람에게 예절로 대하라. 그러나 소수의 사람과 친밀하라.〔조지 워싱턴〕

⑬ 공손이란 선의의 외면적 의상(衣裳)이다. 많은 사람들은 껍질이 딱딱한 열매를 깨뜨려 속을 보면 내용물이 하나도 없는 매몰찬 열매와 같다.〔줄리어스 찰스 헤어〕

⑭ 나쁜 매너는 이성도 정의도 깨뜨리고 만다. 그러나 세련된 매너는 싫은 것도 잘 보이게 한다.〔B.그라시안〕

⑮ 남에게 무례한 짓을 하지 말고, 남에게 무례한 짓을 당하지 말라.〔성 암브로시우스〕

⑯ 모든 사람에게 예절바르고, 많은 사람에게 붙임성 있고, 몇 사람에게 친밀하고, 한 사람에게 벗이 되고, 누구에게나 적이 되지 말라.〔벤자민 프랭클린〕

⑰ 손윗사람에게 겸손하고, 동등한 사람에게는 예절 바르며, 아랫사람에게는 고결해야 한다.〔B. 프랭클린〕

⑱ 서투른 의사소통은 훌륭한 예절을 망쳐버린다.〔메난드로스〕

⑲ 상대방과의 교제에서 예절을 깍듯이 지키는 사람은 이자(利子)로 살아갈 수 있으나, 그것을 무시하는 사람은 원금에 손을 대게 된다.〔호프만스탈〕

⑳ 바른 행동이라도 예의가 받쳐 주지 않으면 존경을 받을 수 없다. 〔그라시안〕

㉑ 무례함이란 약한 인간이 강한 인간을 모방할 때 나타난다. 〔엘리 호퍼〕

㉒ 사례(四禮) 시청언동(視聽言動) 〔공자〕

非禮勿視(비례물시), 예가 아니면 보지 말며,
非禮勿聽(비례물청), 예가 아니면 듣지 말며,
非禮勿言(비례물언), 예가 아니면 말하지 말며,
非禮勿動(비례물동), 예가 아니면 동하지 말라. 〔출전: 논어〕

㉓ 예(禮)를 알아야 제대로 설 수 있다.

○ 子曰 "不知命이면 無以爲君子也요 不知禮면 無以立也요 不知言이면 無以知人也니라." 〔논어〕
  (자왈 "부지명, 무이위군자야 부지례 무이립야 부지언 무이지인야.")

- 공자께서 말씀하셨다. "천명을 모르면 군자가 될 수 없고, 예를 모르면 사회에 나설 수 없으며, 다른 사람의 말을 잘 알아듣지 못하면 그 사람을 알 수 없다."

㉔ 자기의 사욕을 이겨 예에 돌아감이 인(仁)을 하는 것이다.

○ 顏淵問仁한대 子曰 "克己復禮爲仁이니 一日克己復禮면 天下歸仁焉하리니 爲仁由己니 而由人乎哉아." 〔출전: 논어〕

(안연문인 자왈 극기복례위인 일일극기복례 천하귀인언 위인유기 이유 인호재)

- 안연(顏淵)이 인(仁)에 대해서 묻자, 공자께서 말씀하셨다. "자기의 사욕(私慾)을 이겨 예(禮)에 돌아감이 인(仁)을 하는 것이며, 하루 동안이라도 사욕을 이겨 예에 돌아가면 천하가 인을 허여(許與)하는 것이다. 인을 하는 것이 자신에게 달렸으니 남에게 달려있겠는가?"

○ 顏淵曰 "請問其目하노이다." 子曰 "非禮勿視하며 非禮勿聽하며 非禮勿言하며 非禮勿動이니라" 顏淵曰 "回雖不敏이나 請事斯語矣리이다."
〔출전: 論語 顏淵篇〕
(안연왈 청문기목 자왈 비례물시 비례물청 비례물언 비례물동 안연왈 회수불민 청사사어의)

- 안연이 말했다. "그 조목(條目)을 묻겠습니다." 공자께서 말씀하셨다. "예가 아니면 보지 말며, 예가 아니면 듣지 말며, 예가 아니면 말하지 말며, 예가 아니면 행동하지 말아야 한다." 안연이 말했다. "제가 비록 불민(不敏)하지만 청컨대 이 말씀을 실천하는데 힘쓰겠습니다."

---

* 예절(禮節) 시청언동(視聽言動)에 대한 시사점

○ <反求諸己>: 예(禮)에 벗어난 언행을 했다면 남 탓을 하지 않고 그 일이 잘못된 원인을 자기 자신에게 찾아서 고치기.

○ <克己復禮>: 개개인이 자기들만의 이익과 욕망을 추구하면서 남만 탓하고 스스로 예(禮)를 지키지 못하면 결국 모두가 함께 파멸(破滅)의 길로 가게 됨.

○ <1日1禮 實踐>: 스스로 하루에 1가지씩 웃음과 행복을 주는 예(禮) 실천하기.

○ "예(禮)가 아니면 보지도 말고, 듣지도 말고, 말하지도 말고, 행동하지도 말 라"고 한 공자님의 말씀이 이 시대에 더욱 새롭게 다가오는 것은 무슨 까닭일까?
- 우리 사회의 각종 부조리, 불합리는 우리들이 만든 우리의 모습이고, 이러한 옳지 못한 모습, 즉 잘못된 예의 모습을 바로잡는 것은 우리 스스로의 책무가 아닐까?
- 이는 각자가 처한 위치에서 반드시 올바르게 지켜야 할 예절이 아닐까?

㉕ 우리나라가 낳은 세계적 유학자인 율곡 이이(李珥, 1536~1584)는 조선시대 때 정치가, 교육가로 큰 업적을 남겼다. 그가 지은 『격몽요설(擊蒙要訣)』은 지도자라면 언제든 깊이 숙지해해야 할 좋은 경구(警句)로 가득하다. 율곡은 "몸가짐에는 아홉 가지 태도, 즉 구용(九容)보다 더 중요한 것이 없고, 배움에 나아가고 지혜를 더하는 데에는 아홉 가지 생각, 즉 구사(九思)보다 더 소중한 것은 없다. 자기 몸과 마음을 가다듬고 수습하는 데는 구용(九容)보다 중요한 것이 없으며 학문을 진보시키고 지혜를 더하는 데는 구사(九思)보다 더 소중한 것이 없다"고 했다.

---

* 『**구사구용(九思九容)**』〔출전: 율곡(栗谷) 이이(李珥), 격몽요결(擊蒙要訣)〕

○ **구사(九思)**: 구사는 군자가 지켜야 할 아홉 가지 마음가짐으로, 마음을 닦는 지혜를 기르는 데만 절실한 것이 아니라 일상생활에 있어 반드시 지켜야 할 계명이며, 자신의 수련을 위해서 뿐만 아니라 타인과의 관계를 유지하기 위해 필요한 마음가짐이다. 이는 사회생활과 인간관계를 중시하는 오늘날에도 큰 가르침이 된다.

① 시사명(視思明): 눈으로 사물을 볼 때는 밝고 분명한지를 생각한다.
② 청사총(聽思聰): 귀로 들을 때에는 그 소리의 참뜻을 밝게 들어야한다고 생각한다.
③ 색사온(色思溫): 얼굴 표정을 지을 때는 온화하게 가져야한다고 생각한다.

④ 모사공(貌思恭): 용모는 공손하기를 생각한다. 즉 몸가짐은 단정하고 공손해야 한다고 생각한다.
⑤ 언사충(言思忠): 말은 충실한지를 생각한다. 즉 말을 할 때는 한마디라도 성실하고 신의 있게 해야 한다고 생각한다.
⑥ 사사경(事思敬): 일에 처해서는 공경함을 생각한다. 즉 한 가지 일을 하더라도 공경하고 신중해야 할 것을 생각해야 한다.

⑦ 의사문(疑思問): 의심나는 것은 물을 것을 생각한다. 즉 의심나고 모르는 것이 있으면 아는 이에게 나아가 자세히 물어 배움으로써 알지 못하는 것을 접어두지 말아야 한다.
⑧ 분사난(忿思難): 분하거나 화가 날 때는 곤란할 때를 생각한다. 즉 분함이 있을 때에는 마음을 가다듬어 신중하고 차분하게 처리하도록 해야 한다고 생각한다.

⑨ 견득사의(見得思義): 이득을 보거든 의로운 것인지 아닌 것인지를 생각한다. 즉 나에게 이득이 되는 일이라면, 먼저 의리에 합당하고 공정한 것인지를 생각한다.

○ **구용(九容)**: 군자가 지켜야 할 아홉 가지의 몸가짐으로, 마음속에 있는 예는 몸가짐과 표정, 언어 등으로 드러나게 된다. 따라서 겉으로 나타난 몸가짐이 단정하면 그 사람의 마음가짐이 단정하고 올바르다고 생각된다. 몸가짐은 예절의 기초가 되는 것이므로 이를 생활화 하여 몸에 익힘으로써 언제, 어디서든지 자연스럽게 행해질 수 있도록 하여야 한다.

① 족용중(足容重): 발의 용모인 걸음은 무겁고 신중하게 움직여야 한다. 즉 경솔하게 거동하지 않아 발놀림을 가볍게 하지 않아야 한다.

② 수용공(手容恭): 손의 용모는 가지런하고 공손해야 한다. 즉 일을 할 때가 아니면 마땅히 단정히 손을 맞잡아 공수(拱手)해야 한다.

③ 목용단(目容端): 눈의 용모는 단정해야 한다. 즉 눈매를 안정시켜 흘겨보고나 곁눈질하지 않아야 한다.

④ 구용지(口容止): 입의 용모는 신중하게 가져야 한다. 즉 말할 때나 음식을 먹을 때가 아니면 입을 나직하게 다물도록 한다.

⑤ 성용정(聲容靜): 소리의 용모는 조용하게 한다. 즉 목소리는 낮고 조용히 말소리를 내도록 한다.

⑥ 두용직(頭容直): 머리의 용모는 똑바로 가져야 한다. 즉 머리를 똑바로 세워 위엄을 지켜야 한다.

⑦ 기용숙(氣容肅): 숨소리의 용모는 정숙히 가져야 한다. 즉 숨소리는 고르고 맑게 하도록 한다.

⑧ 입용덕(立容德): 서있는 용모는 의젓해야 한다. 즉 몸의 중심을 세워 덕이 있는 기상을 가져야 한다.

⑨ 색용장(色容莊): 얼굴의 용모는 가지런하고 위엄이 있어야 한다. 즉 얼굴빛을 정제하여 태만한 기색이 없도록 해야 한다.

1.3.2 효(孝)

(1) 효(孝)의 의의

가. 효(孝)는 아들이 노인(老人)을 잘 봉양하는 것이며, 어버이를 잘 섬기는 것이다.

① 한자의 효(孝)자는 '노(老)자와 자(子)자의 결합으로 이루어진 합의문자로서 연하자가 연장자(年長者)를 받든다.'는 데서 유래하였다.

② 설문해자(說文解字)에 의하면, 효는 노(老)의 획 줄임에다가 자(子)를 합친 글자로서 아들이 늙은이를 업고 있는 모양을 본뜬 글자이다. 효의 어원을 살펴보더라도 효(孝)는 어버이와 자녀 간에 형성되는 원초적인 관계를 규율하는 질서로서 곧 자식이 부모를 섬기는 것이라 할 수 있다.

③ 효는 휴머니즘을 바탕으로 하고 있다. 공자가 효는 '백행(百行)의 근본이다.'라고 하였듯이 효는 인(仁)에서 나온 인간적인 사랑을 바탕으로 하고 있다. 부모를 잘 섬기는 도리를 뜻하며, 부모를 정성껏 잘 섬기는 일을 말한다.

④ 효(孝)는 덕(德) 중에 으뜸이고, 길이 지켜야 할 인륜의 덕목이며, 인(仁)을 행하는 근본이 되는 것으로서 부모의 은혜에 감사하고 이에 보답하고자 하는 덕목이다.

⑤ 효는 인(仁)을 행하는 근본이 되는 것으로 부모의 은혜에 감사하고 이에 보답

하고자 하는 것이며, 효는 자기 생명의 근원을 경애하는 것이다. 효는 자기의 생명이 어디서 나왔는가라는 물음에서 출발하여 자기의 생명의 뿌리인 조상을 숭배하는 데까지 발전하였다. 자기를 태어나게 한 조상, 그리고 자기를 낳아주고 길러주신 어버이를 공경하는 것이 효인 것이다.

나. 효는 자녀가 부모에게 경애의 감정에 토대를 두고 행하는 행위이다.

① 제사를 지내는 것은 미풍양속(美風良俗)으로 효(孝)에서 나온 자연스러운 행동이다.

② 효도(孝道)한다는 것은 부모가 베푸는 사랑을 기다리기 전에 사랑을 받도록 노력하는 데에 있다. 무엇을 부모로부터 원하기 전에 부모를 생각하고 받들 기에 힘쓰는 일이 곧 효도의 길이다.

다. 효도(孝道)는 먼 곳에 있지 않고 항상 가깝고 쉬운 데에 있다.

① 말 한마디 행동 하나하나에서 부모의 뜻을 거슬리지 않는 것이 효도(孝道)의 길이다. 항상 불안한 마음을 갖지 않도록 마음을 편안하게 해드리는 것도 효도의 길인 것이다. 부모에게 정성을 다할 때 그것이 오늘을 살아가는 우리들에게 주어진 효도의 길이라는 것을 명심해 두어야 한다.

② 효의 근본은 부모를 섬김에 있다. 부모를 공경하는 그 근본이 서면 전체가 서고, 근본이 흔들리면 효의 전체가 흔들린다.

* 효도(孝道)하는 4대 방법

❶ 부모의 뜻을 받들어 항상 마음을 편하게 해 드리는 양지(養志)의 효.

❷ 부모의 건강을 보살펴 드리는 봉양(奉養)의 효

❸ 부모의 이름을 빛나게 하는 입신양명(立身揚名)의 효

❹ 조상의 얼을 되새기고, 그 정신을 길이길이 보존하고 빛내도록 노력하는 사후(死後)의 효

* 효를 실천하기 위해서는, 예의 바른 인사, 공손한 말투, 자녀와의 좋은 관계를 유지하는데서 부터 시작한다. 낳아주시고 양육(養育)하고 교육시킨 것에 항상 감사하고, 부모를 존경하고 부모님의 뜻을 이어 받도록 노력하여야 한다. '효를 실천하기 위한 7가지 방안(方案)'을 들면 다음과 같다.

❶ 부모님 걱정을 끼쳐드리지 말자.

❷ 부모님을 기쁘게 해 드리자.

❸ 부모님을 감동시켜 드리자.

❹ 부모님께 안부 전화를 매일 하자.

❺ 보모님에게 매월 일정한 금액의 용돈을 빠지지 말고 드리자.

❻ 부모님을 자주 찾아뵙자.

❼ 부모님의 노후생활 근거지를 잘 보살펴드리자.

라. 효(孝)에 대한 쓰임을 보면, 노인들은 자식들이 효도를 지키고 동리 젊은 사람들이 존경해 주는 풍습이 가꾸어지는 사회를 바라고 있을 뿐이다. 어버이를 효도로 섬기다. 옛 어른들은 효도를 으뜸가는 덕목으로 꼽으셨다. 유교에서는 입신양명(立身揚名)하여 이름을 빛내는 것도 효

도의 하나라고 가르친다. 孝道(효도)는 형식화되었을 때 보람을 잃는다. 자연스러운 마음의 흐름이어야 한다. 등이 있다.

(2) 효(孝)에 관한 성어(成語)

① 孝子愛日(효자애일): 효자는 날을 아낀다는 뜻으로, '될 수 있는 한 오래 부모에게 효성을 다하여 섬기고자 하는 마음ʼ을 이름.

② 孝子之門(효자지문): 효자가 난 가문.

③ 孝弟仁之本(효제인지본): 효도와 공경은 인의 근본임.

④ 孝悌忠信(효제충신): 어버이에 대한 효도, 형제끼리의 우애, 임금에 대한 충성과 벗 사이의 믿음을 통틀어 이르는 말.

⑤ 結草報恩(결초보은): '풀을 묶어 은혜를 갚다.'라는 뜻으로, 죽어서도 은혜를 잊지 않고 갚는다는 말.

⑥ 老萊之戲(노래지희): 중국 초나라 때의 효자인 노래자(老萊子)가 나이 칠십에 어린애의 옷을 입고 늙은 부모 앞에서 재롱을 부려 즐겁게 해 드림으로써 늙음을 잊게 했다는 고사에서 온 말. 자식(子息)이 나이가 들어도 부모의 자식에 대한 마음은 똑같으니 변함없이 효도를 해야 한다는 말.

⑦ 反哺之孝(반포지효): 어미에게 되먹이는 까마귀의 효성이라는 뜻으로, 어버이의 은혜에 대한 자식의 지극한 효도를 이르는 말.

⑧ 冬溫夏淸(동온하청): 겨울에는 따뜻하게 하고 여름에는 시원하게 한다는 뜻으로, 자식된 자로서 부모를 잘 섬기어 효도함을 이르는 말.

⑨ 刻骨難忘(각골난망): 입은 은혜에 대한 고마운 마음이 뼈에까지 사무쳐 잊혀 지지 아니함.

⑩ 風樹之嘆(풍수지탄): 부모에게 효도를 다하려고 생각할 때에는 이미 돌아가셔서 그 뜻을 이룰 수 없음을 이르는 말.

⑪ 反哺報恩(반포보은): 먹이를 돌려드림으로써 은혜에 보답한다는 뜻으로, 깊은 효심을 가리키는 말. 자식이 부모가 길러준 은혜에 보답하는 것.

(3) 효(孝)에 관한 명언(名言)

① 효자(孝子)의 어버이 섬김은 살아서는 공경을 다하고, 봉양함에는 즐거움을 다하고, 병드신 때에는 근심을 다하고, 돌아가신 때는 슬픔을 다하고, 제사 지낼 때엔 엄숙함을 다해야 한다. 〔공자〕

② 자식(子息)은 부모님에게 말씀드려 설사 잘못을 고치지 않으시더라도 공경해야 한다. 속으로는 애태울지언정 부모를 원망해서는 안 된다. 〔논어〕

③ 효도(孝道)하고 순한 사람은 또한 효도하고 순한 아들을 낳으며, 오역(五逆, 불교의 지옥에 갈만한 큰 죄)한 사람은 또한 오역(五逆)한 아들을 낳는다. 믿지 못한다면, 저 처마 끝의 낙수(落水)를 보라. 방울방울 떨어져 내림이 어긋남이 없다. 〔명심보감〕

④ 집안이 화목(和睦)하면 가난해도 좋지만, 의롭지 않다면 부유한들 무엇 하랴. 단지 한 자식이라도 효도한다면 자손 많은 것이 무슨 소용 있으랴. 〔명심보감〕

⑤ 자식이 효도(孝道)하면 어버이는 즐겁고, 집안이 화목하면 모든 일이 이루어진다. 〔명심보감〕

⑥ 천하의 모든 물건 중에는 내 몸보다 더 소중한 것이 없다. 그런데 이 몸은 부모가 주신 것이다. 〔이이〕

⑦ 장부가 세상에 나서 쓰일진대, 목숨을 다해 충성을 바칠 것이요, 만일 쓰이지 않으면 물러가 밭가는 농부가 된다 해도 또한 족할 것이다. 〔이순신〕

⑧ 자식(子息)을 길러 본 후에야 부모(父母)의 마음을 안다. 〔왕양명〕

⑨ 젖을 먹고 있는 아직 어린 돼지 새끼는 그 어미를 못 잊어하기 때문에 호랑이에게 가까이 가는 위험한 짓은 범하지 않는다. 부모를 생각하는 자는 위험한 곳에 가까이 가지 않는다는 말. 〔순자〕

⑩ 조상을 받드는 것은 정성과 공경을 으뜸으로 해야 하고, 물질적 사치는 귀하게 여기지 말아야 하며, 조상이 전한 일은 그 뒤를 잘 이어 나가야 하고, 늘 게을러질까 근심해야 할 것이다. 〔이덕흥〕

⑪ 자식은 부모를 다음과 같이 공경해야 한다. 받들어 봉양함에 모자람이 없게 하고, 자기의 할 일을 먼저 부모에게 여쭈며, 부모가 하시는 일에 순종하여 어기지 말며, 부모의 바른 말씀을 어기지 말 것이며, 부모가 하시는 바른 일을 끊이지 않게 하는 것이다. 〔선생경〕

⑫ 자기 부모를 섬길 줄 모르는 사람과는 벗하지 말라. 왜냐하면 그는 인간의 첫 걸음을 벗어났기 때문이다. 〔소크라테스〕

⑬ 자식이 부친을 존경하지 않는 것은 혹 경우에 따라 용서될 수 있는 것이지만, 모친에게도 그렇다면 그 자식은 세상에 살아 있을 가치가

없는 못된 괴물이라고 말하지 않을 수가 없다. 〔루소〕

⑭ 저울의 한쪽 편에 세계를 실어 놓고 다른 한쪽 편에 나의 어머니를 실어 놓는다면, 세계의 편이 훨씬 가벼울 것이다. 〔랑구랄〕

1.3.3 정직(正直)

(1) 정직(正直)의 의의

가. 정직이란 마음에 거짓이나 꾸밈이 없이 바르고 곧음을 뜻한다.

① 정직은 거짓이나 꾸밈이 없이 성품이 바르고 곧음을 말한다.

② 정직은 하나 밖에 없는 길에서 잠시 멈추어 살피고, 열 개의 눈으로 숨어 있는 것을 바르게 볼 수 있다.

나. 정직은 가장 확실한 자본이며, 최선의 방책이다.

① 어려운 일이 닥칠 때 유연함과 정직(正直)함을 가지면 의외로 잘 풀린다.

② 오래가는 행복은 정직한 것에서만 발견할 수 있다.

다. 자신에게 정직해야 한다.

① 자신에게 정직하지 못하면, 결코 영적인 만족을 누릴 수 없다. 자신에게 진실하지 못한데 어떻게 다른 사람에게 진실할 수 있겠는가? 인

간의 도덕적 근간을 이루는 것은 정직이다.

② 정직은 우리의 본성이 되어야 하고, 우리의 자연스러운 일부가 되어야한다. 정직은 건강한 사람에게 속해 있다. 꾸준한 운동과 절제 있는 생활습관을 통해 자신을 잘 다스리는 사람에게 속해 있다.

③ 정직은 남녀노소(男女老少) 상관없이 모두에게는 정도의 차이는 있을 뿐 정직한 품성이 있다. 정직의 가치를 무시한 채 자신과 타인을 기만하고도 아무 죄책감을 느끼지 않는다면, 정직한 마음은 결국 위선적이고, 가식적인 마음으로 바뀔 것이다.

④ 정직은 삶의 원천이며, 사회를 지배하고 움직이는 힘이다. 우리는 정직할 수 있고, 정직하지 않을 수 있다. 정직하지 못하면 삶을 잘 잘 살아가기는 어렵다. 마음을 잡고 바르게 살아가면 비록 글을 읽지 않았더라도 군자가 된다.

⑤ 자기를 먼저 바르게 하고서 다른 사람을 바르게 한다. 시비(是非)가 하루 종일 있더라도 듣지 않으면 저절로 사라진다. 피를 머금고 상대에게 뿜으면 자기 입이 먼저 더러워진다. 하늘은 능력 없는 사람을 태어나게 하지 않고, 땅은 쓸모없는 풀을 자라나게 하지 않는다.

라. 정직에 대한 쓰임을 보면, 아버지는 늘 정직(正直)과 청렴결백을 생활신조로 삼았다. 등이 있다.

(2) 정직(正直)에 관한 성어(成語)

① 徑情直行(경정직행): 있는 그대로. 곧이곧대로. 예절이나 법식 따위에 얽매이지 않고 곧이곧대로 행동함.

② 路不拾遺(노불습유): 백성이 길에 떨어진 물건을 줍지 않는다는 뜻으로, 나라가 평화롭고 모든 백성이 매우 정직한 모양을 이르는 말.

---

* 益者三友(익자삼우): 사귀어 자기(自己)에게 유익(有益)한 세 부류(部類)의 벗이라는 뜻으로, ① 友直(우직), ② 友諒(우량), ③ 友多聞(우다문) 등 교우(交友)의 유형 세 가지를 가리킨다. 정직(正直)한 사람, 친구의 도리를 지키는 사람, 지식이 있는 사람을 이르는 말이다.

* 損者三友(손자삼우): 사귀면 손해(損害)가 되는 세 가지 친구로서, 무슨 일에나 안이(安易)한 길만을 취하는 사람, 남에게 아첨(阿諂)하는 사람, 입에 발린 말 뿐이고 성의가 없는 사람을 말한다. 즉 ① 友善柔(우선유): 신실하지는 않고 면전에서 부드럽게 굴기를 잘하다. 善(선): '잘'이라는 뜻의 부사. 善歌者使人繼其聲, 善教者使人繼其志.(선가자사인계기성, 선교자사인계기지.): 노래를 잘하는 사람은 다른 사람으로 하여금 자기 소리를 잇게 하고 잘 가르치는 사람은 자기 뜻을 잇게 한다. 〔출전: 예기·학기〕 ② 友便辟(우편벽): 정직하지 않고 아첨하는 사람을 벗하다. 便(비위맞출 편) 辟(간사할 벽): 남이 좋아하는 일만 하고 남이 싫어하는 일을 피하여 비위를 잘 맞추다. ③ 友便佞(우편녕): 견문은 없고 말만 그럴싸하게 잘하다. 便(말 잘할 편): 辯(변)과 같다.

---

* 孔子曰 "益者三友, 損者三友. 友直, 友諒, 友多聞, 益矣; 友便辟, 友善柔, 友便佞, 損矣.": (공자왈 "익자삼우, 손자삼우. 우직, 우량, 우다문, 익의; 우편벽, 우선유, 우편녕, 손의.")
- 공자께서 말씀하셨다. "유익한 교우(交友)도 세 가지 유형이 있고, 해로운 교우(交友)도 세 가지 유형이 있다. 정직(正直)한 사람을 벗하고 신실(信實)한 사람을 벗하고 견문이 많은 사람을 벗하면 유익하고, 아첨(阿諂)하는 사람을 벗하고, 부드러운 척 잘하는 사람을 벗하고, 말 잘하는 사람을 벗하면 해롭다." 〔출전: 논어〕

(3) 정직(正直)에 관한 명언(名言)

① 입을 다물 줄 모르는 사람은 대문이 닫히지 않은 집과 같다. 〔탈무드〕

② 말을 많이 한다는 것과 잘 한다는 것은 별개이다. 〔소포클래스〕

③ 거짓말을 하다가 들킨 사람은 진실을 말해도 아무도 믿어주지 않는
   다. 〔스페인 속담〕

④ 완벽한 사람이 아닌 정직한 사람이 되라. 〔앤드류 매튜스〕

⑤ 진실은 빛과 같이 눈을 어둡게 한다. 거짓은 반대로 아름다운 저녁노
   을처럼 모든 것을 멋지게 보이게 한다. 〔까뮈〕

⑥ 정직을 잃은 자는 더 이상 잃을 것이 없다. 〔J.릴리〕

⑦ 거짓말하는 혓바닥은 빼버려라. 〔잠언 10장〕

⑧ 말이 있기에 인간은 짐승보다 낫다. 그러나 바르게 말하지 않으면 짐
   승이 그대보다 나을 것이다. 〔사아디 "고레스탄"〕

⑨ 하나의 거짓을 관철하기 위해서는 우리는 또 다른 거짓말을 발견해야
   한다. 〔스위프트〕

⑩ 정직과 성실을 그대의 벗으로 삼으라. 아무리 누가 그대와 친하다 하
   더라도 그대의 몸에서 나온 정직과 성실만큼 그대를 돕지는 못하리라.
   남의 믿음을 잃었을 때에 사람은 가장 비참한 것이다. 백 권의 책보다
   하나의 성실한 마음이 사람을 움직이는 힘이 더 클 것이다. 〔벤자민
   프랭클린〕

⑪ 정직함은 진실을 사랑하는 마음에서 나온다. 정직(正直)함은 최고의
   처세술이다. 정직만큼 풍요로운 재산은 없다. 정직은 사회생활에 있어
   서 지켜야 할 최소한의 도덕률(道德律)이다. 하늘은 정직한 사람을 도
   울 수밖에 없다. 정직한 사람은 신이 만든 것 중 최상의 작품이기 때
   문이다. 〔세르반테스〕

⑫ 요령 있게 있는 그대로 말하라. 남들을 정직하게 대하는 것은 그들을

존중한다는 뜻이자, 자신을 존중한다는 뜻이기도 하다. 게다가 정직은 일을 훨씬 더 간단하게 만들어준다. 〔앤드류 매튜스〕

1.3.4 책임(責任)

(1) 책임(責任)의 의의

가. 맡아서 해야 할 임무나 의무를 뜻하며, 도맡아 해야 할 임무를 말한다.

① 어떤 일에 관련되어 그 결과에 대하여 지는 의무나 부담 또는 그 결과로 받는 제재, 위법한 행동을 한 사람에게 법률적 불이익이나 제재를 가하는 일이다.

② 다양한 윤리적 상황에서 중요한 핵심가치가 무엇인지를 인식하고 판단할 수 있으며 책임 있는 의사결정(意思決定)을 하는 능력의 덕목이다.

나. 책임(責任, Responsibility, Verantwortlichkeit)에는 도덕적 책임, 법률적 책임 그리고 업무상 임무이 있다.

① 도덕적(道德的) 책임: 사람이 스스로의 행위에 관하여 자타의 평가를 받고, 이것에 의거하여 자책이든 남으로부터의 비난이든, 여러 가지 형태의 도덕상의 제재를 받아들이지 않으면 안 되는 것을 말한다. 책임이 성립되기 위해서는 행위 하는 자가 사회의 윤리적 규범을 받아들일 것, 행위가 자유로운 의지에 따른 결정일 것, 행위의 결과가 당연히 예측되는 것일 것 등이 요구된다. 이것이 윤리학(倫理學) 상의 책임의 의미이다. 그러나 현대사회는 사회가 많은 모순(矛盾)을 내포하고 인간이

복잡하고 거대한 조직이나 기구 속에서 움직이며, 또한 기술의 비상한 발달로 인해 자주적인 행동의 범위가 좁아지면서 행위의 결과를 파악할 수 없거나, 또는 결과가 직접 체험되지 않는 경우가 많기 때문에 도덕적 책임을 묻기가 곤란한 문제가 일어나고 있다.

② 법률적(法律的) 책임: 타인에게 가한 손해에 대하여 법률에 따라 배상하거나, 범죄로 인해 형벌(刑罰)을 받지 않으면 안 되는 경우를 말한다. 도덕적 책임과 다른 것은 법적인 강제력으로 책임을 부과하는 점이다.

③ 업무상 부여(附與)되는 임무(任務): 이것은 업무를 태만하게 하는 경우에 어떠한 제재를 받게 되는 것을 말한다. 이런 경우에는 도덕적 책임과 법률적 책임을 지지 않으면 안 되는 경우와 그렇지 않은 경우가 있다.

다. 책임(責任)에 대한 쓰임을 보면, 가장으로서의 책임, 책임을 완수하다. 자유에는 책임이 따른다. 우리는 교사로서 학생들을 지도하고 보호할 책임이 있다. 불우한 이웃들의 문제를 그들 개인의 책임으로만 돌릴 수는 없다. 책임을 통감하다. 싸움을 일으킨 책임을 한쪽에만 지우는 것은 불공평하다. 그는 일이 잘못된 데 대한 모든 책임을 지고 직위에서 물러났다. 이번 사고의 책임은 전적으로 나에게 있다. 나는 이 문제에 대해 아무 책임도 없다. 이번 일이 실패한 것은 우리 모두의 책임이다. 끝내 책임 소재를 밝혀 두려는 눈치였다. 그렇다고 무엇이 책임 있는 말이고 무엇이 책임 없는 얘기인지도 구별할 수 없었다. 민사 책임과 형사 책임이 있다. 등이 있다.

(2) 책임(責任)에 관한 성어(成語)

① 任重道遠(임중도원): 책임은 중하고 길은 멂.

② 棟樑之臣(동량지신): 한 나라의 중요한 책임을 맡아 수행할만한 신하(臣下).

③ 息肩(식견): 어깨를 쉬게 한다는 뜻으로, 무거운 책임을 벗음을 비유하여 이르는 말.

④ 挺身出戰(정신출전): 앞장서서 나가 싸운다는 뜻으로, 위급할 때 과감히 나서 모든 책임을 다함을 이르는 말.

⑤ 反求諸己(반구저기): '잘못을 자신에게서 찾는다.'라는 뜻으로, 어떤 일이 잘못 되었을 때 남의 탓을 하지 않고 그 일이 잘못된 원인을 자기 자신에게서 찾아 고쳐 나간다는 의미로 모든 결과에 책임을 질 줄 아는 삶임. 〔출전: 맹자, 명심보감〕

(3) 책임(責任)에 관한 명언(名言)

① 군자는 자기에게 책임(責任)을 추궁하고 소인은 남에게 추궁한다. 〔공자〕

② 김(金) 씨가 먹고 이(李) 씨가 취한다. 좋지 못한 결과에 대하여 남에게 책임을 지운다는 뜻. 〔한국 속담〕

③ 도둑의 때는 벗어도 자식의 때는 못 벗는다. 자식의 잘못은 어쩔 수 없이 부모가 책임을 져야 한다는 뜻. 〔한국 속담〕

④ 보지 못하는 소 멍에가 아홉. 능력 없는 이에게 과중한 책임이 지워졌다는 말. 〔한국 속담〕

⑤ 뱁새는 작아도 알만 잘 낳는다. 생김새가 작고 볼품없어도 제 구실을 다한다는 말. 〔한국 속담〕

⑥ 그 사람이 저지른 일은 그 사람에게 돌아가고 있다. 〔구약성서〕

⑦ 우리는 같은 왕(王)의 밑에 사는 것이 아니다. 자기 일은 각자가 처리할 일이다. 〔세네카〕

⑧ 각자가 자기의 문 앞을 쓸 어라. 그러면 거리의 온 구석이 청결해진다. 각자 자기의 과제를 다 하여라. 그러면 사회는 할 일이 없어진다. 〔괴테〕

⑨ 자기의 책임을 방기(放棄)하려 하지 않으며 또한 그것을 타인에게 전가시키려 하지도 않는 것은 고귀하다. 〔니체〕

⑩ 미국의 국민에 대하여, 그리스도의 세계에 다하여, 역사에 대하여, 더욱 나라는 일개 인간의 궁극적 인격에 있어서 하나님의 대하여, 나는 책임을 지지 않으면 안 된다. 〔A. 링컨〕

1.3.5 존중(尊重)

(1) 존중(尊重)의 의의

가. 존중(尊重)이란 남을 높이어 귀중하게 여기는 것을 뜻한다. 다른 사람이 나를 존중하기 원한다면 먼저 다른 사람을 존중하라.

① 다른 사람을 존중하기 위해서는 그 사람을 있는 그대로 볼 수 있어야 한다. 훌륭하거나 좋은 면이 없는데도 그 사람을 존중한다고 말하면 그것은 아부(阿附)가 될 수 있다. 존중은 그 사람의 장점을 보고 그것을 긍정적으로 평가할 수 있어야 한다.

② 존중은 정중(鄭重)하고 사려 깊은 방식으로 다른 사람들을 대함으로써 그들이 존엄성을 가진 가치 있는 존재라는 것을 보여 주는 것이다.

③ 다른 사람을 존중할 수 있다는 것은 자신의 관찰력이 좋다는 것을 말한다. 잘난 사람이나 못난 사람이나 사람이기 때문에 최소한 남으로부터 무시를 당하지 않고 인간으로서 인정을 받아야 한다. 그것을 인격이라고 한다. 노숙자라도 그 사람의 인격을 인정하고 따뜻한 마음으로 그 사람을 대한다면 그것은 그 사람에 대한 존중이라고 할 수 있다.

나. 인권(人權)이란 인간으로서 마땅히 누려야할 권리이다.

① 판사(判事)들이 사형이라는 재판을 내리지 않는다. 범죄자들의 인권을

존중하고 지키기 위해서이다. 비록 범죄자들은 범죄를 저질렀으나 인간으로서의 권리는 있다는 것이다. 판사는 범죄자에게 인권 존중과 같이 범죄자를 존엄하게 존중해준 것이다.

② 남을 존중해주지 않고 나를 존중해 달라는 것은 이기적인 성격 중에서도 가장 이기적인 것이다. 남의 생각을 잘 들어야 내 생각도 남이 잘 들어주듯이 나도 남을 존중하면 남들도 나를 존중해주기 때문이다.

③ 조선시대는 노비(奴婢), 평민(平民), 양반(兩班)으로 3계의 계층으로 나눈다, 양반은 노비를 존중해주지 않고, 노비만 늘 밑받침이 될 뿐 양반은 노비를 그냥 물건이라고 생각한다. 하지만 오늘날 대한민국은 다르다. 양반 자제는 왕족이든 누구나 다 귀천할 것 없이 다 평등하다. 우리나라 사람들은 물론 흑인들까지 귀하고 천한 것이 아니라 모두 인간으로서의 존엄성과 존중받을 가치를 가지고 태어나기 때문이다.

다. 존중(尊重)은 다음과 같은 여러 가지 이익을 자신에게 줄 수 있다.

① 다른 사람을 있는 그대로 인정함으로써 자신의 도덕적(道德的) 수양을 쌓게 할 수 있다. 사람은 보통 감정이나 편견에 의해 상대를 오해하는 경우가 많다. 하지만 다른 사람을 존경하면서 그 사람을 있는 그대로 인정하게 되면 자신의 마음은 그만큼 성숙하였다는 것을 의미한다.

② 어떤 사람을 특별히 존중할 때는 그 사람의 장점을 보았기 때문이다. 우리는 어떤 현상을 볼 때 특별히 관심(關心)을 쓰지 않고 그냥 지나가는 경우가 많다. 하지만 그 속에서 다양한 의미가 있을 수 있다. 그런 의미를 찾는 것이 바로 관찰이다. 관찰력이 높아지면 세상을 보는 안목이 높아진다.

③ 다른 사람을 존경하여 그 사람의 장점을 인정하게 되면, 좋은 것을 배울 수 있다. 사람은 항상 배우는 가운데 성장한다. 좋은 것을 배운다는 것은 그만큼 자신의 지식이나 인간 됨됨이가 좋아졌다는 것을 의미한다.

④ 존중은 다른 사람과의 소통(疏通)을 가능하게 한다. 존중을 하게 되면 그 사람에게 관심을 갖고 좋게 대할 가능성이 높다. 그렇다면 그 사람과 접촉하고 말할 수 있는 기회가 올 가능성이 높아진다. 이것은 다른 사람과의 소통을 쉽게 할 수 있다. 이밖에도 존중은 다른 이익도 많을 것이다.

라. 존중(尊重)에 대한 쓰임을 보면, 인권 존중. 인간 존중. 개성 존중의 시대. 개인을 존중하다. 등이 있다.

(2) 존중(尊重)에 관한 성어(成語)

① 實事求是(실사구시): 사실(事實)에 토대하여 진리를 탐구하는 일이란 뜻으로, 공론만 일삼는 양명학(陽明學)에 대한 반동으로서 청조의 고증(考證) 학파가 내세운 표어.

② 家鷄野鶩(가계야목): 집의 닭을 미워하고 들의 물오리를 사랑한다는 뜻으로, 일상 흔한 것을 피(避)하고 새로운 것, 진기한 것을 존중함을 비유.

③ 男尊女卑(남존여비): 남자는 높고 귀(貴)하게 여기고, 여자는 낮고 천하게 여긴다는 뜻으로, 사회적 지위나 권리에 있어 남자를 여자보다 존중하는 일.

④ 女尊男卑(여존남비): 여자는 존귀하고, 남자는 천하게 여긴다는 뜻으로, 사회적 지위나 권리에 있어 여자를 남자보다 존중하는 일.

(3) 존중(尊重)에 관한 명언(名言)

① 사람을 의심하거든 쓰지 말고, 사람을 썼거든 의심하지 말라. 〔명심보감〕

② 호랑이는 그리되 뼈는 그리기 어렵고, 사람을 알 되 마음은 알지 못한다. 〔명심보감〕

③ 인간의 본성은 착한 것이다. 〔맹자〕

④ 인간의 본성은 악(惡)한 것이다. 〔순자〕

⑤ 열 길 물속은 알아도 한 길 사람 마음은 모른다. 〔한국 속담〕

⑥ 나는 자신을 발견했을 때 졸도(卒倒)할 뻔했다. 〔M.루터〕

⑦ 인간은 반항하는 존재다. 〔까뮈〕

⑧ 사람은 절반(折半)은 짐승이요, 절반은 마귀인 것이다. 〔휘필드〕

⑨ 우리는 사람을 알려고 할 때, 그 사람의 손이나 발을 보지 않고 머리를 본다. 〔캘빈〕

⑩ 인간은 목표를 추구하도록 만들어 놓는 존재다. 〔M.말쯔〕

1.3.6 배려(配慮)

(1) 배려(配慮)의 의의(意義)

가. 배려(配慮)란 도와주거나 보살펴 주려고 마음을 씀을 뜻하며, 보살펴 주려고 이리저리 마음을 써 줌을 말한다.

① 배려(配慮)는 다른 사람의 행복이나 복지 등에 관심(關心)을 가지면서 그들의 필요나 요구에 민감(敏感)하게 반응을 보이는 것이다.

② 나 혼자만 살아가는 것이 아니기 때문에 배려(配慮)는 중요할 수밖에 없다. 내가 존중받으려면 상대방도 존중해야 더욱 조화롭게 살아갈 수 있다.

③ 배려(配慮)는 혼례식(婚禮式)에서 술(술 유, 酉)을 나눠 마신 사람을 자신(몸 기, 己)과 같은 사람으로 생각하고, 상대는 무서운 호랑이(범 호, 虎)를 생각(생각 사, 思)하듯이 진중하게 생각하는 역지사지(易地思之)의 마음의 덕목(德目)이다.

④ 다른 사람을 이롭게 하는 말은 솜처럼 따뜻하고, 다른 사람을 아프게 하는 말은 가시처럼 날카롭고, 다른 사람을 이롭게 하는 한마디 말은 천금(千金)보다 더 가치(價値) 있고, 다른 사람을 다치게 하는 한마디 말은 칼로 베인 것만큼 아프다.

⑤ 작은 배에 무거운 짐을 나누지 않고 모두 실으면 배는 가라앉는다. 입에 맞는 음식도 과식(過食)하면 병이 생기고, 마음에 기쁜 일도 지나

치면 재앙이 온다.

⑥ 나에 대해 잘 아는 친구를 만나면 천 잔의 술도 부족하고, 나에 대해 잘 모르는 사람을 만나면 한 잔의 술도 많다.

나. 세상(世上)에는 나눔의 종류(種類)도 많고 배려(配慮)할 것도 많이 있다.

① 지하철(地下鐵)타면 임산부(姙産婦), 노약자석 이런 것들도 상대적 약자를 배려하는 것이다. 나눔도 남이 없는 것을 나누어주는 기부금(寄附金), 물품기부 등 나에게 있는 것을 남에게 주는 걸 나눔이라 할 수 있으며, 이런 것은 보편적인 나눔이라 할 수 있다.

② 아주 특별한 생명(生命) 나눔도 있다. 장기 기증(寄贈)을 통해서 나의 장기(臟器)를 남에게 주어 꺼져가는 생명을 살리는 아주 고귀한 나눔도 있다.

다. 배려(配慮)에 대한 쓰임으로, 극진한 배려(配慮). 관심(關心)과 배려(配慮)를 아끼지 않다. 아이들 교육에 있어 지나친 배려(配慮)는 오히려 해가 된다. 그의 세심한 배려에 따뜻한 인간미를 느꼈다. 스마트폰을 바르게 쓴다면 배려의 주인공(主人公)인 될 수 있다. 친절한 배려(配慮). 등이 있다.

(2) 배려(配慮)에 관한 성어(成語)

① 노심초사(勞心焦思): 걱정을 하며 속을 태움.

② 노소부정(老小不定): 죽음에는 노소(老少)가 따로 없다는 뜻으로, 사람의수명은 나이와 무관함을 이르는 말.

③ 난형난제(難兄難弟): 누가 형(兄)이고 누가 동생인지를 알기 어렵다는 뜻으로, 두 사물이 서로 엇비슷하여 낫고 못함을 분간(分揀)하기 어렵다는 말.

④ 梁上君子(양상군자)아들들이 도둑을 혹되게 다룰까하여 도둑을 높여 양상군자라 하고 아들 7형제를 불러 훈도(訓導)한 아버지의 도량(度量).

⑤ 與民同樂(여민동락): 임금이라는 지위를 감추고 백성과 더불어 풍년(豊年)을 같이 즐기는 임금의 마음.

⑥ 與子同袍(여자동포): 출세하지 못한 친구를 위하여 자기의 관복(官服)을 함께 입게 했던 친구의 배려(配慮).

⑦ 易地思之(역지사지): 남의 잘못을 책하지 않고 그 사정을 바꾸어 생각하는 판관의 지혜(智慧).

⑧ 威而不猛(위이불맹): 직위(職位)로는 위엄 있게 다스리지만 절대로 혹되게 다루지 않았던 장군(將軍)의 슬기.

⑨ 衣錦褧衣(의금경의): 가난한 사람들을 생각하여 비단옷을 누더기로 감추어 입었던 만석꾼의 덕(德).

⑩ 愛人者人恒愛之(애인자인항애지): 남을 사랑하면 그 사람도 나를 사랑함.

⑪ 以恕己之心恕人(이서기지심서인): 자기의 잘못을 용서하듯이 남의 잘못을 용서(容恕)함.

⑫ 以責人之心責己(이책인지심책기): 남의 잘못을 책망하듯이 자기의 잘못을 책망(責望)함.

(3) 배려(配慮)에 관한 명언(名言)

① 남의 흉한 일을 민망히 여기고, 남의 좋은 일은 기쁘게 여기며, 남이 위급할 때는 건져주고, 남의 위태(危殆)함을 구해주라. 〔명심보감〕

② 내가 하기 싫은 일을 남에게 시키지 말라. 〔논어〕

③ 내가 원(願)하지 않는 바를 남에게 행(行)하지 말라. 〔공자〕

④ 나는 하루에 세 번 나 자신을 반성(反省)해 본다. 남을 위해 충(忠)을 다했는가, 친구와 사귀어 신(信)을 지켰는가, 배운 것을 남에게 전(傳)했는가 하고. 〔공자〕

⑤ 생각이 너그럽고 두터운 사람은 봄바람이 만물을 따뜻하게 기르는 것과 같으니 모든 것이 이를 만나면 살아난다. 생각이 각박(刻薄)하고 냉혹(冷酷)한 사람은 삭북(朔北)의 한설(寒雪)이 모든 것을 얼게 함과 같아서 만물이 이를 만나면 곧 죽게 된다. 〔채근담〕

⑥ 원(怨)함을 갚는 데 덕(德)으로써 한다. 원한이 있는 자에게 덕(德)스러운 마음을 베푼다. 〔노자〕

⑦ 배려(配慮)는 미덕(美德)이다. 군자(君子)에 필요 불가결한 미덕이다. 어린이가 무슨 기구(器具)를 깨뜨린다고 어른이 눈을 붉혀 욕(辱)하고 때리는 것처럼 천(賤)해 보이는 것이 없으니 대개 어린이를 저와 같이 여김이 지극히 미욱한 표적(表迹)입니다. 〔이광수〕

⑧ 나아가는 곳에서 물러설 것을 생각하면, 울타리에 걸리는 재앙(災殃)을 면할 수 있다. 손을 뗄 때 손을 떼는 것을 도모한다면, 호랑이 등에 타는 위험(危險)한 고비를 벗어날 수 있다. 좁은 골목길이라면 한 걸음 멈추어 다른 사람이 먼저 지나가게 배려(配慮)하면 평화로운 마음을 얻을 수 있다. 자기의 졸렬(拙劣)함으로 남의 능함을 미워하지 않고, 자기의 장점으로 남의 단점을 들추어 내지 않으면 존경받을 수 있다. 〔홍자성〕

⑨ 전쟁할 때 과감하고 패배(敗北)했을 때 도전(挑戰)하고 승리했을 때 관용을 베풀고 평화 시에 선의(善意)를 가져라. 〔처칠〕

⑩ 나 자신을 위해서가 아니라 남을 위해 살아야 한다. 그것이 중류층의 도덕(道德)이다. 〔G.B. 쇼〕

⑪ 남에게 절대로 우는 소리를 하지 말아야 한다. 〔그라시안〕

⑫ 마음을 자극(刺戟)하는 유일한 사랑의 영약(靈藥)은 진심에서 오는 배려(配慮)다. 남자는 언제나 그것에 굴복(屈伏)한다. 〔메난드로스〕

⑬ 너의 원수(怨讎)를 사랑하며 너희를 미워하는 자를 선대(善待)하며 너희를 저주(咀呪)하는 자를 위하여 축복하며 너희를 모욕(侮辱)하는 위하여 기도(祈禱)하라. 네 이 뺨을 치는 자에게 저 뺨도 돌려 대며 네 겉옷을 빼앗는 자에게 속옷도 금하지 말라. 무릇 네게 구하는 자에게 주며 네 것을 가져가는 자에게 다시 달라 지 말라. 〔신약성서; 누가복음〕

⑭ 남의 잘못에 대해 관용하라. 오늘 저지른 남의 잘못은 어제의 내 잘못이었던 것을 생각하라. 잘못이 없는 사람은 하나도 없다. 완전(完全)하지 못한 것이 사람이라는 점을 생각하고 진정(眞情)으로 대해 주지 않으면 안 된다. 우리는 어디까지나 정의를 받들어 야 하지만 정의(正

義)만으로 재판을 한다면 우리들 중에 단 한 사람도 구함을 받지 못할 것이다. 〔셰익스피어〕

1.3.7 소통(疏通)

(1) 소통(疏通)의 의의

가. 소통(疏通)이란 뜻이 서로 통(通)함을 말한다.

① 소통(疏通)은 막히지 아니하고 서로 통(通)함을 뜻하며, 뜻이 서로 통하여 오해가 없음. 속이 트임. 도리(道理)와 조리(條理)에 밝음을 말한다.

② 소통(疏通)은 다양한 상황과 장소에서 타인의 생각, 감정, 관점(觀點)을 이해·파악하고 타인과 긍정적인 관계를 형성·유지하고 소통(疏通)하는 능력의 덕목이다.

③ 소통(疏通)을 방해하는 문화가 있다. 즉 이성을 중시하는 문화, 가부장적(家父長的)인 언어와 문화, 체면과 예절을 중시하는 문화, 개인보다 공동체를 중시하는 문화, 위계적(位階的)인 상하의 질서를 중시하는 문화 등이 있다.

④ 나를 칭찬하는 사람은 해로운 사람이고 나를 꾸짖는 사람은 인생의 스승이다. 한 마디 말이 마음에 와 닿지 않으면 천 마디 말이 쓸데없다. 반 마디 그릇된 말이 평생의 덕(德)을 허물 수 있다. 내 얼굴을 아는 사람은 많아도, 내 마음 알아줄 사람은 몇이나 있을까. 군자의 사귐은 물처럼 맑고 소인배(小人輩)의 사귐은 단술처럼 달콤하기만 한다.

나. 우린 사회적 동물이기 때문에 무수한 관계(關係) 속에서 다양한 의사 소통(意思疏通)을 하면서 살아간다.

① 업무 스트레스도 있겠지만 가장 어려운 것이 바로 사람과 사람의 관계이다. 우린 사회적 동물이기 때문에 무수한 관계 속에서 다양한 의사소통(意思疏通)을 하면서 살아간다. 그것이 잘못 이루어지게 되면, 말싸움한다. 큰 소리를 낸다. 욕(辱)을 한다. 때린다. 헤어진다. 끝을 본다. 아니면 끝까지 참는다. 그러다 화병(火病)이 생긴다. 그러면 하루하루가 지옥처럼 괴로울 것이다.

② 토론(討論)을 하다보면 양극단으로 나뉘는 걸 경험하게 된다. 찬성그룹과 반대그룹이다. 두 그룹은 자신들의 논리를 사수하기 위해 상대의 논리를 비난(非難)하거나 비방(誹謗)하게 된다. 궁극적으로는 소통을 위한 토론의 장이 되어야 하는데 우리가 맞고 당신들은 틀렸다는 일방적 비방의 장으로 치닫게 된다. 보수(保守)·진보(進步), 노사(勞使), 갑을(甲乙), 세대갈등 등 우리 주변에는 양극화 현상이 심화되어 있다.

③ 내가 상대의 말에 동의하지 못한다고 해서 상대의 의견이 무가치(無價値)하거나 존중받지 못한다면 그 상대가 볼 때 나의 의견 또한 마찬가지일 것이다. 반대로 나의 말이 존중되려면 상대의 말 또한 존중되어야 한다. 절박할 상대의 상황과 말을 존중하며 지지하고 응원하겠다는 말이다. 소통(疏通)은 없고 갈등(葛藤)만 가득한 이 시대에 필요한 말이다.

다. 소통(疏通)의 쓰임으로는, 소통장애(疏通障礙). 차량의 원활한 소통. 서로의 의견소통(意見疏通)이 잘 이루어지다. 등이 있다.

(2) 소통(疏通)에 관한 성어(成語)

① 情意相通(정의상통): 정의(情誼)가 소통하여 서로 친함.

② 肝膽相照(간담상조): 간과 쓸개를 내놓고 서로에게 내보임, 서로 마음을 터놓고 친밀히 사귐.〔출전: 한유〕

③ 虛心坦懷(허심탄회): 마음을 비우고 생각을 터놓음, 명랑하고 거리낌이나 숨김이 없는 마음.

④ 難疑問答(난의문답): 어렵고 의심(疑心)나는 것을 서로 묻고 대답함.

⑤ 口蜜腹劍(구밀복검): 입으로는 달콤함을 말하나 뱃속에는 칼을 감추고 있다는 뜻으로, 겉으로는 친절하나 마음속은 음흉(陰凶)한 것.

⑥ 口是心非(구시심비): 말로는 옳다 하면서 마음으로는 그르게 여김.

⑦ 口若懸河(구약현하): 입이 급히 흐르는 물과 같다는 뜻으로, 거침없이 말을 잘하는 것.

⑧ 言去言來(언거언래): 여러 말을 서로 주고받음. 서로 변론하느라 말이 옥신각신함.

⑨ 言近旨遠(언근지원): 말은 알아듣기 쉬우나 내용은 깊고 오묘함.

⑩ 言飛千里(언비천리): 말이 천리를 난다는 뜻으로, 말이 몹시 빠르고도 멀리 전(傳)하여 퍼짐.

⑪ 言往說來(언왕설래): 서로 변론(辯論)하여 말로 옥신각신함.

⑫ 言中有骨(언중유골): 말 속에 뼈가 있다는 뜻으로, 예사로운 표현 속

에 만만치 않은 뜻이 들어 있음.

(2) 소통(疏通)에 관한 명언(名言)

① 백성을 멀리하면 나라가 망(亡)한다. 〔한국 속담〕

② 백성의 입 막기는 내 막기보다 어렵다. 백성들 속에서 일어나는 사회적 여론을 막는 것은 흐르는 냇물을 막기보다도 어렵다는 뜻으로, 국민의 여론이나 소문(所聞)을 막을 수 없음을 비유적으로 이르는 말.〔한국 속담〕

③ 민심(民心)은 천심(天心). 백성의 마음이 곧 하늘의 마음과 같다는 뜻으로, 백성의 마음을 저버릴 수 없음을 비유적으로 이르는 말. 〔한국 속담〕

④ 알맞은 때를 기다려 말하라. 시의(時宜) 적절성은 참 중요하다. 요즘말로 하면 타이밍이 정확해야 한다. 아무리 좋은 소리도 시기가 적절하지 않으면 잔소리가 되거나 오히려 비난이 되기도 한다. 시험에 망쳐서 돌아온 아들에게 부모는 대뜸 "좀 더 열심히 공부해라." 는 말은 조언이라기보다는 분노를 일으키고 반항심(反抗心)만 키울 뿐이다.

⑤ 부드럽게 말하라. 성공적인 의사소통에 필요한 또 하나의 요건으로는 부드러운 화법이다. 우리가 인간관계를 하면서 대부분 말로 상처(傷處)를 받는다. 공손한 자세를 갖고 부드러운 목소리로 말한다면 상대방은 적극적으로 들으려고 할 것이다.

⑥ 충고(忠告)를 할 때는 상대방에게 도움이 되는 말을 해야 한다. 이것을 이해하기 위해선 일단 충고가 상대방에게 어떤 도움을 줄 수 있을지를 확실하게 파악해야 하며, 그 충고가 가져올 긍정적인 결과에 대

해 제대로 설명해야 한다. 그렇지 않으면 무조건적(無條件的)으로 비난하게 된다.

⑦ 성난 마음이 아닌, 사랑하는 마음으로 말해야 한다. 내가 누군가와 관계가 서먹서먹하고 인간관계가 잘 되지 않고 있다면 그 사람에 대한 애정이 없어서 그럴 것이다.

⑧ 내가 먼저 선량한 마음이라는 것을 보여주어야 한다. 내가 화(禍)를 내면서 화살을 쏘려고 하는데 상대방은 나를 좋은 시선으로 바라봐줄까? 오히려 나로부터 멀어지려고 할 것이다.

⑨ 너무 따지지 마라. 물이 너무 맑으면 사는 고기가 없듯이 모든 일을 너무 따져 깨끗하면 오히려 주변에 사람이 없다.

1.3.8 협동(協同)

(1) 協同(협동)의 의의

가. 協同(협동)이란 힘과 마음을 함께 합(合)함, 또는 서로 마음과 힘을 하나로 합함을 뜻한다.

① 協同(cooperation, 협동)은 사회적 상호 작용에 여러 가지 형식으로, 거기에는 공통의 목적과 목표의 달성을 촉진하기 위해 정도의 차이는 있어도 무엇인가 조직적(組織的)인 방법으로 개인이나 집단(集團)이 활동을 결합하고, 혹은 서로 도우면서 같이 일하는 것이다.

② 협동(協同)은 사회의 공동선(common good)을 창출(創出)하고 증진(增進)하기 위해 구성원들이 힘과 뜻을 모아 노력하는 것이다.

나. 협동(協同)하면 빠르게 끝낼 수 있고 힘든 일을 쉽게 풀어갈 수 있다.

① 함께 활동하면서 더욱 우정이 돈독해지며 모든 면에서 중요하다. 요즘 사회생활도 협동해야 하는 것이 많기 때문에 협동심은 매우 중요하며, 꼭 필요한 것 중 한가지라고 생각된다.

② 우리나라는 한국전쟁(韓國戰爭)이라는 발판을 딛고 엄청난 경제성장을 이뤘다. 그 속에는 '잘살아 보자'라는 협동심과 근면함의 결과라고

볼 수 있다.

③ 술 마시고 밥 먹을 때, 형·아우 하던 친구가 천 명쯤 있더니, 급한 일
이 생겨 어려울 때가 되니 도와주는 친구 하나 없다.

다. 협동(協同)에 대한 쓰임을 보면, 협동에는 적대적 협동, 강제당한 협
동, 경쟁적 협동, 소비자(消費者)의 협동, 생태학적(生態學的) 협동, 자
발적 협동 등의 여러 형식이 있다. 협동(協同)은 사회의 발전이나 복
지, 영속을 위한 기본적 조건이므로 중요시되고 있다. 체육적 활동은
대개 집단적으로 행해지므로 협동을 필요로 한다. 또 체육적 활동에는
댄스나 하이킹 등 경쟁적 요소를 포함하지 않는 것도 있으나, 팀이나
그룹의 성원은 다른 팀이나 그룹의 성원과 경쟁하기 위해서 협동하므
로, 경쟁적 협동의 형식이 많다. 협동 경쟁의 관계에 있어서는 협동적
측면이 경쟁적 요소보다도 사회적으로 바람직한 결과를 낳는다고 생각
되므로, 경쟁에 수단적(手段的) 의미를 인정하는 견해가 취해진다.

(2) 협동(協同)에 관한 성어(成語)

① 줄탁동기(啐啄同機): 병아리가 알에서 나오기 위해서는 새끼와 어미닭
이 안팎에서 서로 쪼아야함.

---

* "줄탁동시(啐啄同時)": 알 속에서 자란 병아리가 때가되면 알 밖으로 나오기 위해
부리로 껍데기 안쪽을 쪼는데 이것을 '줄(빠는 소리 줄, 啐)'이라하며 어미닭이 병
아리 소리를 듣고 알을 쪼아 새끼가 알을 깨는 행위를 도와주는 것을 '탁(쪼을 탁,
啄)'이라 한다. 안과 밖에서 쪼는 행위는 동시에 일어나야 하듯이 스승이 제자를
깨우쳐주는 것, 관과 민이 소통하는 것도 이와 다르지 않을 것이다.

---

② 동주공제(同舟共濟): 같은 배를 타고 함께 강(江)을 건넌다. 서로 손잡고 어려움을 극복(克復)하자고 호소할 때 많이 쓰임.

③ 人心齊泰山移(인심제태산이)하니 逢山開道(봉산개도)하고 遇水架橋(우수가교)하라: 사람의 마음을 모으면 태산(泰山)도 움직이니, 가는 길에 산을 만나면 길을 만들어 가고, 물을 만나면 다리를 만들어 감.

④ 單易折衆難摧(단이절중난최): 고립하면 약하고 단결하면 강함.

⑤ 중심성성(衆心成城): '여러 사람의 마음이 성(城)을 이룬다.'는 뜻으로, 뭇사람의 뜻이 일치하면 성과 같이 굳어짐을 이르는 말.

⑥ 고장난명(孤掌難鳴): '손바닥 하나로 소리를 내지 못한다.'는 뜻으로, 상대가 없이는 무슨 일이나 이루어지기 어려우므로, 협조의 중요성을 의미함. 비슷한 성어로는 獨掌難鳴(독장난명), 獨不將軍(독불장군), 獨木不成林(독목불성림)이 있음.

⑦ 수적성천(水積成川): 소량의 물이 모여 쌓여서 내가 됨.

⑧ 순치보거(脣齒輔車): 입술과 이, 덧방나무와 수레바퀴처럼 서로 의지(依支)하고 도와야 제 구실을 다할 수 있다는 말. 비슷한 성어로는 脣亡齒寒(순망치한)이 있음.

⑨ 화기치상(和氣致祥): 음(陰)과 양(陽)이 서로 화합하면 그 기운이 엉기어서 祥瑞(상서)를 낸다는 말.

⑩ 집사광익(集思廣益): '생각을 모아 이익을 더한다.'라는 뜻으로, 여러 사람의 지혜를 모으면 더 큰 효과와 이익을 얻을 수 있음을 비유.

⑪ 일인불과이인지(一人不過二人智): '혼자서는 두 사람의 지혜를 넘지 못한다.' 라는 뜻으로, 제 아무리 잘난 사람도 여럿이 힘을 합하는 것

만은 못 하니 협동하고 협력하라는 가르침.

⑫ 십시일반(十匙一飯): 열 사람이 한 술씩 보태면 한 사람 먹을 분량이 된다는 뜻으로, 여러 사람이 힘을 합하면 한 사람을 돕기는 쉽다는 말.

⑬ 공존공영(共存共榮): 다 같이 잘 살고 번창함.

⑭ 유복동향 유난동당(有福同享 有難同當) : 복(福)은 함께 나누고 어려움은 함께 풀어감.

(3) 협동(協同)에 관한 명언(名言)

① 백짓장도 맞들면 낫다. 쉬운 일이라도 혼자보다는 힘을 합해서 하면 더욱 효과적이다. 숯불도 한 덩이는 쉬 꺼진다. 사람도 여럿이서로 힘을 모아야 일이 잘 된다. 〔한국 속담〕

② 단결(團結)은 힘이다. 〔호메로스〕

③ 벌들은 협동하지 않고는 아무것도 얻지 못한다. 사람도 마찬가지다. 〔E.허버트〕

④ 도움이 될 만한 사람과 그 일을 함께 하라. 함께 하면 혼자보다 효과적이고 포기(抛棄)하지 않는다. 〔W. 메닝거〕

⑤ 남을 싫어하고 재미없게만 생각하는 사람은 남에게 싫음을 받고 재미없다고 대우받는 사람보다 오히려 더 불행하다. 인간의 모든 기쁨이나 즐거움은 다른 사람과 화합함으로써 생기는 것이기 때문에 아무리 재물이 많고 유식하고 잘 생기고 지혜롭다 하더라도, 무인도(無人島)에 가서 혼자 살다 보면 알 것이다. 〔라 로슈푸코〕

⑥ 사람은 혼자 사는 것이 아니다. 사회라는 공동체 속에 사는 이상 사회와의 관계에 있어서 조화를 얻지 않으면 안 된다. 사회뿐 아니라 우주의 모든 자연법칙에 대해서 적응하고 조화하지 못하고 분열을 일으키고 있다. 지혜와 능력을 가지고서도 그의 이상이 사회나 우주와 조화를 이루지 못하고 스스로 불행한 곳으로 몰아치는 사람이 있다. 우리의 교양이나 재능은 사회와 우주에 적응하도록 사용되어야 한다. 조화하지 못하는 지식이나 주장이나 주의는 자기 인격의 분열을 자아낼 뿐이다. 〔B. 러셀〕

⑦ 우리는 형제로서 함께 살아가는 것을 배워야 한다. 그렇지 않으면 바보로서 다 같이 멸망(滅亡)할 따름이다. 〔마틴 루터 킹 2세〕

제2장 인성교육진흥법(人性教育振興法)의 이해(理解)

제2.1절   인성교육진흥법의 이해(理解)

제2.2절   창의·인성교육 기본 지침 [교육부]

□ 인성교육진흥법19) [법률 제14396호 일부개정 2016. 12. 20.]	●부 칙[2015.1.20 제13004호] 이 법은 공포 후 6개월이 경과한 날부터 시행한다. ●부 칙[2016.12.20 제14396호] 이 법은 공포한 날부터 시행한다.
□ 인성교육진흥법 시행령 [대통령령 제26403호 신규제정 2015. 07. 20.]	●부 칙[2015.7.20 제26403호] 제1조(시행일) 이 영은 2015년 7월 21일부터 시행한다. 제2조(종합계획 및 시행계획 수립에 관한 특례) 제2조제3항 및 제3조제1항에도 불구하고 이 법 시행 이후 최초로 수립하는 종합계획은 2015년 11월 30일까지, 2016년도 시행계획은 2016년 1월 31일까지 각각 수립한다. ●별표 과태료의 부과기준(제19조 관련)
□ 인성교육진흥법 시행규칙 [교육부령 제81호 신규제정 2015. 12. 10.]	●부 칙[2015.12.10 제81호] 이 규칙은 공포한 날부터 시행한다. ●별표1 인성교육프로그램 인증기준(제2조제3항 관련) ●별표2 인성교육프로그램 인증표시 기준(제2조제4항 관련) ●별표3 전문인력양성기관 지정 세부기준(제7조제1항 관련) *서식1 인성교육프로그램 (인증, 인증연장) 신청서 *서식2 인증서 *서식3 인성교육 전문인력 양성기관 (지정, 재지정) 신청서 *서식4 인성교육 전문인력 양성기관 지정서

---

19) **인성교육진흥법(人性教育振興法)**: 2014년 12월 국회를 통과한, 인성교육을 의무로 규정한 세계 최초의 법이다. 법안이 2014년 12월 29일 국회를 통과, 2015년 1월 20일 공포(公布)됨에 따라 6개월 후인 7월 21일 시행된다. 인성교육진흥법은 건전하고 올바른 인성을 갖춘 시민 육성을 목적으로 한다. 이 법에 명시된 인성교육의 정의는 "자신의 내면을 바르고 건전하게 가꾸며 타인(他人), 공동체(共同體), 자연(自然)과 더불어 사는 데 필요한 인간다운 성품(性品)과 역량을 기르는 것을 목적으로 하는 교육"이다. 이 법안에 따라 2015년 7월부터 국가와 지방자치단체, 학교에 인성교육 의무가 부여된다. 이를 위해 정부(政府)는 인성교육진흥위원회를 설립해 5년마다 인성교육 종합계획을 수립하게 된다. 또 종합계획에 따라 17개 시·도 자치단체장과 교육감(教育監)은 개별 기본계획을 세우고 실행하게 된다. 전국의 초·중·고교는 매년 초 인성교육 계획을 교육감(教育監)에게 보고하고 인성에 바탕을 둔 교육과정을 운영해야 한다. 아울러 교사(教師)는 인성교육 연수를 의무적으로 받아야 하고, 사범대·교대 등 교원 양성기관은 인성교육 역량을 강화하기 위한 필수과목(必須科目)을 개설해야 한다.

2.1.1 인성교육(人性教育)의 목적(目的) · 용어(用語) 정의

(1) 법 제1조(목적)

이 법은 「대한민국헌법」에 따른 인간으로서의 존엄(尊嚴)과 가치(價値)를 보장(保障)하고 「교육기본법」에 따른 교육이념을 바탕으로 건전(健全)하고 올바른 인성(人性)을 갖춘 국민(國民)을 육성(育成)하여 국가사회(國家社會)의 발전(發展)에 이바지함을 목적(目的)으로 한다.

(2) 법 제2조(정의)

이 법(法)에서 사용(使用)하는 용어(用語)의 뜻은 다음과 같다.

1. "인성교육(人性教育)"이란 자신의 내면(內面)을 바르고 건전(健全)하게 가꾸고 타인(他人)·공동체(共同體)·자연(自然)과 더불어 살아가는 데 필요한 인간다운 성품(性品)과 역량(力量)을 기르는 것을 목적(目的)으로 하는 교육을 말한다.
2. "핵심가치(核心價値)·덕목(德目)"이란 인성교육의 목표(目標)가 되는 것으로 예(禮), 효(孝), 정직(正直), 책임(責任), 존중(尊重), 배려(配慮), 소통(疏通), 협동(協同) 등의 마음가짐이나 사람됨과 관련되는 핵심적(核心的)인 가치(價値) 또는 덕목(德目)을 말한다.
3. "핵심역량(核心力量)"이란 핵심가치·덕목을 적극적(積極的)이고 능동적(能動的)으로 실천(實踐) 또는 실행(實行)하는 데 필요(必要)한 지식(知識)과 공감(共感)·소통(疏通)하는 의사소통능력(意思疏通能力)이나 갈등해결능력(葛藤解決能力) 등이 통합(統合)된 능력(能力)을 말한다.

4. "학교(學校)"란 「유아교육법(幼兒敎育法)」 제2조제2호에 따른 유치원(幼稚園) 및 「초·중등교육(初·中等敎育法)」 제2조에 따른 학교(學校)를 말한다.

2.1.2	타 법률과의 관계(關係)·국가 등의 책무(責務)

(1) 법 제3조(다른 법률과의 관계)

인성교육(人性敎育)에 관하여 다른 법률(法律)에 특별한 규정(規程)이 있는 경우(境遇)를 제외(除外)하고는 이 법(法)에서 정(定)하는 바에 따른다.

(2) 법 제4조(국가 등의 책무)

① 국가(國家)와 지방자치단체(地方自治團體)는 인성(人性)을 갖춘 국민을 육성(育成)하기 위하여 인성교육(人性敎育)에 관한 장기적(長期的)이고 체계적(體系的)인 정책(政策)을 수립(樹立)하여 시행(施行)하여야 한다.

② 국가(國家)와 지방자치단체(地方自治團體)는 학생의 발달단계(發達段階) 및 단위학교(單位學校)의 상황(狀況)과 여건(與件)에 적합(適合)한 인성교육(人性敎育) 진흥(振興)에 필요한 시책(施策)을 마련하여야 한다.

③ 국가(國家)와 지방자치단체(地方自治團體)는 학교(學校)를 중심(中心)으로 인성교육(人性敎育) 활동을 전개(展開)하고, 인성(人性) 친화적(親和的)인 교육환경(敎育環境)을 조성(造成)할 수 있도록 가정(家庭)과 지

역사회(地域社會)의 유기적(有機的)인 연계망을 구축(構築)하도록 노력(努力)하여야 한다.

④ 국가(國家)와 지방자치단체(地方自治團體)는 학교 인성교육(人性教育)의 진흥(振興)을 위하여 범국민적(汎國民的) 참여(參與)의 필요성(必要性)을 홍보(弘報)하도록 노력(努力)하여야 한다.

⑤ 국민(國民)은 국가(國家) 및 지방자치단체(地方自治團體)가 추진(推進)하는 인성교육(人性教育)에 관한 정책(政策)에 적극적(積極的)으로 협력(協力)하여야 한다.

2.1.3 인성교육의 기본방향 · 인성교육종합계획의 수립(樹立) 등

(1) 법 제5조(인성교육의 기본방향)

① 인성교육(人性教育)은 가정(家庭) 및 학교(學校)와 사회(社會)에서 모두 장려(獎勵)되어야 한다.

② 인성교육(人性教育)은 인간의 전인적(全人的) 발달(發達)을 고려(考慮)하면서 장기적(長期的) 차원(次元)에서 계획(計劃)되고 실시(實施)되어야 한다.

③ 인성교육(人性教育)은 학교와 가정(家庭), 지역사회(地域社會)의 참여(參與)와 연대(連帶) 하에 다양(多樣)한 사회적(社會的) 기반(基盤)을 활용(活用)하여 전국적(全國的)으로 실시(實施)되어야 한다.

(2) 법 제6조(인성교육종합계획의 수립 등)

① 교육부장관(教育部長官)은 인성교육(人性教育)의 효율적(效率的)인 추

진(推進)을 위하여 대통령령(大統領令)으로 정하는 관계(關係) 중앙행정기관(中央行政機關)의 장(長)과의 협의(協議)와 제9조에 따른 인성교육진흥위원회(人性敎育振興委員會)의 심의(審議)를 거쳐 인성교육종합계획(人性敎育綜合計劃)(이하 "종합계획"이라 한다)을 5년마다 수립(樹立)하여야 한다.

② 종합계획(綜合計劃)에는 다음 각 호의 사항(事項)이 포함(包含)되어야 한다.

1. 인성교육(人性敎育)의 추진(推進) 목표(目標) 및 계획(計劃)

2. 인성교육(人性敎育)의 홍보(弘報)

3. 인성교육(人性敎育)을 위한 재원조달(財源調達) 및 관리방안(管理方案)

4. 인성교육(人性敎育) 핵심가치(核心價値)·덕목(德目) 및 핵심역량(核心力量) 선정(選定)에 관한 사항(事項)

5. 그밖에 인성교육에 관하여 필요(必要)한 사항(事項)으로 대통령령(大統領令)으로 정하는 사항

③ 교육부장관(敎育部長官)은 종합계획의 중요사항(重要事項)을 변경(變更)하는 경우 제1항에 따른 관계(關係) 중앙행정기관(中央行政機關)의 장과의 협의(協議)와 제9조에 따른 인성교육진흥위원회의 심의(審議)를 거쳐야 한다. 다만, 법령(法令)의 개정이나 관계(關係) 중앙행정기관(中央行政機關)의 관련 사업계획(事業計劃) 변경(變更) 등 경미(輕微)한 사항을 변경하는 경우(境遇)에는 그러하지 아니하다.

④ 교육부장관(敎育部長官)은 제1항 또는 제3항에 따라 종합계획(綜合計劃)을 수립(樹立)하거나 변경(變更)하였을 때에는 지체(遲滯) 없이 이를 관계 중앙행정기관(中央行政機關)의 장에게 통보(通報)하여야 한다.

⑤ 특별시(特別市)·광역시(廣域市)·특별자치시·도 및 특별자치도 교육감(敎育監)(이하 "교육감"이라 한다)은 종합계획에 따라 해당 지방자치단체(地方自治團體)의 연도별(年度別) 인성교육시행계획(이하 "시행계획"이라 한다)을 수립(樹立)·시행(施行)하여야 한다.

⑥ 교육감(敎育監)은 제5항에 따라 시행계획을 수립(樹立)하거나 변경(變更)하였을 때에는 이를 지체(遲滯) 없이 교육부장관(敎育部長官)에게 통보(通報)하여야 한다.

⑦ 종합계획 및 시행계획의 수립(樹立)·시행(施行) 등에 필요(必要)한 사항은 대통령령(大統領令)으로 정한다.

(3) 령 제2조(인성교육종합계획의 수립 등)

① 「인성교육진흥법」(이하 "법"이라 한다) 제6조제1항에서 "대통령령(大統領令)으로 정하는 관계 중앙행정기관(中央行政機關)의 장"이란 다음 각 호의 사람을 말한다.
  1. 기획재정부장관
  2. 행정자치부장관
  3. 문화체육관광부장관
  4. 보건복지부장관
  5. 여성가족부장관
  6. 그밖에 교육부장관(教育部長官)이 법 제6조제1항에 따른 인성교육의 효율적(效率的)인 추진(推進) 및 인성교육종합계획(이하 "종합계획"이라 한다)의 수립을 위하여 협의(協議)가 필요하다고 인정(認定)하는 중앙행정기관(中央行政機關)의 장
② 법 제6조제2항제5호에서 "대통령령(大統領令)으로 정하는 사항"이란 다음 각 호의 사항을 말한다.
  1. 인성교육(人性教育)을 위한 인프라 구축(構築)에 관한 사항
  2. 학교(學校) 인성교육 실천(實踐)에 필요한 사항
  3. 가정(家庭) 인성교육 실천(實踐)에 필요한 사항
  4. 범사회적(汎社會的) 인성교육 실천 및 확산(擴散)에 필요한 사항
③ 교육부장관(教育部長官)은 종합계획을 계획 개시 연도의 전년도(前年度) 9월 30일까지 수립하여야 한다.
④ 교육부장관(教育部長官)은 종합계획을 수립하거나 변경한 경우에는 특별시(特別市)·광역시·특별자치시·도 및 특별자치도(이하 "시·도"라 한다)의 교육감(教育監)(이하 "교육감"이라 한다)에게 통보(通報)하여야 한다.

(4) 령 제3조(인성교육시행계획의 수립 등)

① 교육감(教育監)은 법 제6조제5항에 따른 해당 지방자치단체(地方自治團體)의 연도별 인성교육시행계획(이하 "시행계획"이라 한다)을 매 학년도 시작 3개월 전까지 수립(樹立)하여야 한다.

② 교육감(教育監)은 시행계획을 수립하거나 시행계획을 변경(變更)한 경우에는 소속 학교(學校) 및 기관(機關)에 통보하여야 한다.

③ 시행계획(施行計劃)에는 다음 각 호의 사항이 포함(包含)되어야 한다.

 1. 인성교육 진흥(振興)을 위한 학교 교육과정 편성(編成)·운영(運營)에 관한 사항

 2. 지역 인성교육 우수사례(優秀事例) 발굴(發掘) 및 확산(擴散)에 관한 사항

 3. 학교(學校)·가정(家庭) 및 지역사회(地域社會)에서의 인성교육 실천 및 확산(擴散)을 위하여 필요한 지원(支援)에 관한 사항

 4. 지역(地域)의 인성교육을 위한 재원조달(財源調達) 및 관리방안(管理方案)

 5. 그밖에 인성교육 진흥(振興) 및 지원(支援)에 관한 사항

2.1.4 계획수립 등의 협조(協助) · 공청회(公聽會) 개최(開催)

(1) 법 제7조(계획수립 등의 협조)

① 교육부장관(教育部長官)과 교육감(教育監)은 종합계획 또는 시행계획의 수립(樹立)·시행(施行) 및 평가(評價)를 위하여 필요한 경우 관계 중

앙행정기관(中央行政機關)의 장, 지방자치단체(地方自治團體)의 장 및 교육감(教育監) 등에게 협조(協助)를 요청(要請)할 수 있다.

② 제1항에 따른 협조(協助)를 요청(要請)받은 자는 특별(特別)한 사유(事由)가 없으면 이에 따라야 한다.

(2) 법 제8조(공청회의 개최)

① 교육부장관(教育部長官)과 교육감(教育監)은 종합계획 및 시행계획을 수립(樹立)하려는 때에는 공청회(公聽會)를 열어 국민(國民) 및 관계 전문가(專門家) 등으로부터 의견(意見)을 청취(聽取)하여야 하며, 공청회(公聽會)에서 제시(提示)된 의견(意見)이 타당(妥當)하다고 인정되는 때에는 이를 종합계획 및 시행계획 수립(樹立)에 반영(反映)하여야 한다.

② 제1항에 따른 공청회(公聽會) 개최에 필요한 사항은 대통령령(大統領令)으로 정한다.

(3) 령 제4조(공청회의 개최 등)

① 교육부장관(教育部長官) 및 교육감(教育監)은 법 제8조제1항에 따라 공청회(公聽會)를 개최(開催)하는 경우 공청회 개최 14일 전까지 다음 각 호의 사항을 관보(官報), 공보(公報), 교육부(教育部)·교육청(教育廳)의 인터넷 홈페이지 또는 일간신문(日刊新聞)에 1회 이상 공고(公告)하여야 한다.

1. 공청회(公聽會)의 개최 목적(目的)
2. 공청회(公聽會)의 개최 일시 및 장소(場所)
3. 종합계획안 또는 시행계획안의 개요(概要)
4. 그밖에 공청회(公聽會) 개최(開催)에 필요한 사항

② 제1항에 따라 공고(公告)한 종합계획안 또는 시행계획안의 내용에 대

하여 의견(意見)이 있는 사람은 공청회(公聽會)에 참석하여 직접(直接) 의견(意見)을 진술(陳述)하거나, 교육부장관(敎育部長官) 또는 교육감(敎育監)에게 서면(書面) 또는 전자우편(電子郵便) 등으로 의견을 제출(提出)할 수 있다.

2.1.5 인성교육진흥위원회 · 위원(委員)의 제척(除斥) 등

(1) 법 제9조(인성교육진흥위원회)

① 인성교육(人性敎育)에 관한 다음 각 호의 사항을 심의(審議)하기 위하여 교육부장관(敎育部長官) 소속(所屬)으로 인성교육진흥위원회(이하 "위원회"라 한다)를 둔다.
1. 인성교육정책의 목표(目標)와 추진방향(推進方向)에 관한 사항
2. 종합계획 수립(樹立)에 관한 사항
3. 인성교육 추진실적(推進實績) 점검(點檢) 및 평가(評價)에 관한 사항
4. 인성교육 지원의 협력(協力) 및 조정에 관한 사항
5. 그밖에 인성교육(人性敎育) 지원을 위하여 대통령령(大統領令)으로 정하는 사항
② 위원회(委員會)는 위원장(委員長)을 포함한 20명 이내의 위원으로 구성한다.
③ 위원회(委員會)의 위원장(委員長)은 위원 중에서 호선(互選)하되, 공무원(公務員)이 아닌 사람으로 한다.
④ 위원회(委員會)의 위원은 다음 각 호의 어느 하나에 해당(該當)하는 사람 중에서 대통령령(大統領令)으로 정하는 바에 따라 교육부장관(敎育部長官)이 임명(任命) 또는 위촉(委囑)한다. 이 경우 위원은 공무원(公務員)이 아닌 사람이 과반수(過半數)가 되도록 한다.
1. 교육부차관, 문화체육관광부차관(문화체육관광부장관이 지명하는 차

관), 보건복지부차관 및 여성가족부차관

2. 국회의장(國會議長)이 추천(推薦)하는 사람 3명

3. 인성교육(人性教育)에 관한 학식(學識)과 경험(經驗)이 풍부(豐富)한 사람 중에서 대통령령(大統領令)으로 정하는 사람

⑤ 위원회(委員會)가 심의한 사항을 집행(執行)하기 위하여 인성교육(人性教育) 진흥(振興)과 관련된 조직(組織)·인력(人力)·업무(業務) 등에 필요한 사항은 교육부령으로 정한다.

⑥ 그밖에 위원회(委員會)의 구성(構成)·운영(運營)에 필요한 사항은 대통령령(大統領令)으로 정한다.

(2) 령 제5조(인성교육진흥위원회의 심의사항)

법 제9조제1항제5호에서 "대통령령(大統領令)으로 정히는 시항"이란 다음 각 호의 사항을 말한다.

1. 법 제9조제5항에 따른 인성교육(人性教育) 진흥(振興)과 관련된 조직(組織)·인력(人力)·업무(業務) 등에 관하여 필요한 사항

2. 법 제10조에 따른 학교에 대한 인성교육 목표(目標)와 성취(成就) 기준(基準)에 관한 사항

3. 법 제12조에 따른 인성교육프로그램과 인성교육과정 인증(認證) 기준에 관한 사항

4. 학교(學校)·가정(家庭) 및 지역사회(地域社會) 등의 인성교육(人性教育)을 지원(支援)하기 위하여 교육부장관(教育部長官)이 인성교육진흥위원회(이하 "위원회"라 한다)에 심의(審議)를 요청(要請)하는 사항

(3) 령 제7조(위원회의 회의 등)

① 위원장(委員長)은 회의(會議)를 소집(김集)하고, 그 의장(議長)이 된다.
② 위원장(委員長)은 다음 각 호의 어느 하나의 경우에 위원회(委員會)의 회의를 소집한다.
  1. <u>법 제9조제1항 및 이 영 제5조에</u> 따른 심의사항을 심의(審議)하기 위하여 필요한 경우
  2. 교육부장관(教育部長官)이 위원회(委員會) 개최(開催)를 요구하는 경우
  3. 재적위원(在籍委員) 3분의 1 이상이 위원회(委員會) 개최(開催)를 요구(要求)하는 경우
  4. 그밖에 위원장(委員長)이 위원회(委員會)를 개최(開催)할 필요가 있다고 인정하는 경우
③ 위원장(委員長)이 회의를 소집(김集)하려면 회의(會議)의 일시·장소 및 안건(案件) 등을 회의 개최 7일 전까지 서면(書面)으로 위원회(委員會)의 위원(이하 "위원"이라 한다)에게 알려야 한다. 다만, 긴급(緊急)한 심의사항이 있는 등 부득이(不得已)한 사유(事由)가 있는 경우에는 회의 개최 1일 전까지 서면(書面), 전화(電話) 또는 휴대전화(携帶電話) 문자메시지 등의 방법(方法)으로 위원(委員)에게 알릴 수 있다.
④ 위원회(委員會)의 회의는 재적위원 과반수(過半數)의 출석(出席)으로 개의(開議)하고, 출석위원 과반수(過半數)의 찬성(贊成)으로 의결한다.
⑤ 위원장(委員長)은 안건(案件)과 관련하여 필요하다고 인정하는 경우에는 전문가(專門家) 및 관계 공무원(公務員) 등을 회의에 참석(參席)하게 하여 의견(意見)을 들을 수 있다.
⑥ 위원회(委員會)에 출석(出席)한 위원과 전문가(專門家) 등에게는 예산(豫算)의 범위에서 수당(手當)과 여비(旅費)를 지급할 수 있다. 다만, 공무원(公務員)인 위원이 그 소관 업무(業務)와 직접적(直接的)으로 관련되어 위원회(委員會)에 출석하는 경우에는 그러하지 아니하다.

(4) 령 제6조(위원회의 구성 및 운영 등)

① 법 제9조제4항제3호에서 "대통령령(大統領令)으로 정하는 사람"이란 다음 각 호의 어느 하나에 해당(該當)하는 사람을 말한다.

1. 다음 각 목의 어느 하나에 해당하는 경력이 15년 이상인 사람으로서 학교(學校)·교육행정기관(教育行政機關) 또는 「교육기본법(教育基本法)」 제15조에 따른 교원단체(教員團體)의 추천(推薦)을 받은 사람. 다만, 다음 각 목 중 둘 이상의 경력(經歷)이 있는 사람의 경력(經歷)은 합산(合算)한다.

가. 교육경력(教育經歷)

나. 교육행정경력(教育行政經歷)

다. 교육연구경력(教育研究經歷)

2. 학부모(學父母)를 대표하는 사람으로서 학부모단체 등이 추천한 사람

3. 인성교육(人性教育) 분야의 전문지식(專門知識)과 연구경험(研究經驗)이 풍부(豊富)한 사람으로서 관련 단체(團體) 및 학회(學會)의 추천을 받은 사람

4. 법조계(法曹界)·종교계(宗敎界)·언론계(言論界)·문화계(文化界) 또는 「비영리민간단체(非營利民間團體) 지원법(支援法)」 제2조에 따른 비영리민간단체(非營利民間團體)에 해당하는 시민단체의 추천(推薦)을 받은 사람

② 위원회(委員會)의 위촉(委囑)된 위원의 임기(任期)는 2년으로 하며, 한 차례만 연임할 수 있다.

③ 위원회(委員會)의 위원장(이하 "위원장"이라 한다)은 위원회(委員會)를 대표(代表)하며, 위원회(委員會)의 업무(業務)를 총괄(總括)한다.

④ 위원장(委員長)이 부득이한 사유로 그 직무(職務)를 수행할 수 없을 때에는 위원장(委員長)이 미리 지명한 위원이 그 직무(職務)를 대행(代行)한다.

(5) 령 제8조(위원의 제척 등)

① 위원(委員)이 다음 각 호의 어느 하나에 해당하는 경우에는 위원회(委員會)의 심의(審議)·의결(議決)에서 제척(除斥)된다.

 1. 위원(委員)이나 그 배우자(配偶者) 또는 배우자였던 사람이 해당 안건의 당사자(當事者)(당사자가 법인(法人)·단체(團體) 등인 경우에는 그 임원(任員)을 포함한다. 이하 이 호 및 제2호에서 같다)이거나 그 안건(案件)의 당사자(當事者)와 공동권리자(共同權利者) 또는 공동의무자(共同義務者)인 경우

 2. 위원이 해당 안건(案件)의 당사자(當事者)와 친족(親族)인 경우

 3. 위원이 해당 안건에 관하여 증언(證言), 진술(陳述), 자문(諮問), 연구(研究), 용역(用役) 또는 감정(鑑定)을 한 경우

 4. 위원이나 위원이 속한 법인(法人)·단체(團體) 등이 해당 안건(案件) 당사자(當事者)의 대리인(代理人)이거나 대리인이었던 경우

② 해당 안건의 당사자(當事者)는 위원에게 공정한 심의(審議)·의결(議決)을 기대하기 어려운 사정이 있는 경우에는 위원회(委員會)에 기피(忌避) 신청을 할 수 있고, 위원회(委員會)는 의결로 해당 위원의 기피 여부를 결정한다. 이 경우 기피 신청(申請)의 대상인 위원은 그 의결에 참여(參與)하지 못한다.

③ 위원이 제1항 각 호에 따른 제척(除斥) 사유에 해당하는 경우에는 스스로 해당 안건(案件)의 심의(審議)·의결(議決)에서 회피(回避)하여야 한다.

(6) 령 제9조(위원의 해촉)

교육부장관(敎育部長官)은 위원이 다음 각 호의 어느 하나에 해당하는 경우에는 해당 위원을 해촉(解囑)할 수 있다.

 1. 심신장애(心身障礙)로 인하여 직무를 수행할 수 없게 된 경우
 2. 직무태만(職務怠慢), 품위손상(品位損傷)이나 그 밖의 사유로 위원으로 적합(適合)하지 아니한 경우

3. 제8조제1항 각 호의 어느 하나에 해당(該當)함에도 불구하고 회피 (回避)하지 아니한 경우

(7) 령 제10조(위원회 운영 세칙)

이 영에서 규정한 사항 외에 위원회(委員會)의 운영(運營)에 필요한 사항은 위원회(委員會)의 의결(議決)을 거쳐 위원장(委員長)이 정한다.

2.1.6 학교의 인성교육 기준(基準)과 운영·인성교육 지원 등

(1) 법 제10조(학교의 인성교육 기준과 운영)

① 교육부장관(敎育部長官)은 대통령령(大統領令)으로 정하는 바에 따라 학교에 대한 인성교육 목표(目標)와 성취(成就) 기준(基準)을 정한다.

② 학교의 장은 제1항에 따른 인성교육의 목표 및 성취 기준과 교육대상의 연령(年齡) 등을 고려하여 대통령령(大統領令)으로 정하는 바에 따라 매년 인성(人性)에 관한 교육계획(敎育計劃)을 수립(樹立)하여 교육을 실시(實施)하여야 한다.

③ 학교의 장은 인성교육의 핵심가치(核心價値)·덕목(德目)을 중심으로 학생의 인성 핵심역량을 함양(涵養)하는 학교 교육과정(敎育課程)을 편성(編成)·운영(運營)하여야 한다.

④ 학교의 장은 인성교육 진흥(振興)을 위하여 학교(學校)·가정(家庭)·지역사회(地域社會)와의 연계 방안을 강구(講究)하여야 한다.

(2) 령 제11조(학교의 인성교육 기준과 운영)

① 법 제10조제1항에 따른 학교에 대한 인성교육 목표(目標)와 성취기준(成就基準)은 교육부장관(教育部長官)이 위원회(委員會)의 심의를 거쳐 학교 급별로 정한다.

② 법 제10조제2항에 따른 인성(人性)에 관한 교육계획(教育計劃)은 학교의 장이 교원(教員), 학생(學生) 및 학부모(學父母)의 의견수렴(意見收斂)과 학교운영위원회(學校運營委員會)의 심의(審議)를 거쳐 수립(樹立)한다.

(3) 법 제11조(인성교육 지원 등)

① 국가(國家) 및 지방자치단체(地方自治團體)는 가정(家庭), 학교(學校) 및 지역사회(地域社會)에서의 인성교육을 지원(支援)하기 위한 교육 프로그램(이하 "인성교육프로그램"이라 한다)을 개발(開發)하여 보급(普及)하여야 한다.

② 국가(國家)와 지방자치단체(地方自治團體)는 인성교육프로그램의 구성(構成) 및 운용(運用) 등을 전문단체(專門團體) 또는 전문가(專門家)에게 위탁(委託)할 수 있다.

③ 교육감(教育監)은 인성교육프로그램의 구성(構成) 및 운용계획(運用計劃)을 해당 학교 인터넷 홈페이지에 게시(揭示)하는 등의 방법(方法)으로 학부모(學父母)에게 알릴 수 있도록 하여야 한다.

④ 학부모(學父母)는 국가(國家), 지방자치단체(地方自治團體) 및 학교의 인성교육 진흥(振興) 시책(施策)에 협조(協助)하여야 하고, 인성교육을 위하여 필요한 사항을 해당 기관(機關)의 장에게 건의(建議)할 수 있다.

⑤ 그밖에 가정(家庭), 학교(學校) 및 지역사회(地域社會)에서의 인성교육 진흥(振興) 등에 필요한 사항은 대통령령(大統領令)으로 정한다.

(4) 령 제12조(인성교육 지원 등)

① 국가(國家)와 지방자치단체(地方自治團體)는 법 제11조제1항에 따른 인성교육프로그램에 대한 주기적(週期的)인 수요조사를 하여야 한다.

② 국가(國家)와 지방자치단체(地方自治團體)는 보유하는 시설(施設)이나 자료(資料)에 대하여 인성교육을 위한 이용(利用) 요청(要請)을 받은 경우 본래(本來)의 용도(用途)에 지장(支障)이 없는 범위(範圍)에서 적극(積極) 협조(協助)하여야 한다.

③ 특별시장·광역시장·특별자치시장·도지사(道知事) 및 특별자치도지사와 교육감(敎育監)은 가정(家庭), 학교(學校) 및 지역사회(地域社會)에서의 인성교육 진흥(振興)을 위하여 시·도인성교육진흥협의회를 구성(構成)·운영(運營)할 수 있다.

④ 제3항에 따른 시·도인성교육진흥협의회의 구성(構成)·운영(運營)에 필요한 사항은 해당(該當) 지방자치단체(地方自治團體)의 조례(條例)로 정한다.

2.1.7 인성교육프로그램의 인증(認證)·인증의 유효기간·취소

(1) 법 제12조(인성교육프로그램의 인증)

① 교육부장관(敎育部長官)은 인성교육(人性敎育) 진흥(振興)을 위하여 인성교육프로그램을 개발(開發)·보급(普及)하거나 인성교육과정을 개설(開設)·운영(運營)하려는 자(이하 "인성교육프로그램개발자등"이라 한다)에 대하여 인성교육프로그램과 인성교육과정의 인증(이하 "인증"이라 한다)을 할 수 있다.

② 인증(認證)을 받고자 하는 인성교육프로그램개발자등은 교육부장관(敎

育部長官)에게 신청(申請)하여야 한다.

③ 교육부장관(教育部長官)은 제2항에 따라 인증을 신청(申請)한 인성교육프로그램 또는 인성교육과정이 교육내용(教育內容)·교육시간·교육과목·교육시설(教育施設) 등 교육부령(教育部令)으로 정하는 인증기준에 적합(適合)한 경우에는 이를 인증할 수 있다.

④ 제3항에 따른 인증을 받은 자는 해당 인성교육프로그램 또는 인성교육과정에 대하여 교육부령으로 정하는 바에 따라 인증표시(認證表示)를 할 수 있다.

⑤ 제3항에 따른 인증을 받지 아니한 인성교육프로그램 또는 인성교육과정에 대하여 제4항의 인증표시를 하거나 이와 유사(類似)한 표시(表示)를 하여서는 아니 된다.

⑥ 제1항부터 제3항까지에 따른 인증의 절차(節次) 및 방법(方法) 등에 필요한 사항은 교육부령(教育部令)으로 정한다.

⑦ 교육부장관(教育部長官)은 제1항부터 제3항까지에 따른 인증업무(認證業務)를 교육부령(教育部令)으로 정하는 바에 따라 전문기관(專門機關) 또는 단체(團體) 등에 위탁(委託)할 수 있다.

(2) 규칙 제2조(인성교육프로그램의 인증 절차 및 기준 등)

① 「인성교육진흥법」(이하 "법"이라 한다) 제12조제2항에 따라 인성교육프로그램 인증을 신청하려는 자는 별지 제1호 서식(書式)에 따른 인성교육프로그램 인증 신청서에 인성교육프로그램의 교육내용(教育內容) 및 구성(構成) 등에 관한 서류전부(書類全部)를 첨부(添附)하여 교육부장관(教育部長官)에게 제출(提出)하여야 한다.

② 교육부장관(教育部長官)은 제1항에 따른 신청(申請)을 받은 경우 신청일부터 60일 내에 인증여부(認證與否)를 결정(決定)하고 그 결과(結果)를 신청자(申請者)에게 통보(通報)하여야 한다.

③ 법 제12조제3항에 따른 인성교육프로그램 인증기준(認證基準)은 별표(別表) 1과 같다.

④ 교육부장관(教育部長官)은 인성교육프로그램 인증을 한 경우(境遇) 별지 제2호서식에 따른 인증서를 발급(發給)하여야 한다.

⑤ 인성교육프로그램 인증을 받은 자는 별표(別表) 2에 따른 인증표시를 사용하여 인성교육프로그램의 표시(表示)·광고(廣告) 또는 홍보(弘報) 등을 할 수 있다. 이 경우 인증분야(認證分野)와 유효기간(有效期間)을 함께 표시(表示)하여야 한다.

(3) 규칙 제3조(인증 업무의 위탁)

① <u>법 제12조제7항</u>에 따라 교육부장관(教育部長官)이 인성교육프로그램 인증 업무를 위탁(委託)할 수 있는 전문기관(專門機關) 또는 단체(團體) 등은 다음 각 호의 어느 하나에 해당(該當)하여야 한다.

1.「정부출연연구기관 등의 설립(設立)·운영(運營) 및 육성(育成)에 관한 법률」제8조제1항에 따른 연구기관(研究機關)

2. 교육 관련 조사(調査) 및 연구(研究) 사업을 수행하는 「공공기관의 운영에 관한 법률」제4조에 따른 공공기관(公共機關)

3. 인성교육을 포함한 교육 관련 사업(事業)을 목적(目的)으로 하는 「민법」제32조에 따른 비영리법인(非營利法人)

② 교육부장관(教育部長官)은 인증(認證) 업무를 위탁(委託)한 기관(機關)이나 법인(法人)에 대하여 위탁한 업무 수행에 필요한 예산(豫算)을 지원(支援)할 수 있다.

(4) 법 제13조(인증의 유효기간)

① <u>제12조제3항</u>에 따른 인증의 유효기간(有效期間)은 인증을 받은 날부터 3년으로 한다.

② 제1항에 따른 유효기간(有效期間)은 1회에 한하여 2년 이내에서 연장

(延長)할 수 있다.

③ 제2항에 따른 인증의 연장신청, 그밖에 필요한 사항은 교육부령으로 정한다.

(5) 규칙 제4조(인증 유효기간의 연장)

① 법 제13조제2항에 따라 인증 유효기간(有效期間)을 연장 받으려는 자는 유효기간(有效期間) 만료일 3개월 전부터 60일 전까지의 기간에 연장 신청(申請)을 하여야 한다. 이 경우 제2조제1항에 따른 첨부서류(添附書類) 중 인증 신청 시와 변동(變動)이 없는 부분(部分)에 관한 서류(書類)는 제출(提出)하지 아니할 수 있다.

② 제1항외에 인증 유효기간(有效期間) 연장의 절차(節次) 등에 관하여는 제2조제1항부터 제4항까지의 규정(規程)을 준용(準用)한다.

(6) 법 제14조(인증의 취소)

교육부장관(教育部長官)은 제12조제3항에 따라 인증한 인성교육프로그램 또는 인성교육과정이 다음 각 호의 어느 하나에 해당(該當)하는 경우에는 그 인증을 취소(取消)할 수 있다. 다만, 제1호에 해당하는 경우에는 취소(取消)하여야 한다.

1. 거짓, 그 밖의 부정(不正)한 방법(方法)으로 인증 받은 경우
2. 제12조제3항에 따른 인증기준에 적합(適合)하지 아니하게 된 경우

(7) 규칙 제5조(인증 등의 공개)

교육부장관(教育部長官)은 법 제12조 부터 제14조까지의 규정(規定)에 따라 인성교육프로그램의 인증(認證), 인증 유효기간(有效期間)의 연장(延長) 또는 인증 취소(取消)를 하는 경우에는 다음 각 호의 사항을 교육부(教育部)의 인터넷 홈페이지 등을 통하여 공개(公開)하여야 한다.

1. 인성교육프로그램의 인증현황(認證現況)(인성교육프로그램의 인증 분야와 인성교육프로그램 보유 기관의 명칭(名稱)·대표자(代表者) 및 소재지(所在地) 등)
2. 인증일 및 인증 유효기간(有效期間)
3. 취소사유(取消事由)(취소의 경우만 해당한다)

2.1.8 인성교육(人性教育)의 추진성과 등 · 교원의 연수(研修)

(1) 법 제16조(인성교육의 추진성과 및 활동 평가)

① 교육부장관(教育部長官) 및 교육감(教育監)은 종합계획(綜合(計劃) 및 시행계획(施行計劃)에 따른 인성교육(人性教育)의 추진성과(推進成果) 및 활동(活動)에 관한 평가(評價)를 1년마다 실시(實施)하여야 한다.
② 교육부장관(教育部長官)과 교육감(教育監)은 제1항에 따른 평가결과(評價結果)를 종합계획 및 시행계획에 반영(反映)할 수 있다. [개정 2016.12.20]
③ 그밖에 인성교육(人性教育)의 추진성과 및 활동평가(活動評價)에 필요한 사항은 대통령령(大統領令)으로 정한다. [본조제목개정 2016.12.20]

(2) 령 제13조(인성교육의 평가 등)

① 법 제16조에 따른 인성교육(人性敎育) 추진성과 및 활동에 관한 평가 (評價)는 다음 각 호의 내용(內容)을 포함(包含)하여 시행(施行)하여야 한다.

 1. 종합계획(綜合計劃) 또는 시행계획의 달성(達成) 정도(程度)
 2. 인성교육(人性敎育) 지원 사업(事業) 및 교육 프로그램에 대한 만족도(滿足度)
 3. 그밖에 인성교육(人性敎育)을 평가하기 위하여 위원회(委員會)의 심의를 거쳐 교육부장관(敎育部長官)이 정하는 사항

② 교육부장관(敎育部長官) 또는 교육감(敎育監)은 개인정보(個人情報) 보호(保護)를 위하여 불가피(不可避)한 경우 등 특별(特別)한 사유가 있는 경우를 제외(除外)하고는 제1항에 따른 평가 결과를 교육부(敎育部) 또는 교육청(敎育廳)의 인터넷 홈페이지 등을 통하여 공개(公開)하여야 한다.

(3) 법 제17조(교원의 연수 등)

① 교육감(敎育監)은 학교(學校)의 교원(이하 "교원"이라 한다)이 대통령령(大統領令)으로 정하는 바에 따라 일정시간 이상 인성교육(人性敎育) 관련 연수(研修)를 이수(履修)하도록 하여야 한다.

② 「고등교육법(高等敎育法)」 제41조에 따른 교육대학(敎育大學)·사범대학(師範大學)(교육과 및 교직과정(敎職課程)을 포함한다) 등 이에 준하는 기관(機關)으로서 교육부령으로 정하는 교원양성기관(敎員養成機關)은 예비교원(豫備敎員)의 인성교육 지도역량(指導力量)을 강화(强化)하기 위하여 관련 과목을 필수(必須)로 개설(開設)하여 운영(運營)하여야 한다.

(4) 령 제14조(교원의 연수 등)

① 법 제17조제1항에 따른 교원의 인성교육(人性敎育) 관련 연수(이하 "교원연수"라 한다) 과정은 다음 각 호의 사람이 제2항에 따른 교원연수계획을 반영(反映)하여 개설(開設)·운영(運營)한다.
 1. 「교원 등의 연수에 관한 규정」 제2조제2항에 따른 연수기관 중 교육감(敎育監)이 설치(設置)한 연수기관의 장
 2. 연수 대상 교원이 재직(在職)하는 학교의 장
② 교육감(敎育監)은 다음 각 호의 내용을 포함하는 교원연수계획(敎員研修計劃)을 수립(樹立)하여야 한다.
 1. 인성(人性) 및 인성교육의 개념
 2. 인성교육의 목표(目標)와 내용(內容)
 3. 교과 영역 및 교과 외 영역(領域)에서의 인성교육 지도방법
 4. 국내외(國內外) 인성교육 우수(優秀) 사례(事例)
 5. 인성교육 프로그램 개발(開發) 및 활용(活用)
 6. 인성교육 관련 평가방법(評價方法) 및 결과활용(結果活用)
 7. 인성교육 관련 학교 교육과정 편성·운영 방법(方法) 및 절차(節次)
 8. 그밖에 인성교육 실천(實踐)에 필요한 사항
③ 교원연수 이수기준(履修基準)은 연간 4시간 이상으로 한다.
④ 제1항부터 제3항까지에서 규정한 사항 외에 교원연수의 운영 및 연수비의 지급(支給) 등에 관하여는 「교원 등의 연수에 관한 규정」에 따른다.

(5) 규칙 제6조(교원의 연수 등)

법 제17조제2항에서 "교육부령으로 정하는 교원 양성기관"이란 다음 각 호의 기관(機關)을 말한다.

1. 「고등교육법(高等教育法)」 제41조에 따른 교육대학(敎育大學)·사범대학(師範大學)(교육과 및 교직과정(敎職課程)을 포함한다)
2. 해당 기관에서 학위(學位)를 취득(取得)하거나 과정을 이수(履修)하는 경우 예비교원(豫備敎員)이 「교원자격검정령(敎員資格檢定令)」 제18조 제3호에 따른 무시험검정(無試驗檢定)을 통하여 같은 영 제3조에 따른 교원자격증(敎員資格證)을 수여(授與)받을 수 있는 기관(機關)

2.1.9 학교의 인성교육 참여 장려 · 언론의 인성교육 지원(支援)

(1) 법 제18조(학교의 인성교육 참여 장려)

학교의 장은 학생의 제11조제1항에 따른 지역사회(地域社會) 등의 인성교육(人性敎育) 참여를 권장(勸奬)하고 지도(指導)·관리(管理)하기 위하여 노력(努力)하여야 한다.

(2) 법 제19조(언론의 인성교육 지원)

국가(國家) 및 지방자치단체(地方自治團體)는 범국민적(汎國民的) 차원에서 인성교육(人性敎育)의 중요성(重要性)에 대한 인식(認識)을 공유하고 이들의 참여의지를 촉진(促進)시키기 위하여 필요한 경우 언론(言論)(「언론중재 및 피해구제 등에 관한 법률」 제2조에 따른 방송(放送), 신문(新聞), 잡지(雜誌) 등 정기간행물(定期刊行物), 뉴스통신 및 인터넷신문 등을 포함한다)을 이용하여 캠페인 활동을 전개(展開)하도록 노력하여야 한다.

2.1.10 전문인력(專門人力) 양성기관 · 권한의 위임(委任)

(1) 법 제20조(전문인력의 양성)

① 국가(國家) 및 지방자치단체(地方自治團體)는 인성교육(人性敎育)의 확대를 위하여 필요한 분야의 전문인력을 양성(養成)하여야 한다.

② 교육부장관(敎育部長官) 및 교육감(敎育監)은 제1항에 따른 전문인력을 양성하기 위하여 교육 관련 기관 또는 단체(團體) 등을 인성교육 전문인력 양성기관으로 지정(指定)하고, 해당 전문인력(專門人力) 양성기관에 대하여 필요한 경비(經費)의 전부(全部) 또는 일부(一部)를 지원(支援)할 수 있다.

③ 제2항에 따른 인성교육 전문인력(專門人力) 양성기관의 지정기준은 대통령령(大統領令)으로 정한다.

(2) 령 제15조(인성교육 전문인력 양성기관의 지정 및 지정기준 등)

① 교육부장관(敎育部長官) 및 교육감(敎育監)이 법 제20조제2항에 따라 교육 관련 기관 또는 단체(이하 "교육관련기관 등"이라 한다)를 인성교육 전문인력(專門人力) 양성기관(이하 "전문인력양성기관"이라 한다)으로 지정하는 경우 그 지정기준(指定基準)은 다음 각 호와 같다.

1. 교육관련기관 등이 다음 각 목의 어느 하나에 해당할 것
가. 「고등교육법(高等敎育法)」 제2조제1호에 따른 대학 중 교육관련 학과 또는 전공(專攻)이 설치된 대학(大學)
나. 「정부출연연구기관 등의 설립(設立)·운영(運營) 및 육성(育成)에 관

한 법률」 제8조제1항에 따른 연구기관(研究機關)

다. 인성교육(人性教育)을 포함한 교육 관련 사업을 목적(目的)으로 하는 법인으로서, 「공익법인의 설립·운영에 관한 법률」 제2조에 따른 공익법인(公益法人) 또는 「민법(民法)」 제32조에 따른 비영리법인(非營利法人)에 해당하는 법인(法人)

2. 인성교육 전문인력(專門人力)의 양성(養成)과 관련한 다음 각 목의 요건(要件)을 갖출 것

가. 적절(適切)한 교육과정(教育課程) 및 교육내용(教育內容)

나. 구체적(具體的)이고 실천 가능한 교육과정(教育課程) 운영계획

다. 교육과정(教育課程) 운영에 필요한 시설(施設)·설비(設備) 및 교수요원

② 교육부장관(教育部長官)은 제1항제1호가목 또는 나목에 해당하는 교육관련기관 등을, 교육감(教育監)은 제1항제1호다목에 해당하는 교육관련기관 등을 각각 전문인력양성기관으로 지정(指定)할 수 있다.

③ 전문인력양성기관으로 지정(指定)을 받으려는 교육관련기관 등은 교육부령으로 정하는 지정신청서에 교육부령으로 정하는 서류(書類)를 첨부(添附)하여 제2항의 구분(區分)에 따른 지정권자에게 신청(申請)하여야 한다.

④ 교육부장관(教育部長官) 및 교육감(教育監)은 제3항에 따른 신청(申請)을 받은 경우 신청 일부터 6개월 내에 전문인력양성기관 지정 여부(與否)를 결정(決定)하고 그 결과(結果)를 해당 교육관련기관 등에 통보(通報)하여야 한다.

⑤ 교육부장관(教育部長官) 및 교육감(教育監)은 전문인력양성기관을 지정한 경우 지정된 전문인력양성기관에 교육부령으로 정하는 지정서를 발급(發給)하여야 하며, 그 지정의 유효기간(有效期間)은 지정 일부터 3년으로 한다.

(3) 규칙 제7조(인성교육 전문인력 양성기관의 지정 및 지정기준 등)

① 교육부장관(敎育部長官) 및 교육감(敎育監)은 인성교육 전문인력(專門人力) 양성기관(이하 "전문인력양성기관"이라 한다)을 지정하려는 경우 별표 3에 따른 전문인력양성기관 지정 세부기준(細部基準)을 고려(考慮)하여 「인성교육진흥법 시행령」(이하 "영"이라 한다) 제15조제1항제2호의 지정기준 충족여부(充足與否)를 판단(判斷)하여야 한다.

② 영 제15조제3항에 따른 지정신청서는 별지 제3호서식과 같다.

③ 영 제15조제3항에서 "교육부령(敎育部令)으로 정하는 서류(書類)"란 다음 각 호의 서류(書類)를 말한다.

 1. 교육과정 편성표(編成表) 및 설명서(說明書)

 2. 교육과정별 기간 및 정원표

 3. 교수요원(敎授要員) 채용계약서 또는 채용계획서(採用計劃書)

 4. 강사명단(講師名單) 및 강의승낙서(講義承諾書)

 5. 시설(施設)·설비(設備) 현황표(現況表) 및 해당 시설·설비의 유지방법(維持方法)에 관한 내용(內容) 설명서(說明書)

 6. 교육비(敎育費)를 포함한 경비(經費) 및 시설의 유지비용(維持費用) 등에 관한 명세서(明細書)

 7. 그밖에 교육부장관(敎育部長官) 또는 교육감(敎育監)이 지정과 관련하여 필요(必要)하다고 인정한 서류(書類)

④ 영 제15조제5항에 따른 지정서(指定書)는 별지(別紙) 제4호서식과 같다.

(4) 령 제16조(전문인력양성기관의 재지정 등)

① 교육부장관(敎育部長官) 및 교육감(敎育監)은 전문인력양성기관으로부터 신청(申請)을 받아 전문인력양성기관의 재지정(再指定)을 할 수 있다.

② 제1항에 따른 재지정을 받으려는 전문인력양성기관은 지정 유효기간(有效期間) 만료일(滿了日) 1년 전부터 6개월 전까지의 기간에 재지정을 위한 신청(申請)을 하여야 한다.

③ 제1항에 따른 재지정의 기준(基準), 절차(節次) 및 유효기간(有效期間) 등에 관하여는 제15조를 준용(準用)한다.

(5) 령 제17조(전문인력양성기관에 대한 보고 요구 등)

교육부장관(教育部長官) 및 교육감(教育監)은 법 제20조제2항에 따라 경비(經費)를 지원한 경우 해당 전문인력양성기관에 다음 각 호의 조치(措置)를 할 수 있다.

1. 업무(業務) 및 회계(會計)의 상황(狀況)에 관한 보고(報告) 요구(要求)
2. 지원받은 경비(經費)의 사용(使用)에 관한 지도(指導)·권고(勸告)

(6) 령 제18조(전문인력양성기관 지정 등의 공개)

교육부장관(教育部長官) 및 교육감(教育監)은 전문인력양성기관을 제15조에 따라 지정(指定)하거나 제16조에 따라 재지정한 경우에는 다음 각 호의 사항을 교육부(教育部)·교육청(教育廳)의 인터넷 홈페이지 등을 통하여 공개(公開)하여야 한다.

1. 전문인력양성기관의 지정현황(指定現況)(명칭·대표자 및 소재지 등)
2. 지정일 및 지정 유효기간(有效期間)

(7) 법 제21조(권한의 위임)

교육부장관(教育部長官)은 이 법에 따른 권한(權限)의 일부를 대통령령

(大統領令)으로 정하는 바에 따라 교육감(教育監)에게 위임(委任)할 수 있다.

2.1.11 인성교육 예산지원(豫算支援)·과태료(過怠料) 등

(1) 법 제15조(인성교육 예산 지원)

국가(國家) 및 지방자치단체(地方自治團體)는 인성교육 지원, 인성교육 프로그램 개발(開發)·보급(普及) 등 인성교육 진흥(振興)에 필요한 비용(費用)을 예산(豫算)의 범위(範圍)에서 지원(支援)하여야 한다.

(2) 법 제22조(과태료)

① 다음 각 호의 어느 하나에 해당(該當)하는 자에게는 500만 원 이하(以下)의 과태료(過怠料)를 부과(賦課)한다.
1. 거짓이나 그 밖의 부정(不正)한 방법(方法)으로 제12조에 따른 인증(認證)을 받은 자
2. 제12조제5항을 위반하여 인증표시를 한 자
② 제1항에 따른 과태료(過怠料)는 대통령령(大統領令)으로 정하는 바에 따라 교육부장관(教育部長官)이 부과(賦課)·징수(徵收)한다.

(3) 령 제19조(과태료의 부과기준)

법 제22조제1항에 따른 과태료(過怠料)의 부과기준(賦課基準)은 별표(別表)와 같다.

제2.2절 창의·인성교육 기본 지침 [교육부]

❑ 창의(創意)· 인성교육(人性教育) 기본 방안 - 창의와 배려의 조화를 통한 인재 육성	● 시행일자: 2009. 12. ● 시행기관: 교육과학기술부 * 참고1. 과제별 담당부서 * 참고2. 시.도교육청 창의.인성교육 우수사례 현황 * 참고3. 주요대학의 사회봉사단 운영현황	교육부 홈페이지 참조

【별첨 1】 교육부, 인증 인성교육 프로그램 공개 - 유아1, 초등4, 중.고등 7, 대학2, 성인1 등 총 15편 인증	● 2014 인성교육 프로그램 인증 현황 ● 2014 인성교육 인증 프로그램 소개 ● 2013 인성교육 인증 프로그램 확산 사례 * 참고1. 교육부 인증 인성교육 프로그램 공개 * 참고2. 교육부 인증 인성교육 프로그램 공개 * 참고3. 교육부 인증 인성교육 프로그램 공개 * 참고4. 교육부 인증 인성교육 프로그램 공개	교육부 홈페이지 -보도자료 참조
【별첨 2】 교육부, 인성교육을 강화한 초·중등학교 교육과정 개정 - 초.중등학교 인성교육 대폭 확대	● 체육.예술 교육 활성화를 위한 집중이수제 보완 및 중학교「학교스포츠클럽」활동 교육과정 반영 ● 체험.실천 중심의 인성교육을 위한 국어, 도덕, 사회 교육내용 개선 * 참고1. 초·중등학교 교육과정 총론 신구 대조표 * 참고2. 국어, 도덕, 사회 교육과정부분 개정주요내용 * 참고3. 한국어 교육과정 개발 방향과 주요내용 * 참고4. 프로젝트형 인성교육 교과서 개발 주제	
【별첨 3】 교육부, 초·중등 학생 표준화 인성검사 개발 - 학교인성교육에 활용 가능한 표준화 인성검사 개발 및 매뉴얼 보급	● 시도교육청 관계자 연수를 통해 정기검사 실시 * 참고1. 초·중·고학생 인성수준 조사 및 분석 결과 * 참고2. KEDI 인성검사 매뉴얼 요약	

2.2.1 창의(創意)·인성교육의 검토(檢討) 배경(背景)

(1) 교육의 근본목적은 미래(未來)를 살아갈 수 있는 힘을 키우는 것임.

① 미래사회(未來社會)는 다양한 학문과 기술들이 융합(融合)되어 새로운 지식과 가치(價値)를 창출할 것으로 전망되며, 현재 교육받는 학생들이 미래 마주치게 될 다양한 기회(機會)와 도전(挑戰)에 대해 준비시키는 것이 국가의 의무임

* 미래사회의 전망(展望) : 지식기반사회, 정보화사회, 세계화사회, 다원화사회 등

② 미래교육은 '집어넣는 교육'이 아니라 '끄집어내는 교육'이 중심(中心)이 되어야 하며, 학생들의 잠재력(潛在力)과 바람직한 가치관(價値觀)을 '찾고 키워주는' 교육의 핵심에 '창의성(創意性)'과 '인성(人性)'이 존재

> * **바람직한 미래 인재상** : 개인의 흥미(興味), 재능(才能), 역량(力量), 가치관(價値觀) 및 비전 등을 살려서 가족(家族), 지역사회(地域社會), 국가(國家)와 세계(世界)에 가치(價値) 있는 일을 할 수 있는 인재

(2) 한국의 과거(過去) 성장은 '모방형 인적(人的) 자본'이 주도(主導)하였으나, 미래의 성장 동력은 새로운 것을 생각하고 만들어 내는 '창조적(創造的) 인적자본(人的資本)'에 있음.

① 국가의 경쟁력(競爭力)은 결국은 창의적(創意的) 인재(人材)의 경쟁력(競爭力)이며, 기업(企業) 등 인재의 최종 수요자(需要者)도 창의성과 인성(人性)을 겸비한 "훌륭한 전문인"을 요구

* 기업 채용시스템도 기존 필기시험(筆記試驗)·서류전형(書類銓衡) 비중이 감소하는 반면, 문제해결력.조직융화력 등 검증을 위한 면접(面接), 인·적성검사(適性檢査) 비중 확대 (인크루트, '08.6)

* 매출액 상위 100대기업 인재상 (대한상공회의소 리서치, '08.9)

구분	창의성	전문성	도전정신	도덕성	팀워크	글로벌역량	열정	주인의식	실행력
100대기업	71%	65%	59%	52%	43%	41%	29%	13%	10%

② 다양성 수용, 기초질서 준수 등 국민들의 인성함양 또한 선진국 진입 및 국가경쟁력(國家競爭力) 강화를 위해 반드시 필요한 사회적 자본임

③ 창의성과 인성 함양은 바람직한 교육의 차원을 넘어서 미래사회에서 개인과 국가의 생존과 직결되는 문제

* **선진국(先進國)의 창의성, 인성교육 추진 현황(現況)**

구분	내용
미국	○ 경쟁력위원회의 'Five for Future(2007)'에서 창의적(創意的)이고 첨단적(尖端的) 재능(才能)의 활용 극대화(極大化) 제시 ○ 창의성을 교육 목표로 하여 초등학교 때부터 수준별 수업 진행 ○ 지역사회(地域社會) 및 민간주도로 종합적인 인성교육 프로그램 개발·보급
영국	○ 2000년부터 창의성을 국가 교육과정의 중요 목표로 강조 ○ 기존(旣存) 수업방식에서 활용 가능한 실용적 창의성 교육 자료 개발(교육과정평가원, QCA) ○ 중·고등학교에 해당하는 stage 3,4 교육과정(敎育課程)에 범교과 항목으로 인성교육 내용 명시

일본	○ 유토리 교육 폐지 등 학력증진에 중점을 두되, 인간성(人間性)·사회성(社會性) 함양을 위한 인성교육 병행(竝行) 추진 - 'Cultivating Richness in Mind'를 기치로 아침독서 권장, 감성교육 확대 추진 등

(3) '09 개정 교육과정(教育課程), 입학사정관제 등에 따라 교과 위주, 점수(點數) 위주 교육에서 창의성과 인성을 충실히 교육할 수 있는 여건이 마련

① '09 개정 교육과정(教育課程) 도입에 따라 학교별로 창의성과 인성(人性)을 함양(涵養)할 수 있는 다양한 교육과정 운영이 가능

* '09 개정 교육과성(教育課程)에 '창의적 체험활동' 도입 : 초·중교 주당 3시간, 고교 4시간

* 학기당 이수 교과목(教科目) 수를 축소하고, 고교 교육과정(教育課程)을 선택중심으로 운영(공통교육과정 10년 → 9년)함으로써, 학생의 학습부담 완화(緩和)와 흥미도 제고 및 학생 수요자(需要者) 중심의 자기주도적(自己主導的) 학습 가능

② 자율형 공·사립고, 교과교실제 학교 및 과목별(科目別) 중점학교(예: 과학중점학교) 등 다양한 일반계 학교 유형이 도입(導入)되고, 학생들의 적성(適性)과 소질(素質)에 따른 다양한 교육과정(教育課程) 운영의 자율권(自律權)을 부여

③ 입학 사정관제 도입에 따라 교과 성적만 아니라 학생의 창의성·인성·잠재력(潛在力) 등도 대학 입학을 결정(決定)하는 중요요소(重要要素)로 등장

* 입학사정관제 선도대학 : ('09) 15교 → ('10) 20교

(4) 창의성과 인성교육(창의·인성교육) 강화를 위해 교과활동 시간과 창의적 (創意的) 체험활동 시간을 망라(網羅)한 다양하고 실질적인 프로그램들을 본격 운영하여 타인을 배려(配慮)하고 더불어 살면서, 미래를 개척(開拓)하고 함께 발전할 수 있는 능력 함양(涵養) 필요.

2.2.2 창의 · 인성교육 현황(現況), 문제점 및 시사점

(1) 현황(現況) 및 문제점(問題點)

가. 사회전반의 학벌주의 풍토(風土)에 따른 입시위주·점수위주 학교 교육

① 현행, 객관식 지필시험의 정답(正答) 찾기식 평가방식은 학생들에게 단편적(斷片的)인 지식 암기능력을 강조하여 창의성 함양을 제약

* 정형화된 지식의 반복학습을 통해, 실수(失手)하지 않는 것이 '실력'이라는 학습풍토 팽배(澎湃)

② 학습 동기나 학습 과정보다는 점수(點數)로 나타나는 결과만을 중시하여 맹목적(盲目的)인 학습, 수단과 방법을 가리지 않는 비교육적(非敎育的) 학습이 만연(蔓延)

③ 입시조차 학원 등 사교육에 뒤처지는 상황에서 창의·인성교육까지 담당하기에는 학교와 교사의 사회적 위상(位相)이 초라

④ 창의성 발달과 인성 함양을 저해(沮害)하는 가정·사회의 문제가 그대로 학교현장에 투영(投影)되어, 학생의 모든 것을 학교에 맡기고 방치하거나, 오로지 성적(成績) 향상만을 요구

나. 창의·인성교육을 할 수 있는 학교 사회의 여건과 환경이 취약(脆弱)

① 창의·인성교육에 대한 관심(關心)·의지(意志) 부족으로 형식적으로 운영

* 1회성 행사위주의 전시 행정화된 창의·인성교육, 공부를 할수록 창의력은 더욱 더 떨어지는 교육 현실

② 학교차원의 체계적(體系的) 지원 없이 교육 책임이 개별 교사에게 전가(轉嫁)되고, 교사들도 전문성 부족·무기력증·업무피로 등을 호소(呼訴)
③ 창의성 계발(啓發)을 위한 다양한 교수법(敎授法) 습득과 괴리(乖離)된 교원 연수 체제 운영

* 현재 창의성 관련 연수는 종류 제한, 내용 부실, 단발성(單發性) 진행 등으로, 연수 후 교사가 학교현장에 적용하는 경우 극히 드묾. (승진을 위한 점수획득이 주목적)

다. 창의·인성교육을 위한 체계적(體系的) 프로그램 및 체험기회 부족

① 정규 교육과정(敎育課程) 및 교과수업을 통한 창의·인성교육 체계 미흡
② 교과 특성과 관계없는 강의 위주 수업, 진도 마치기식 수업 진행

* 글쓰기가 생략된 국어, 기계적으로 계산하는 수학, 실험·관찰이 배제된 과학수업 등

③ 재량(才量)·특별·봉사활동(奉仕活動) 등도 형식적, 변칙적(變則的)으로 운영 (입시교육화)
④ 현장견학, 봉사활동(奉仕活動), 체험학습, 동아리활동 등 학생 창의성 및 인성 함양을 위한 지역사회 교육 인프라와 학교와의 연계 부족

* 일선학교에서는 행정적 어려움, 안전상 이유 및 책임소재 등의 이유로 학교 밖 프로그램과의 연계에 소극적

라. 창의·인성교육 개념이 명확치 않고 사회적 합의(合意) 부재

① 창의성은 몇몇 소수만이 선천적으로 타고난 특별한 능력이며, 모든 학생이 교육을 통해서 창의성이 계발(啓發)되기는 어렵다고 오해

* 일선 교육현장에서는 소수를 위한 엘리트 중심 영재교육(英才敎育) 운영

② 인성교육은 '고리타분', '문제아(問題兒) 교육' 등 부정적 이미지가 강하고, 전통적, 소극적 인성교육 개념과 차별되는 미래지향적(未來指向的)·진취적(進取的) 인성교육 개념정립 미흡

마. 창의·인성교육을 위한 유아단계 및 가정에서의 구체적 실천방안 부재

① 유아교육(幼兒敎育)의 목적이 불명확하고, 유아교육 기관별 교육품질(敎育品質)의 현격한 차이가 상존하며, 유아교육마저 장래의 상급학급 진학용으로 변질

* 외부강사에 의한 특기(特技)·적성교육 진행 등 창의성과 인성교육을 사교육에 의존

② 우리나라 학부모들의 교육열(敎育熱)은 매우 높으나, 실제 가정교육(家庭敎育), 학교교육, 교육정책(敎育政策) 등에서 수동적이고 소극적인 역할 수행

(2) 시사점(示唆點)

가. 전통적·소극적·제한적 의미로 인식되었던 창의·인성교육 개념을 21세기 세계시민으로서 보유해야 할 능력에 적합한 미래지향적·진취적(進取的)·핵심적(核心的) 개념으로 재정의(Re-Branding) 필요

① 새로운 시대에 요구되는 새로운 창의성과 인성개념에 대한 교사·학생·학부모의 공감대를 확산하고, 학교·가정·사회 각 주체별 역할분담(役割分擔)을 명확화
② 공감대 확산 및 인식 제고를 위한 홍보 강화

※ 슬로건 또는 캐치프레이즈 설정, 캠페인 운동 전개 등

나. 특수학생 대상 창의성교육 또는 문제아(問題兒) 생활지도(生活指導) 차원의 인성교육이 아닌 모든 학생을 위한 창의·인성 교육체제로 전환하고, 교과 및 창의적 체험활동을 망라하는 체계적(體系的)이고 다양한 프로그램 개발(開發)·보급 필요
① 창의성과 인성 형성의 첫 절정기인 유아단계에서부터 교육 추진
② 창의적 체험활동의 내실화 및 교과 활동과의 연계(連繫) 강화
③ 학교-가정 간 연계를 강화하고 학부모의 참여(參與)를 확대
④ 타 부처 및 지역사회의 다양한 교육자원 활용을 강화

다. 창의·인성교육 내실화를 위한 제도와 시스템 정비 필요

① (학생) 창의적 체험활동 등 창의·인성교육 내역을 체계적으로 관리하고 입학사정관제와 연계
② (교사) 창의·인성교육 관련 연수강화 및 인센티브 제공 등

③ (학교·교육청) 지역사회의 다양한 인적자원(人的資源)을 교수·지원인력으로
활용하고, 시·도 교육청(教育廳)에 창의적 체험활동 전담조직 설치

〈미래 교육의 개념과 가치 재정립〉

1 「창의 · 인성교육」의 개념과 가치 확립

⬇

〈창의 · 인성교육 실천〉

2-① 유아단계의 창의 · 인성교육 내실화

2-② 초중등 교과 활동에서의 창의 · 인성교육 강화

2-③ 초중등 창의적 체험활동의 확대 및 내실있는 운영

2-④ 대학의 사회봉사 · 참여 활성화

2-⑤ 지역사회 · 기업 등과 연계한 창의 · 인성교육 추진

⬆

〈정부의 역할 확대〉

3-① 창의적 체험활동 프로그램 개발 · 보급 체제 구축

3-② 창의 · 인성교육을 담당할 교수 · 지원 인력 확보

3-③ 창의성과 인성을 중시하는 학교 · 사회문화 조성

(4) | 세부(細部) 추진방안(推進方案)

가. '창의·인성교육'의 개념과 가치(價値) 확립

> * 창의·인성교육은 '새로운 가치(價値)를 창출하고 동시에 더불어 살 줄 아는 인재'
> 를 양성(養成)하는 미래 교육의 본질이자 궁극적인 목표

① (포괄성) 창의·인성교육은 영재(英才) 등 특정 학생을 위한 한정된 교육이
  아니라 모든 학생을 대상으로 일상적으로 이루어지는 포괄적인 교육
- 교육 내용도 자신의 이해부터 타인에 대한 관심과 배려(配慮), 환경 등 전
  지구적 문제의 창의적인 해결 노력까지 포괄하는 개념
② (종합성) 창의·인성교육은 일부 교과나 활동에서만 담당하는 것이 아니라,
  교과활동, 창의적 체험활동, 가정교육(家庭教育) 등 모두를 통해 유아 단계
  에서부터 종합적으로 함양해야 하는 자질 교육
- 창의·인성교육은 학교 안팎의 다양한 물적·인적 자원과 방법을 활용하여
  적극적인 개발(開發)과 노력이 요구되는 교육
③ (미래지향성) 창의·인성교육은 부정적 이미지의 관행적(慣行的)인 교육이
  아니라 '즐거움, 스스로, 중요한' 등 긍정적 이미지의 미래형(未來形) 교육
- 더욱이 '점수 올리는 방법'을 가르치는 현 사교육의 존재 기반을 근원적으
  로 제거하며, 공교육(公教育)을 정상화하고 경쟁력을 높이는 교육
④ (동시성) 창의·인성교육은 창의성과 인성을 동시에 함양하는 교육
- 창의성과 인성은 개방성(開放性) 등과 같이 그 구성요소(構成要素) 자체가
  같거나, 협동능력 향상 등과 같이 인성개발이 곧 창의성 개발로 이어지는
  상호 동반효과(同伴效果)가 큰 쌍둥이 자질

나-1. 유아단계의 창의·인성교육 내실화

> * 바른 생활습관 형성과 놀이 위주의 체험활동으로 유아 교육을 내실화하고 중·고령 인력 등 다양한 자원을 유아교육에 활용

① (필요성) 유아기는 창의성과 인성(人性)의 기틀이 형성되고 교육효과도 가장 커서 이 때 형성된 습관(習慣)·태도(態度)가 평생을 좌우하는 결정적 시기

- 『유아교육 선진화 계획』과 연계하여 공교육(公教育)이 주도하고 학부모·교사 등이 쉽게 활용할 수 있는 다양하고 좋은 프로그램 운영 필요

- 창의·인성교육을 유아교육의 핵심목표로 제시하여 학부모·교사 등 유아교육 관계자들의 인식 제고 및 유치원(幼稚園) 평가 등에 반영

② (유치원 기본과정 내실화) 유치원(幼稚園) 교육과정을 기본과정(오전)과 종일제 과정(오후)으로 분류하고, 기본과정은 유아교육의 특성을 반영하여 기초인성 확립과 체험·놀이 등의 교육과정(教育課程)으로 편성·운영

- 자유롭게 생각하고 창의적으로 표현할 수 있는 능력과 기초예절(基礎禮節)·배려(配慮)·협력(協力)·존중(尊重) 등 기본 생활습관 배양에 집중

③ (창의·인성 함양 프로그램 개발) 우리 사회의 저출산·1자녀 등으로 결여되기 쉬운 배려(配慮), 공동체(共同體) 의식 등과 미래사회가 요구하는 창의성·개방성 등을 자연스럽게 함양할 수 있는 유아 프로그램 개발 운영

- 형제애(兄弟愛), 가족애(家族愛) 등을 피부로 느낄 수 있는 체험 프로그램 운영

> * 유아-초등학생 형제 맺기, 육아경험을 가진 중·고령 인력을 유아교육 보조 인력으로 활용하는 '3세대 하모니' 활성화, 유치원(幼稚園)에 다문화 유아 적극 수용, 도-농 유치원간 결연으로 자연 체험과 유아간 문화(文化)·감성(感性) 교류활동 지원

- 유아체험관 등의 시설을 확보하고 다양한 창의 프로그램 운영

나-2. 초·중등 교과활동에서의 창의·인성교육 강화

* 초·중등학교의 모든 교과활동을 미래 인재로서 필요한 전문지식(專門知識) 습득과 더불어 창의성과 인성 함양의 기회와 시간으로 이용

① (필요성) 종전까지 국어·과학 등의 교과활동은 특정지식을 습득(習得)하는 활동으로만 인식
- 학생들이 가장 많은 시간을 보내는 교과활동을 창의·인성교육에 적극 활용하지 않고는 창의·인성 함양에 한계
- 더욱이 일방적 지식 전달·암기 등 현재의 교과활동방식 자체가 창의성과 인성을 저해(沮害)하는 요인으로 작용되고 있어 개선이 시급
② (국어 등 일반교과) 각종 교과목별로 교과특성에 맞게 교육내용, 교육방법(教育方法) 등에 창의성과 인성 함양을 위한 요소들을 적극 포함하여 학력 신장과 창의·인성 교육을 동시에 추구

* 교과특성에 따라 글쓰기, 그리기, 만들기, 토론(討論)·발표(發表), 관찰(觀察)·실험(實驗), 연구과제 등 창의·인성 함양을 위한 수행평가 비중도 강화

③ (도덕 등 특정교과) 각 교과목(教科目)을 통해 자연스럽게 교육된 창의·인성 내용들을 종합적으로 실현할 수 있도록 교육내용 및 평가에 체험활동 요소 대폭 강화
④ (녹색교육 등 범교과) 해당 교과목(教科目)이 담당하는 주제에 대한 교육과 더불어, 공존(共存)·배려(配慮) 등의 창의·인성 요소를 녹색(綠色) 등 특정주제를 중심으로 현장감 있게 학습하는 기회로 활용

* 예시(例示) : 녹색교육을 통해 전지구적인 환경 문제를 경제·사회문제와 통합적으로 이해하여 책임 있는 세계시민의식을 함양하고, 기후변화 대응 및 녹색성장을 위한 다양한 문제접근 및 해결방법을 창의적으로 제시

* 교과활동에 창의·인성 교육 내용 및 방법 반영 예시(例示)

	언어	수리	사회	과학	예체능
국어 등 일반 교과	의사소통능력 문화다양성	문제해결력 분석력	시민의식 개방성	상상력 탐구력	독창성 감수성
	글쓰기 독서토론 등	교구이용 기하수업 등	지역사회참여 자원봉사 등	팀단위 실험. 탐구활동 등	단체경기,무용, 그룹창작 등

+

도덕 등 특정 교과	교과 프로젝트, 사례 연구, 융합형 교육과정 등

⑤ (구체화·체계화) 교과별 교육과정(敎育課程)에 준하는 수준의 '창의·인성 교육방법(과정)'을 마련하여 교과별로 담당할 창의·인성교육 내용을 구체화
- 국어 등 교과별 교육과정(敎育課程)이 습득해야 할 지식의 종류를 제시(무엇을 학습)하는 반면, 창의·인성 교육방법(敎育方法)은 지식 습득에 있어 창의성과 인성(人性)을 같이 함양하는 방법론 중심(어떻게 학습)으로 구성

* 예(例): 문제·사례·시나리오.프로젝트 중심 학습, 리서치.토론 학습, 협력 학습 등

- '09 개정 교육과정 2단계 개정 등 각 교과별 교육과정(敎育課程) 개정 시 해당 교과의 고유 교육내용과 창의·인성(人性) 교육 내용을 동시에 반영

⑥ (교과서·교수법 개선) 습득해야 할 지식을 근간으로 토론(討論)·탐구(探究) 등이 반영되어 도전(挑戰)과 창의적(創意的) 사고를 끌어내는 교과서와 교수법(敎授法)으로 개선
- 교과서 편찬 및 검·인정 기준, 교과서 개발팀 또는 교과서 검·인정 위원 등

에 창의·인성 교육 관련 내용 및 전문가 참여
- 장기적으로는 학생들에게 충분한 탐구와 해결 시간을 부여할 수 있도록 교육 범위도 미래사회가 요구하는 핵심능력 중심으로 축소 조정
- 학교 다양화, 교과교실 등도 창의·인성 교육 측면에서 적극 활용

* 예(例): 집중이수제, 블록타임제 등을 활용하여 학생들이 창의적으로 사고하고, 스스로 만들어 낼 수 있는 여유(시간) 확보 등

나-3. 초·중등 창의적 체험활동의 확대 및 내실(內實) 있는 운영

* '09 개정 교육과정에 도입되는 '창의적 체험활동'을 활성화(活性化)하고, 학교생활기록부 기록 등 포트폴리오 관리를 강화하여 내실 있는 운영 도모

① (교과활동외 모든 활동) 창의적 체험활동은 교육과정(敎育課程)이 제시한 시수 동안의 활동만 아니라, 학교 안·밖의 다양한 장소에서 주말·방학 등 다양한 시간을 활용하여 이루어지는 교과 활동외의 모든 활동

* 교육과정상의 창의적 체험활동 시수(주당 3.4시간)는 체험 활동을 실제 하거나, 체험 활동에 대한 계획 수립, 체험 활동 결과 평가(評價)·분석(分析) 등 시간으로 활용

② (창의·인성함양의 핵심 활동) 창의적 체험활동은 부수 활동이 아닌, 교과 활동과 더불어 창의성과 인성함양을 위한 핵심 활동
- 창의성과 인성을 구성하는 세부 요소별, 학생들의 성장 단계에 맞는 맞춤형 체험이 가능토록 다양한 프로그램 개발 운영
- 국내외 우수 사례(事例) 발굴, 각종 리소스 활용, 전문가에 의한 개발, 아이디어 공모(公募) 등을 통해 프로그램 확보
- 방과 후 활동과 연계한 다양한 문화·예술 프로그램, 독서 교육 프로그

램 등도 창의적 체험활동으로 활용

* **창의적(創意的) 체험활동 예시(例示)**

구분(안)	체험 활동 (예시)
자율 활동	NGO 참가, 도보순례, 생태기행, 유적답사 등
동아리 활동	의상디자인, 요리, 과학탐구, 연극, 사물놀이 등
봉사 활동	다문화가정 아동 일일 가정교사, 고아원 자매결연 등
진로 활동	아르바이트, 인턴쉽 등

③ (교과활동과의 연계강화) 교과 등에서 배운 내용을 창의적 체험활동을 통해 직접 체험토록 하여 창의·인성함양과 더불어 교과의 흥미도 제고, 종합적 사고 유도)

* **교과활동과 창의적(創意的) 체험활동과의 연계 예시(例示)**

교과활동	창의적 체험 활동 (예시)
생명의 탄생과 진화, 윤리 수업	과학관특별전, 병원, 고아원, 양로원 등
음악·미술 수업	미술관, 오페라, 전람회 관람 등
법과 질서 수업	법원 방청, 모의재판 참관 등

④ (포트폴리오관리 강화) 학교 생활기록부(生活記錄簿)에 동아리, 독서, 문화예술, 체육, 인턴쉽, 봉사활동(奉仕活動) 등 다양한 창의적 체험활동을 기록

* 학교 생활기록부(生活記錄簿)와 연계한 창의적 체험활동 종합지원 시스템 구축·활용 ('10.3 개통)

- 학교 밖 체험활동의 경우 내용·효과가 검증된 우수 프로그램에 한하여 창의적 체험활동으로 인정, 기록하는 방안 마련
- 창의적 체험활동 마일리지제 및 포상(褒賞)·내신(內申) 등에 반영 방안 검토

⑤ (진학 등의 핵심자료로 활용) 창의적 체험활동 이력(履歷)을 대학 등 상급학교 진학 시 입학사정관 활용자료로 제공(提供)
- 예술(藝術)·체육(體育)·자원봉사(自願奉仕) 등 다양한 체험활동이 관련학과 학생선발전형에 반영될 수 있도록 유도 및 지원
- 입학사정관들에게 초·중등학교의 창의적 체험활동 내용을 소개하거나, 대학이 희망하는 창의·인성 내용을 적극적으로 제시

* 미국 입학사정관 고려 기준 중: 이타심을 가진 지도자적 자질, 인성(人性)과 품성(品性) 등

- 단순히 교과 성적보다는 학력(學力)·활동(活動)·업적(業績) 등을 진학과 취업 등에 종합 평가·반영하는 사회적 분위기(雰圍氣) 조성

나-4. 대학의 사회봉사(社會奉仕)·참여 활성화

* 대학의 사회봉사(社會奉仕)와 참여를 활성화·제도화하여 봉사하는 리더십을 배양하고 대학과 대학생의 역량을 활용하여 배려(配慮)와 나눔의 교육 실천

① (필요성) 초·중등 단계에서 배양된 창의성과 인성이 대학에 진학해서도 유지(維持)·발전(發展)·완성(完成)될 수 있도록 대학의 사회봉사(社會奉仕)와 참여 강화

- 학생 개개인의 사회 경험 축적 및 공동체 의식 제고와 더불어 대학(생)의 역량을 활용하여 국가·사회의 공익 증진 등 실현

- 대학이 갖추어야 할 핵심적인 역량을 종래의 '교육·연구' 중심에서 '교육·연구·봉사'로 확대하여, 대학의 사회봉사(社會奉仕)·참여(參與)는 부가적인 사안이 아니라 대학 구성원들의 필수요건이라는 인식과 문화 확산

② (다양한 프로그램 운영) 전공과 연계된 사회봉사(社會奉仕)와 참여, 소외·취약계층 교육지원, 지역학교 지원 등 다양한 프로그램 개발·운영

- 전공연계 봉사·참여 과목개설: 공학(工學)·의학(醫學) 등 학생들의 특기와 전공에 따른 수준 높은 사회봉사(社會奉仕)·참여(參與)가 이루어지도록 단과대학별로 전공과 연계된 다양한 사회봉사(社會奉仕)·참여과목 개설 권유

* 국내 대학들은 교양과목(敎養科目) 수준으로 사회봉사과목을 운영 중이나, 美 펜실베니아 대학의 경우 아동건강·체육, 의사표현기법 등 다양한 전공별 봉사·참여 커리큘럼 운영

- 소외 계층 지원: 장학금(獎學金) 수혜자 등 우수 대학생들이 소외계층이나 낙후지역 초·중등 학생의 교과활동을 직접 지원하는 대학별 멘토링 프로그램을 활성화하고, 지자체 등의 프로그램과 연계를 강화

* '멘토링 이력관리체계'를 구축하여 대학생 멘토 교체, 학생 이사(移徙) 등 환경변화에 상관없이 연속적으로 교육을 받을 수 있는 체제 마련

- 지역 초·중등학교 지원: 교과중점학교 등 교육과정(敎育課程) 운영에 대학과 협력이 필요한 지역 초·중등학교에게 지역대학이 중심이 되어 교육과정 편성, 연수, 강사 지원, 교육자료 개발 등을 적극 지원

③ (대학차원의 지원체제 구축) 봉사활동(奉仕活動)에 대한 장학금(獎學金)·

예산 지원, 전담조직 설치 등 대학 차원의 지원 내용을 지표화하고 대학평가 및 대학 재정지원 등에 반영하여 대학의 사회봉사(社會奉仕)·참여(參與) 활성화 유도

- 봉사·참여 우수 대학생 대상 장학금(奬學金) 및 포상(褒賞) 등 인센티브 부여
- 대학별로 사회봉사참여센터를 운영하거나 코디네이터를 배치하여 학생(學生)·교수(敎授)·교직원(敎職員)의 사회봉사·참여활동 전담지원

* 사회봉사(社會奉仕).참여 프로그램 개발, 수요와 공급 연결, 이력 관리 등 담당, Center for Community Partnerships (펜실베니아대), The Center for Public Service (게티스버그대) 등

- '대학 특성에 맞는 사회봉사(社會奉仕).참여활동을 지원'하고 있는지 여부를 대학평가.인증 기준에 반영 추진

* 대학의 교육·연구역량과 더불어 사회봉사(社會奉仕)·참여 프로그램 운영, 전담조직 설치 등 대학의 봉사역량도 대학정보공시 및 정부 대학 재정지원사업 평가 시 반영(反映)

④ (대학생 봉사단체 활성화) 자생적(自生的)인 대학생 봉사단체가 안정적(安定的)이고 체계적으로 봉사활동(奉仕活動)을 추진할 수 있도록 초기 인큐베이팅 지원
- 대학생 자원봉사단체들간 연합회 등을 구성하여 정보공유·홍보·협력 네트워킹 등을 상호 지원
- 대학별 사회봉사참여센터·코디네이터 및 자원봉사단체 연합회 등 관련 조직·단체들 간에 '멘토링 이력관리체계'를 공동으로 운영

* 배움을 나누는 사람들 (약 200명), 공부의 神 (약 1,500명), CEO Club (약 100명) 등 자발적 대학생 교육 봉사단체가 활동 중이나 아직은 미약

나-5. 지역사회(地域社會)·기업(企業) 등과 연계한 창의·인성교육 추진

> * 창의·인성교육에 대한 학부모의 이해와 참여를 촉진하고, 지역사회(地域社會), 기업(企業) 등이 보유한 교육자원을 창의·인성교육에 적극 활용

① (가정) 가정은 학습동기 부여 등 학생들의 교육에 가장 큰 영향을 미치는 곳으로 학부모의 인식 정도가 창의·인성 교육의 성패(成敗)를 좌우
- 창의·인성 교육이 학교에서 핵심 교육 및 기록·평가 항목이 되고 상급 학교 진학과도 연계됨에 따라 이에 대한 학부모의 이해 필요

* 학부모교육 등 학부모 지원 사업을 통해 창의·인성교육 강화 내용 안내

- 학부모 학교참여 지원사업을 통해 학부모가 실제로 창의적 체험활동 지도 등에 참여할 수 있도록 지원

* 예(例): 가족 과학축전, 주말 가족문화교실, 다양한 직종(職種)을 가진 학부모들의 진로 교육 및 역할모델 제시, 학생독서프로그램에 학부모 지도교사(도우미) 참여 등

② (지역사회) 180개 지역교육청 단위로 창의적 체험활동에 활용 가능한 지역의 모든 자원에 대한『창의체험자원지도』(CRM) 작성·활용

* CRM : Creative activity Resource Map

- 체험(體驗)·봉사활동(奉仕活動) 등 창의·인성교육에 활용 가능하고, 인증된 지역 내 모든 시설·프로그램에 대한 내용과 방법을 체계적으로 소개(紹介)
- 창의체험자원지도를 토대로 개인(個人)·학급(學級)·학교(學校) 단위로 창의적 체험 활동 계획을 수립·추진
- 창의체험자원지도 및 지도 활용법 자체를 학생(學生)·학부모(學父母)·교사(教師) 등 관계자들의 창의적 체험활동 설계(設計)·운영(運營)을 위한 매뉴얼로도 활용
- 실시간으로 업데이트 하고, 상호 비교 등을 통해 우수 자원은 공유
③ (정부부처) 보건복지부 등 타 정부부처에서 운영하는 학생 대상 체험 시설·프로그램을 창의적 체험활동에 적극 활용

* 예(例): 보건복지부의 청소년수련시설, 문화관광부의 사찰체험프로그램 등

- 국무총리실(國務總理室)이 중심이 되어 관련 부처들이 참여하는 '창의·인성 교육 정부협의체'를 정례(定例) 운영하여 관련 부처(部處)들의 참여 및 협력(協力) 촉진
- 필요시 각 부처가 운영하는 각종 체험 시설·프로그램에 대해 교과부 컨설팅 등을 통해 교육 프로그램으로 체계화
④ (기업.출연연 등) 기업(企業)·출연(出捐)(연) 등이 보유한 연구·생산시설, 교육 프로그램 등을 학생들의 창의적 체험활동에 적극 활용하고, 기업의 초·중등 교육 지원을 적극 장려
- 한국과학창의재단이 중심이 되어 기업(企業)·출연(出捐)(연) 등이 제공하는 각종 리소스를 학생·교사들이 활용할 수 있는 구체적인 교육 프로그램으로 체계화하고, 창의체험자원지도 등에도 포함시켜 활용도 제고

* 예(例): 한국항공우주산업(주)의 Aviation Camp, 에너지 4사의 창의경진대회, 한국기초과학지원연구원 주니어닥터(첨단장비활용 청소년과학활동지원사업) 등

- 전경련(全經聯), 교육강국실천연합 등 단체들이 중심이 되어 회원사 참여 권장, 우수사례 홍보 등을 통해 기업의 '교육 기부·나눔' 활성화 분위기 조성
- 기업은 보유 자원의 교육 기부만 아니라, 봉사·체험 프로그램 개발 및 운영에의 참여, 사회봉사와 참여가 많은 인재채용 등을 통해 기업이 원하는 바람직한 인재상을 교육현장(教育現場)에 적극적으로 전달

* 대학의 참여·봉사(奉仕) 프로그램 개발과 대학의 봉사역량 평가·인증 등에 기업의 인사담당자 참여, 대학·기업 공동의 참여·봉사 프로그램 개발 등 (예: 건설사가 자재 등을 지원하고 건축과 학생들이 참여하는 '사랑의 집짓기' 운동 등)

다-1. 창의적 체험활동 프로그램 개발.보급 체제 구축

> * 성장단계·핵심역량·활동단위·활동방법별로 창의적 체험활동 프로그램을 개발하고, 학교현장에 창의·인성교육 리소스로 제공

① (전담기구) 한국과학창의재단을 창의적 체험활동 프로그램 개발 및 보급의 주관기관으로 지정
- 청소년정책연구원 등 국내외 유관기관·단체들과의 연대 강화

* 가칭(假稱) '창의·인성교육단체 협의회' 구성

② (프로그램 개발) 전문가(專門家) 풀을 중심으로 학생·학부모·교사 등 모든 교육 주체들이 참여하여 다양한 프로그램 개발
- 모두에게 공개되고 함께 참여하는 개방형 개발 시스템 활용

* **맞춤형 창의적 체험활동 프로그램 예시(例示)**

③ (리소스 제공) 창의재단은 국내외 창의·인성 교육 자료들을 수집(蒐集)·분류(分類)·DB화하여 관리하고, 학교에 창의·인성교육 리소스 제공

분류	프로그램 (예)
성장단계	기초인성함양 프로그램(저학년용), 글로벌 리더십 프로그램(고학년용)
핵심역량	준법, 자율성, 리더쉽, 팀워크, 배려 및 희생정신 등 역량별 프로그램
활동단위	개인, 가족동반, 동아리, 클럽 등 활동단위별 프로그램
활동방법	탐구과제제안 및 과제해결, 인턴쉽 등 활동방법별 프로그램

- 교육청(敎育廳) 등의 각종 프로그램과 홈페이지 연계 등을 통해 창의적 체험활동 전자도서관 및 포털의 역할 수행 (one-click 서비스 제공)
- 교육 프로그램들을 매뉴얼화하여 수용성(受容性) 및 실현성(實現性) 제고
- 전문가(專門家)로 구성된 창의적 체험활동 상설 컨설팅단 (on-line) 운용

다-2. 창의·인성교육을 담당할 교수·지원 인력 확보

* 내실 있는 창의·인성교육을 위해 교원 연수와 양성 시스템을 정비하고, 교원만 아니라 지역의 다양한 인적자원(人的資源)도 교육에 적극 활용

① (교원연수) 창의·인성교육의 실천을 위한 교원연수시스템 개선
- 연수 프로그램을 개발(開發)·보급(普及)하고, 교원 직무·자격 연수에 반영(反映)하고, 학교장 등 관리자 대상의 창의·인성교육 프로그램 운영

* 창의·인성교육 이론, 교과별 창의·인성학습요소 및 지도기법, 교육우수사례, 창의체험자원지도 활용법, 창의적 체험활동 기획·설계 및 교수법(教授法) 등

② (교원양성) 예비교사의 자질 함양을 위해 교·사대에서 창의·인성 교육을 강화하고, 교원 임용(任用) 시 반영
- 교·사대 학생 선발단계부터 입학사정관제 등을 활용하여 예비교사의 창의성과 인성함양 정도를 입학에 반영하는 사례(事例) 확산

* 2009년 입학사정관제 지원사업에서 교대(教大)는 2개교(광주교대, 진주교대) 지원

- 생활지도(生活指導) 등 교직과목에서 창의·인성 교육 내용을 강화하도록 권고
- 교원 임용(任用) 시 교원의 창의·인성 관련 역량평가 강화

③ (외부인력활용) 창의적 체험활동에는 학교의 교원만 아니라 사회·문화단체, 동호회(同好會) 등의 다양한 인력을 교수·지원 인력으로 활용
- 지역별 창의체험자원지도 작성 시 체험활동의 교수·지원 인력으로 활용 가능한 지역의 인적자원에 대해 함께 작성 (필요시 인적검증)
- 교원과 외부인력 합동(가칭 창의체험팀)으로 창의체험자원지도를 토대로 당해연도의 창의적 체험활동 계획 수립, 역할 분담 및 수행

* 필요시 지역교육청 등이 주관하여 매학년(또는 매학기) 시작 전에 해당연도 창의적 체험활동을 담당할 교원과 지역 인력풀을 확정하고 합동 연수 등 실시

다-3. 창의성과 인성을 중시하는 학교·사회문화 조성

① 모범사례 (Best Practice)의 장려·전파
- 개인별·학교별·지역별 우수 사례는 경진 대회 등을 통해 적극 발굴(發掘)·포상(褒賞)하고, 확산 유도 (예: 아름다운 학교.학생 대회 등)

* 예(例): 학교별 창의·인성대상→교육청별 창의·인성대상→전국대상

* 대한민국(大韓民國) 인재상에 포함하고 장학금 지급 등 인센티브 부여

- 블로그, 홈페이지 등을 활용하여 개인(個人)·단체(團體)의 우수 사례 등을 상호 소개하고 공유(共有)할 수 있는 공동의 장 마련
② 언론·단체 등을 통한 창의성과 인성의 중요성 적극 홍보
- 언론 기고(寄稿), 연재(連載), 기획 기사 등을 통해 창의·인성 교육의 필요성, 국내외 사례 등을 적극 소개
- 관련 학회(學會)·단체(團體) 등이 중심이 되어 학술대회, 강연회(講演會) 등 정례 개최

* 초기에는 창의·인성교육 자문위원회 전문가들이 중심이 되어 토론회, 공청회(公聽會), 강연(講演) 등을 개최하여 창의·인성교육에 대한 분위기 확산

- 창의·인성교육에 영향력이 큰 학부모·교사 등은 학부모 교육, 교사 연수 등의 기회를 활용하여 직접 홍보(弘報)와 소개(紹介)도 병행

라. 우수(優秀) 교육 사례(事例)

① 남한산초등학교: 통합교과적 활동이 중심이 되는 체험학습운영

② 이우학교: 통합교과 지향 수업을 통해 창의성, 민주시민소양 함양

③ 대건고등학교: 학부모가 함께 참여하는 집단상담 프로그램 운영

④ 포스코 교육재단: 유·초·중·고 연계 창의·인성교육 실시

(5) | 2010년 추진계획(推進計劃)

> * 2010년은 창의·인성교육을 위해 창의·인성 교육방법(과정) 마련, 다양한 체험·봉사 프로그램 개발, 교원 연수, 전담조직 구성 등의 준비와 더불어, 2011년부터 학교현장 적용을 위하여 창의적 체험활동 시범(示範) 지역교육청 및 창의·인성교육 시범 교과 지정·운영

가. 『창의적 체험활동 시범 지역교육청』 지정(指定) 운영 (16개 시도별)

① 16개 시·도별로 1개소 이상 지역교육청을 시범(示範) 교육청(教育廳)으로 지정
- 지역 내 모든 초·중등학교(해당지역 고교 포함) 참여 (전체 학교의 10% 규모)
- 시·도 교육청은 창의적 체험활동 전담 장학관팀 운영
② 시범 지역교육청 주도로 지역별 '창의체험자원지도 (CRM)' 작성
- 교육효과 등을 스크리닝하여 인증된 자원만 지도에 등재
- 동 자원지도에 의거 다양한 창의적 체험활동 계획 수립·추진
③ 시범(示範) 지역교육청 운영 결과를 반영하여 확대 시행
- '10년 전체 초·중등학교의 10% 규모 → '11년 50% → '12년 100%

나. 『창의·인성교육 시범(示範) 과목』 운영(運營)

① '09 개정 교육과정(教育課程)에 따라 '11년부터 학교 현장에 적용되는 '과학'과 '환경과 녹색성장' 과목(科目)을 창의·인성교육 시범 과목으로 운영
- 교과별 전문 지식 습득과 더불어 창의·인성교육이 동시에 이루어 질 수 있도록 교과서(教科書)·교재(教材), 교육 방법, 평가 방법, 교사 연수 등을 '10년 중 전면 개편

【참고 1】 과제별 담당부서(擔當部署)

구 분	세부 과제	담당부서 (협조부서)
<1> 유아단계의 창의. 인성교육 내실화	1-1 유치원 기본과정 내실화 및 유치원 평가 반영 1-2 창의.인성 함양 유아교육 프로그램 개발	유아교육지원과 유아교육지원과
<2> 초중등 교과 활동 에서의 창의.인성 교육 강화	2-1 창의.인성교육 시범과목(과학.녹색성장) 운영 2-2 창의.인성 교육방법 개발 및 교육과정 반영 2-3 교과별 수행평가 비중 강화 2-4 교과서 개선	창의인재육성과 창의인재육성과 (교육과정기획과) 학교운영지원과 교과서기획과
<3> 창의적 체험활동의 확대 및 내실있는 운영	3-1 다양한 맞춤형 체험 프로그램 개발 3-2 창의적 체험활동 포트폴리오 관리 강화 (학생부 기록관리 및 마일리지.포상제 운영) 3-3 입학사정관제와의 연계 강화	창의인재육성과 방과후학교팀 대학자율화팀
<4> 대학의 사회봉사. 참여 활성화	4-1 대학생 사회봉사.참여 프로그램 개발.운영 4-2 대학의 봉사역량 대학평가 및 정보공시 반영 4-3 대학생 봉사단체 활성화	글로벌인재육성과 인재정책분석과 글로벌인재육성과
<5> 가정.지역사회 등과 연계한 창의. 인성교육 추진	5-1 창의.인성교육 학부모 이해 제고 5-2 창의체험자원지도 작성.활용 5-3 창의.인성교육 정부협의체 운영 5-4 기업 등의 '교육기부' 활성화	학부모정책팀 창의인재육성과 창의인재육성과 창의인재육성과
<6> 창의적 체험활동 프로그램 개발. 보급 체제 구축	6-1 창의.인성교육 전담조직 구성 및 관련 기관간 네 트워킹 구축 6-2 창의적 체험활동 시범교육청 지정.운영	창의인재육성과 창의인재육성과
<7> 창의.인성교육을 위한 교원양성 시스템 정비	7-1 창의.인성교육 관계자 연수방안 마련 7-2 창의.인성교육을 위한 교원임용시스템 개선 7-3 외부인력 활용방안 마련	교직발전기획과 교직발전기획과 창의인재육성과
<8> 창의성과 인성을 중시하는 학교. 사회 문화 조성	8-1 창의.인성교육 홍보방안 마련 8-2 우수사례 포상 (예: 우수학교 포상, 대한민국 인재상 등)	창의인재육성과 학교운영지원과 (인재정책기획과)

【참고 2】 시·도 교육청 창의(創意)·인성교육(人性教育) 우수사례 현황(現況)

시.도	우수 사례
서울	명품학급 만들기(잠실중: 온-오프라인 프로그램 운영, 체험활동), 긍정적 자아개념 향상 프로그램(오남중: 교우관계 개선), 바른말 쓰기(금호여중: 수업과 연계한 언어생활 교육), e-사랑샘 교실(송정중: 사이버 글쓰기 교육), 가치관 교육(신서중: 긍정적 자아개념, 배려), 학교수학체험전(30교 운영), 1일탐구교실(과학전시관), 서울학생 독서 5거서(車書)* 운동(39교, 학생들의 올바른 독서습관 함양 교육, 기존 '아침10분 독서운동'을 확대)
부산	교육과정 중심의 「3F 운동」(From 'I', 'now', 'small', 기본생활습관), 맞춤형 생활예절교육 (휴대폰, 인터넷) 강화(休대폰의 날, 정보통신 예절), 토요배움터(유관기관.종교단체 연계), 「효」문화 정착(학교.가정.지역 연계), 인간사랑.생명존중(칭찬 나눔의 날), 창의수학놀이 연구회(덕도초)
대구	창의성 교육 홈페이지(창의넷)(www.tcnc.net, 교육청), 1교 1특색 창의성 교육 우수 학교 운영(유4, 초67, 중9 운영), 창의성 교육 인정도서 활용.보급(교육청), 전국 창의성 교육 워크숍.창의력 경진대회 개최(교육청), 사랑의 손잡기 운동(이해, 사랑, 배려), Smile Daegu 3운동(미소, 친절, 배려, 먼저 인사하기), 대학생 귀향 멘토링(졸업생인 대학생 멘토의 방학중 학습부진학생 지도, 학습의욕 고취), 칭찬 문자 메시지(대구제일고 : 학부모.학생 대상, 가정과 학교 연계, 언어순화, 학교폭력.왕따 완화)
인천	창의 발명동산 개최(동부창의교과연구회), 창의적인 수업개선 방법 연구(남부창의교과연구회), 다양한 창의적 학습 기회 제공(대화초를 창의성중심학교로 운영),「효교육」활성화(전용 홈페이지, 동영상 개발.보급, 1교 1노인정 및 노인복지시설 자매결연), 1학교 1인성교육 책임제, 가정.지역사회 연계 인성교육(학부모 아카데미, 학생 지역사회 봉사활동 활성화), 「밝고 고운 동요 부르기」운동(초)
광주	문화예술 활동을 통한 창의성 신장(용봉초: 1인1악기연주, 문화예술체험활동), 잠재능력 계발을 통한 창의성 신장(송정서초: 창의적 교육과정, 생각키우기 대회), 꽃내음 솔솔, 피어나는 푸른꿈(광주화정중: 채소정원, 꽃 화단 가꾸기, 봄 꽃 축제 개최), 나는야 미래선진시민(도산초: 기본생활습관, 가정.지역사회 연계), 기초질서 지킴이 통장(매곡초: 가정과 연계한 기초질서 생활화), 3F 운동(불로초: 기초질서, 기본생활습관, 준법정신), 공동체의식 함양(주월중: 가정.지역사회 연계, 기초질서)
대전	함께탐구하고 이웃과 꿈을 나누는 희망창의단(대전노은중 : 탐구멘토링활동), 1학급 1과학자결연 도우미 선생님(대덕초: 연구단지내의 부모님들이 하루씩 과학에 관한 선생님 활동), 과학문화탐구토론대회(대전시 교육청 주관 과학과 문화 탐구 토론대회 실시), 아름다운 편지쓰기(세대간 사랑과 감사), 1교 1인성교육브랜드(슬로건 제정, 건전한 가치관.태도 육성), 자아존중 태도 육성(3나 운동, 나 사랑의날, 자기탐구보고서 작성, 1인 1위인 탐구활동), 희망누리 사제동행(대전남선중: 보살핌 학생)

시.도	우수 사례
울산	"생각쑥쑥" 창의체험(울산창의체험교실: 창의교구체험, 창의종이조형, 창의과학체험), 과학캠프(울산과학고: 수학·과학 캠프, 별자리 관찰, 나만의 T-셔츠 만들기), 미인대칭운동(화진중: 미소, 인사, 대화, 칭찬), 왕따 제로 만들기(현대청운중: 요일별 주제 조례, 가정방문), 3가지가 좋은(三好) 학교 만들기(삼호중: 독서, 학교폭력 근절, 주인의식), 사제동행 3운동(울산강남중: 인사, 사랑, 칭찬), 친한 친구 교실(문화체험, 진로체험, 원예치료, 독서치료)
강원	확산적 사고력을 기르기 위한 독서교육(아침독서 및 재량.기타 독서시간 확보), 뮤지컬 공연 프로젝트(도계고: 부적응 학생), 감성교육 강화(인제귀둔초 : 30차시 프로그램 개발.적용), 칭찬 마일리지 프로그램(평창초: 생활본, 인성지키미 운동), 제자사랑 SWEET** SCHOOL(동송초: 다보미 교육, 교실 소외학생 중심), 봉사활동(강원예고: 찾아가는 음악회, 아동시설 미술교육 지원 / 내촌중: 독거노인 집수리, 지역행사 도우미)
경기	지역사회 문화활동 통한 창의적 표현력 신장(성남 늘푸른초), 지역사회 연계한 창의성함양(성남중앙초), 교육과정 기반 창의성 적용(용인백현초), PCK(내용교수법) 적용한 창의력 신장(부천 상인초), 자아 존중감 프로그램(자기주도성, 리더십, 긍정적인 가치관), 효행체험 프로그램(바른생활, 나의 꿈, 경, 효행독서록, 명상, 인성훈화록), 체험중심 통합프로그램(교과관련 인권교육, 인권문화, 공동체 놀이, 더불어 살아가기 등)
충북	현장중심 체험학습(단양중: 사제동행, 부모자녀 동행, SWEET*, 전통문화 평생교육 프로그램), 옹골찬 인성 추구(삼성중: 마을 스승제, 학생 동아리, 1인 1화분 가꾸기, 책 돌려 읽기), 바른인성 갖춘 글로벌 리더(원평중: 다사랑교육****, 인성기록장, 사제 대화와 독서), 인성.체험 중심 교육과정(양업고: 학생스스로 학교문화 형성, 자기성장 프로젝트)
충남	창의 육성 프로그램(천안서당초: 확산적 사고력 향상 프로그램), 발명 영재학급 운영(천안월봉초: 스캠퍼기법을 활용한 발명프로그램), 문학영재 육성 프로그램(대천여중: 창의적 사고력 향상 프로그램), 인문학영재 육성 프로그램(공주고: 창의적 사고 양식 신장 프로그램), PESS*** 프로그램(논산대건고: 상담·신앙.심리검사 등을 활용하여 긍정적 자아개념, 공동체 의식 함양), 또래상담(조치원여중: 1.2학년, 동료 학습지도, 위기관리, 갈등관리 등), 친친교실(태안중: 부적응 학생 치유)
전북	참한국인 체험학교(전통예절.문화 체험활동, 다문화 가정의 각국 문화체험), 1인1희망 멘토제(졸업생 멘토의 재학생 맨티 진로지도), Happy School(민간기관 연계, 단계적 부적응학생 지도), 전통예절 교육
전남	창의적 토론 수업(목포 영화중학교), 글로벌 창의영재 캠프(1박2일 프로그램, 사제팀과 가족팀이 참가가능하며 창의력 미션수행 등으로 구성), 가족과 함께하는 토요과학교실(학생만이 참여하는 과학교실이 아니라 가족과 함께하는 토요과학교실), 밝고 건전한 가치관 형성(경제난국 극복의지 함양, 인권침해 예방, 흡연 예방), 배려와 봉사의 생활습관 정착(봉사 생활화, 문화예술교육, 생태 체험학습 활성화), 공동체 의식 함양(양성평등 교육, 성교육, 다문화 교육, 국가관 정립, 통일교육), 심신의 조화로운 발달(학교 체육, 보건위생 교육, 급식 내실화)

시.도	우수 사례
경북	창의성과학교육지원단 운영(과학교과 영역, 서부, 남동부, 북부 3개권역으로 나누어서 운영, 창의성과학교육 수업시연, 자료개발, 세미나 및 워크숍), 사제동행캠프(교사와 학생 함께 1박 2일 창의성과학교육캠프), 창의성 과학교육 직무연수(60시간 실시), e-아침편지(이야기.사진.음악 등 학교 홈페이지 탑재, 아침.재량.교과 연계 지도), e-아름다운 삶(칭찬문화 정착, 학생.교원.학부모의 생활수필), 전통문화 체험(방지초: 교육과정과 연계)
경남	가족과 함께하는 과학탐구교실(100명 3개반으로 5일간 운영, 천체학습 등 총 20시간), 일일과학체험교실(경남과학교육원에서 실시, 학생의 과학적 탐구능력 및 자아실현 도모), 찾아가는 과학탐구교실(과학교육 기회 확대 및 탐구력과 창의력 신장)
제주	과학발명큰잔치(4개 권역별로 실시, 체험부스를 운영하여 창의성 증진, 약 40만명 참여), 제주 해변 과학캠프(창의성 신장, 문제해결력 신장을 위한 2박 3일 동안의 캠프 활동, 400명 참여), 제주 가족 과학캠프(초등학생 대상, 가족과 같이 참여하는 캠프, 창의성, 문제해결력 신장 프로그램), 즐거운 교실 만들기(우수사례 발표회, 학교 홈페이지를 통한 미담.실천사례 홍보, 학생자치활동 강화, 선후배 결연), 행복한 가정 만들기(HEFA*****, 가족 내력 알기, 메시지 주고받기, 결손.조손가정 학교적응 프로그램 운영), 내 자녀 바로알기(취학전 학부모 교육, 올바른 자녀교육관 갖기, 학부모 연수)

【참고 3】주요 대학(大學)의 사회봉사단 운영 현황(現況)

대학	내용
서울대	○ 기초교육원중심으로 일반교양교과목으로 사회봉사 Ⅰ, Ⅱ, Ⅲ 개설(1학점) - 기본교육, 봉사활동, 기말평가(P/F 방식)로 구성 ○ 대상/기관별 다양한 봉사활동 프로그램 진행 표: 대상 / 프로그램 아동청소년 / 학습지도, 생활지도, 멘토링, 독서지도 및 도서정리 등 장애인 / 방문지도, 일상활동 보조, 교재입력보조 등 노인 / 물리치료보조, 이동목욕보조, 간병지원 등 시민단체 / 언론 및 방송보도 내용 비교분석, 소비자 상담 및 피해사례 실태조사 등 기타 / 헌혈관리, 집고치기 프로그램, 외국인 한국생활도우미 등
한동대	○ 사회봉사를 전교생의 교양필수교과목으로 운영 ○ 기타 사회봉사 프로그램 - '섬김마당' 운영 : 지역내 장애아동, 저소득층 자녀, 노인을 초청해 함께 식사하면서 다양한 프로그램 운영 - '멘토링 사업' 추진 : 지역내 청소년의 교육 및 심리정서 활동을 지원
고려대	○ 학생, 교수, 교직원 모두 참여하는 사회봉사단 운영(단장 : 총장) ○ 사회봉사활동 프로그램 운영, 사회봉사교과목 개설 운영, 학생 봉사경력관리지원 등
서강대	○ 교목처 산하에 사회봉사센터 조직 ○ 각종 사회봉사 프로그램외에 특징적으로 5대 전문봉사단 운영 - 방송봉사단, 교육봉사단, 해외봉사단, 연주봉사단, 멘토링봉사단
숙명여대	○ 1996년 '사회봉사실' 창설로 사회봉사 교과목 운영 및 국내외 사회봉사 활동 기획 진행 ○ 각종 프로그램 운영외에 특징적으로 5대분야 봉사단 운영 - 통역봉사단, 지식봉사단(방과후교실 운영), 환경봉사단, SIWA봉사단(저개발국가 대상 봉사), 의료봉사단 ○ 봉사기관의 추천을 받은 학생에게 장학금 지급

제3장 고전(古典)으로부터 배우는 바른 인성교육

제3.1절 올바른 나를 찾아서 (盡己-忠)

3.1.1 성실(誠實)과 근면(勤勉)

> ·성 어·

自彊不息 자 강 불 식	■ 스스로 힘써 쉬지 않는다.
深思熟考 심 사 숙 고	■ 깊이 생각하고 깊이 고찰하다.
發憤忘食 발 분 망 식	■ 일을 이루려고 끼니조차 잊고 분발 노력함.
走馬加鞭 주 마 가 편	■ 달리는 말에 채찍질한다는 뜻으로, 잘하는 사람을 더욱 장려함을 이르는 말.
讀書三昧 독 서 삼 매	■ 다른 생각은 전혀 아니 하고 오직 책 읽기에만 골몰하는 경지.
愚公移山 우 공 이 산	■ 우공이 산을 옮긴다는 뜻으로, 어떤 일이든 끊임없이 노력하면 반드시 이루어짐을 이르는 말.

畫耕夜讀 주 경 야 독	■ 낮에는 농사짓고, 밤에는 글을 읽는다는 뜻으로, 어려운 여건 속에서도 꿋꿋이 공부함을 이르는 말.
至誠感天 지 성 감 천	■ 지극한 정성에는 하늘도 감동한다는 뜻으로, 무엇이든 정성껏 하면 하늘이 움직여 좋은 결과를 맺는다는 뜻.
務實力行 무 실 역 행	■ 참되고 실속 있도록 힘써 실행함.
手不釋卷 수 불 석 권	■ 손에서 책을 놓지 아니하고 늘 글을 읽음.
苦盡甘來 고 진 감 래	■ 쓴 것이 다하면 단 것이 온다는 뜻으로, 고생 끝에 즐거움이 옴을 이르는 말.
切磋琢磨 절 차 탁 마	■ 옥이나 돌 따위를 갈고 닦아서 빛을 낸다는 뜻으로, 부지런히 학문과 덕행을 닦음을 이르는 말.
虎視牛行 호 시 우 행	■ '호랑이처럼 보고 소처럼 행동한다'는 말로 신중하게 조심하며 일을 해 나간다는 뜻.
水滴穿石 수 적 천 석	■ 물방울이 바위를 뚫는다는 뜻으로, 작은 노력이라도 끈기 있게 계속하면 큰일을 이룰 수 있음.
刮目相對 괄 목 상 대	■ 눈을 비비고 상대편을 본다는 뜻으로, 남의 학식이나 재주가 놀랄 만큼 부쩍 늚을 이르는 말.

大器晩成 대 기 만 성	■ 큰 그릇을 만드는 데는 시간이 오래 걸린다는 뜻으로, 크게 될 사람은 늦게 이루어짐을 이르는 말.
磨斧作針 마 부 작 침	■ 도끼를 갈아 바늘을 만든다는 뜻으로, 아무리 어려운 일이라도 끈기 있게 노력하면 이룰 수 있음을 비유하는 말.
日新又日新 일 신 우 일 신	■ 날로 새롭고 또, 날로 새로워짐.
周到綿密 주 도 면 밀	■ 주의가 두루 미쳐 자세하고 빈틈이 없음.
不撤晝夜 불 철 주 야	■ 어떤 일에 몰두하여 조금도 쉴 사이 없이 밤낮을 가리지 아니함.
吐哺握髮 토 포 악 발	■ 민심을 수람하고 정무를 보살피기에 잠시도 편안함이 없음을 이르는 말.
駑馬十駕 노 마 십 가	■ 느리고 둔한 말도 준마의 하룻길을 열흘에는 갈 수 있다는 뜻으로, 둔하고 재능이 모자라는 사람도 열심히 하면 훌륭한 사람이 될 수 있음을 비유적으로 이르는 말.
中石沒鏃 중 석 몰 족	■ '돌에 박힌 화살촉'이라는 뜻으로, 정신(精神)을 집중(集中)하면 때로는 믿을 수 없을 만한 큰 힘이 나올 수 있음을 이르는 말

허물이 있거든 고치길 꺼려하지 말라.

■ 過則勿憚改라『論語』
　과 즉 물 탄 개

허물을 알게 되면 반드시 고치고 무언가 할 수 있게 되면 잊어버리지 말라.

■ 知過必改하고 得能莫忘하라『千字文』
　지 과 필 개　　　득 능 막 망

기술자가 자신의 일을 잘하려고 하면, 반드시 먼저 자신의 연장을 예리하게 벼려 놓는다.

■ 工欲善其事인댄 必先利其器니라『明心寶鑑』
　공 욕 선 기 사　　　필 선 리 기 기

학문에는 단 번에 뛰어넘어 곧바로 경지에 들어가는 법이 없고 조금씩 쌓아 올려갈 뿐이다.

■ 學問엔 無一超直入之理요 直是銖積寸累做將去라『朱子語類』
　학 문　무 일 초 직 입 지 리　　직 시 수 적 촌 루 주 장 거

남이 한 번 만에 잘 할 수 있으면 나는 백 번이라도 하고, 남이
열 번 만에 잘 할 수 있으면 나는 천이라도 한다.

■ 人一能之어든 己百之하며 人十能之어든 己千之니라 『中庸』
　　인 일 능 지　　　기 백 지　　　인 십 능 지　　　기 천 지

어진 이를 보면 나도 그와 같아질 것을 생각하며 어질지 못한 자를
보면 안으로 스스로를 반성해야한다.

■ 見賢思齊焉하며 見不賢而內自省也니라 『論語』
　　견 현 사 제 언　　　견 불 현 이 내 자 성 야

깨끗한 거울은 모습을 살필 수 있고 지나간 옛 일은 지금을 알 수
있다.

■ 明鏡은 所以察形이오 往古는 所以知今이니라 『明心寶鑑』
　　명 경　　소 이 찰 형　　왕 고　　소 이 지 금

사람이 진실하고 미덥지 못하면 무슨 일을 하던지 제대로 결실을
거두지 못해서 나쁜 것을 하기는 쉽고 선한 것을 하기는 어렵게
된다. 그러므로 배우는 자는 반드시 진실함과 신의를 원칙으로 삼
아야한다.

■ 人不忠信이면 事皆無實하여 爲惡則易하고 爲善則難이라 故로 學者必
　　인 부 충 신　　사 개 무 실　　위 악 즉 이　　위 선 즉 난　　고　학 자 필
以是爲主焉이라 『論語』
이 시 위 주 언

까닭이 없이 천금을 얻는다면 큰 복이 있는 것이 아니라 반드시
큰 화가 있을 것이다.

■ 無故而得千金이면 不有大福이라 必有大禍이니라『明心寶鑑』
　　무고이득천금　　　부유대복　　　필유대화

마음이 밝고 떳떳하면 어두운 방에도 푸른 하늘이 있으며, 생각이
사리에 어두우면 환한 태양 아래서도 악귀가 생겨난다.

■ 心體光明하면 暗室中有靑天이요 念頭暗昧하면 白日下生厲鬼니라
　　심체광명　　　암실중유청천　　　염두암매　　　백일하생려귀
　『菜根譚』

행함에 기대한 결과를 얻지 못함이 있으면 모두 돌이켜 나에게서
그 이유를 찾아야한다. 그 자신이 바르게 되면 천하 사람들이 인
정해줄 것이다.

■ 行有不得者어든 皆反求諸己니 其身正而天下歸之니라 『孟子』
　　행유불득자　　　개반구제기　　기신정이천하귀지

군자의 학문은 반드시 날마다 새로워지는 것이니, 날마다 새로워지는 자는 날마다 진보하고 날마다로 새로워지지 못한 자는 반드시 날마다 퇴보한다.

■ 君子之學은 必日新이니 日新者는 日進也요 不日新者는 必日退하나니
　　군자지학　　필일신　　　일신자　　일진야　　불일신자　　필일퇴

　未有不進而不退者라 『近思錄』
　미유불진이불퇴자

마음이 나에게 있지 않으면 보아도 볼 수 없으며 들어도 들을 수 없으며 먹어도 그 맛을 알지 못한다. 이것이 '몸을 닦는 것이 그 마음에 달려 있다.'고 하는 말하는 이유이다.

■ 心不在焉이면 視而不見하며 聽而不聞하며 食而不知其味니라
　　심부재언　　시이불견　　　청이불문　　　식이부지기미

　此謂修身이 在正其心이니라 『大學』
　차위수신　재정기심

군자는 아홉 가지 생각함이 있다.

볼 때는 또렷하게 볼 것을 생각하며, 들을 때는 막힘없이 들을 것을 생각하며, 낯빛은 부드럽게 하길 생각하며, 태도는 공손하길 생각하며, 말할 때는 진실하길 생각하며, 일할 때는 온 마음을 기울일 것을 생각하며, 의심이 나면 물을 것을 생각하며, 성내면 곤란해질 것을 생각하며, 얻을 것을 보면 올바른 것인가를 생각하는 것이다.

■ 君子有九思하니 視思明하며 聽思聰하며 色思溫하며 貌思恭하며
　　군자유구사　　시사명　　　청사총　　　색사온　　　모사공

　言思忠하며 事思敬하며 疑思問하며 忿思難하며 見得思義니라 『小學』
　언사충　　　사사경　　　의사문　　　분사난　　　견득사의

증자가 말했다.

군자가 도에 있어서 중요하게 여기는 것이 세 가지이다.

몸을 움직일 때에 사나움이나 게으름을 멀리함, 낯빛을 가다듬을 때 진정성을 가까이 함, 글을 쓰거나 말을 할 때 비루함이나 도리에 어긋남을 멀리함이다.

■ 曾子曰 君子所貴乎道者三이니 動容貌에 斯遠暴慢矣며
　증자왈　군자소귀호도자삼　　　동용모　　사원폭만의

　正顏色에 斯近信矣며 出辭氣에 斯遠鄙倍矣니라『論語』
　정안색　사근신의　출사기　사원비배의

관직에 있을 때 사사로이 부정한 일을 하면 관직을 잃었을 때에 후회할 것이요, 부유할 때 검소하게 쓰지 않으면 가난해졌을 때 후회할 것이요, 기예(技藝)를 어려서 배워두지 않으면 시간이 지났을 때 후회할 것이요, 일을 보고 배워두지 않으면 필요하게 되었을 때 후회할 것이요, 술에 취한 뒤에 함부로 말하면 술이 깨었을 때 후회할 것이요. 몸이 편안할 때 쉬어두지 않으면 병이 들었을 때 후회할 것이다.

■ 官行私曲失時悔요 富不儉用貧時悔요 藝不少學過時悔요
　관행사곡실시회　　부불검용빈시회　　예부소학과시회

　見事不學用時悔요 醉後狂言醒時悔요 安不將息病時悔니라『明心寶鑑』
　견사부학용시회　　취후광언성시회　　안불장식병시회

사람의 성품은 본래 선하여 예나 지금이나 똑똑한 사람이나 어리석은 사람이나 차이가 없다. 그런데 성인은 어째서 혼자 성인이 되었고 나는 어째서 평범한 사람이 되었는가? 그 이유는 뜻이 확고하게 서지 않고 아는 것이 분명하지 못하고 행실이 미쁘지 못하기 때문이다. 뜻이 확고하게 서고 아는 것이 분명하고 행실이 미쁜 것은 모두 나에게 달려있을 뿐이니, 어찌 다른 데서 구할 수 있겠는가?

■ 人性本善하여 無古今智愚之殊어늘 聖人은 何故獨爲聖人이며
　인성본선　　　무고금지우지수　　　성인　　하고독위성인

我則何故獨爲衆人耶오 良由志不立, 知不明, 行不篤耳이라
아즉하고독위중인야　　량유지불립　지불명　행불독이

志之立, 知之明, 行之篤은 皆在我耳니 豈可他求哉리오『擊蒙要訣』
지지립　지지명　행지독　　개재아이　　기가타구재

一日不讀書
일 일 부 독 서

하루라도 글을 읽지 않으면

口中生荊棘
구 중 생 형 극

입안에 가시가 돋는다.

                      * 안중근 의사의 여순옥중에서 쓴 시

十年燈下苦
십 년 등 하 고

십 년 동안 등잔 아래서 고생하여

三日馬頭榮
삼 일 마 두 영

삼 일 동안 말 타고 영화를 누리네.

白日莫虛送
백 일 막 허 송

세월을 헛되이 보내지 말게.

靑春不再來
청 춘 부 재 래

젊은 시절은 다시 오지 않는다네.

讀書爲貴人
독 서 위 귀 인

글을 읽으면 존귀한 사람이 되고

不學作農夫
불 학 작 농 부

글을 배우지 않으면 농부가 된다.

勸學文
권 학 문

朱熹

勿謂今日不學而有來日하고
물 위 금 일 불 학 이 유 래 일

오늘 배우지 않으면서
내일이 있다 하지 말고,

勿謂今年不學而有來年하라
물 위 금 년 불 학 이 유 래 년

올해에 배우지 않으면서
내년이 있다 하지 말고,

日月逝矣라
일 월 서 의

하루하루 해와 달은 가나니,

歲不我延이니
세 불 아 연

나를 위해 멈춰주지 않네.

嗚呼老矣라
오 호 로 의

아아, 늙어버렸네.

是誰之愆고
시 수 지 건

이 누구의 허물인고.

雜詩
잡 시

陶潛

盛年不重來요
성 년 부 중 래

젊은 시절은 다시 올 수 없고

一日難再晨이니
일 일 난 재 신

하루에 다시 새벽이 올 수 없으니

及時當勉勵하라
급 시 당 면 려

제 때에 맞추어 힘써야 안다.

歲月不待人이니라
세 월 부 대 인

세월은 사람을 기다려주지 않는다.

· 성 어 ·

深思熟考 심 사 숙 고	▣ 깊이 생각하고 깊이 고찰함.
切齒扼腕 절 치 액 완	▣ 이를 갈고 팔을 걷어붙이며 몹시 분해함.
齧臂之誓 설 비 지 서	▣ 팔뚝을 깨물어 성공을 굳게 맹세함.
堅忍不拔 견 인 불 발	▣ 굳게 참고 견디어 마음이 흔들리지 않음.
駟不及舌 사 불 급 설	▣ 네 마리 말이 이끄는 수레도 혀에서 나오는 말의 속도에 못 미친다.
結者解之 결 자 해 지	▣ 맺은 사람이 풀어야 한다는 뜻으로, 자기가 저지른 일은 자기가 해결하여야 함을 이르는 말.
瓜田不納履 과 전 불 납 리	▣ 오이밭에서는 신을 고쳐 신지 말라는 뜻으로, 의심받기 쉬운 행동은 하지 말아야 함을 이르는 말.

李下不整冠 이 하 부 정 관	■ 자두나무 밑에서는 갓을 바루지 않는다는 뜻으로, 자두나무 밑에서 갓을 고쳐 쓰면 도둑으로 오인되기 쉬우니 남에게 의심 살 만한 일은 피하는 것이 좋다는 말.
如履薄氷 여 리 박 빙	■ 살얼음을 밟는 것과 같다는 뜻으로, 아슬아슬하고 위험한 일을 비유적으로 이르는 말.
率先垂範 솔 선 수 범	■ 남보다 앞장서서 행동해서 몸소 다른 사람의 본보기가 됨.
先公後私 선 공 후 사	■ 공적인 일을 먼저 하고 사사로운 일은 뒤로 미룸.
滅私奉公 멸 사 봉 공	■ 사욕을 버리고 공익을 위하여 힘씀.
刻苦勉勵 각 고 면 려	■ 어떤 일에 고생을 무릅쓰고 몸과 마음을 다하여, 무척 애를 쓰면서 부지런히 노력함.
漆身呑炭 칠 신 탄 탄	■ '몸에 옻칠을 하고 숯불을 삼키다'라는 뜻으로, 복수를 위해 자기 몸을 괴롭힘.
懸頭刺股 현 두 자 고	■ '상투를 천장에 달아매고, 송곳으로 허벅다리를 찔러서 잠을 깨운다'는 뜻으로, 학업에 매우 힘씀을 이르는 말.
枯木發榮 고 목 발 영	■ 말라 죽은 나무에서 꽃이 핀다는 뜻으로, 늘그막에 아기를 낳거나 대가 끊길 지경에 대를 이을 아들을 낳음을 이르는 말.

臥薪嘗膽 와 신 상 담	▣ 불편한 섶에 몸을 눕히고 쓸개를 맛본다는 뜻으로, 원수를 갚거나 마음먹은 일을 이루기 위하여 온갖 어려움과 괴로움을 참고 견딤을 비유적으로 이르는 말.
安居危思 안 거 위 사	▣ 편안할 때에 어려움이 닥칠 것을 미리 대비하여야 함.
月滿則虧 월 만 즉 휴	▣ 달이 차면 반드시 이지러진다는 뜻으로, 무슨 일이든지 성하면 반드시 쇠하게 됨을 이르는 말.
曲肱而枕之 곡 굉 이 침 지	▣ 팔을 구부려 베개로 삼는다는 뜻으로, 몹시 가난한 생활을 이르는 말.
簞瓢陋巷 단 표 누 항	▣ 누항에서 먹는 한 그릇의 밥과 한 바가지의 물이라는 뜻으로, 선비의 청빈한 생활을 이르는 말.
深謀遠慮 심 모 원 려	▣ 깊은 꾀와 먼 장래를 내다보는 생각.
明哲保身 명 철 보 신	▣ 총명하고 사리에 밝아 일을 잘 처리하여 자기 몸을 보존함.
簞食瓢飮 단 사 표 음	▣ 대나무로 만든 밥그릇에 담은 밥과 표주박에 든 물이라는 뜻으로, 청빈하고 소박한 생활을 이르는 말.
橘化爲枳 귤 화 위 지	▣ 회남의 귤을 회북에 옮겨 심으면 탱자가 된다는 뜻으로, 환경에 따라 사람이나 사물의 성질이 변함을 이르는 말.

麻中之蓬 마 중 지 봉	◼ 삼밭 속의 쑥이라는 뜻으로, 곧은 삼밭 속에서 자란 쑥은 곧게 자라게 되는 것처럼 선한 사람과 사귀면 그 감화를 받아 자연히 선해짐을 비유적으로 이르는 말.
膽大心小 담 대 심 소	◼ 문장을 지을 때, 담력은 크게 가지되 주의는 세심해야 함을 이르는 말.
忠言逆耳 충 언 역 이	◼ '바른 말은 귀에 거슬린다'는 뜻으로, 바르게 타이르는 말일수록 듣기 싫어함을 이르는 말.
藥石之言 약 석 지 언	◼ 약으로 병을 고치는 것처럼 남의 잘못된 행동을 훈계하여 그것을 고치는 데에 도움이 되는 말.
歲寒松柏 세 한 송 백	◼ 추운 겨울의 소나무와 잣나무라는 뜻으로, 어떤 역경 속에서도 지조를 굽히지 않는 사람 또는 그 지조를 비유적으로 이르는 말.
近墨者黑 근 묵 자 흑	◼ 먹을 가까이하는 사람은 검어진다는 뜻으로, 나쁜 사람과 가까이 지내면 나쁜 버릇에 물들기 쉬움을 비유적으로 이르는 말.

사람은 재물 때문에 죽고 새는 먹이 때문에 죽는다.

■ 爲財死하고 鳥爲食亡이니라 『明心寶鑑』
　 위 재 사　　　 조 위 식 망

그릇이 가득차면 넘치게 되고, 사람이 교만하게 되면 잃게 된다.

■ 器滿則溢하고 人滿則喪이니라 『明心寶鑑』
　 기 만 즉 일　　　 인 만 즉 상

한 때의 성남을 참으면 백날의 근심을 면할 수 있다.

■ 忍一時之忿이면 免百日之憂이니라 『明心寶鑑』
　 인 일 시 지 분　　　 면 백 일 지 우

입을 지키는 것은 항아리를 막는 것과 같이 하고, 뜻을 지키는 것은 성을 지키는 것과 같이 하라.

■ 守口如瓶하고 防意如城하라 『明心寶鑑』
　 수 구 여 병　　　 방 의 여 성

화와 복은 따로 문이 없으니 오직 사람이 스스로 불러들이는 것이다.

■ 禍福無門이니 唯人所召니라 『春秋左氏傳』
　 화 복 무 문　　　 유 인 소 소

심성을 함양하는 것에는 욕심을 줄이는 것보다 나은 것이 없다.

■ 養心은 莫善於寡欲矣이니라 『孟子』
　　양 심　　막 선 어 과 욕 의

허물이 있으면서 고치지 않는 것, 이것을 허물이라 한다.

■ 過而不改를 是謂過矣니라 『論語』
　　과 이 불 개　　시 위 과 의

사람이란 하지 않는 것이 있고 나서야 무엇을 해낼 수가 있다.

■ 人有不爲也而後에 可以有爲니라 『孟子』
　　인 유 불 위 야 이 후　　가 이 유 위

군자가 '경'으로써 마음을 올곧게 하고 '의'로써 몸가짐을 반듯하
게 하여 경과 의가 확립되면 덕이 외롭지 않게 된다.

■ 君子가 敬以直內하고 義以方外하여 敬義立而德不孤니라 『周易』
　　군 자　　경 이 직 내　　의 이 방 외　　경 의 립 이 덕 불 고

하지 말아야하는 것을 하지 않으며 바라지 말아야할 것을 바라지
않아야하는 법이니, 사람의 도리란 이와 같을 따름이다.

■ 無爲其所不爲하며 無欲其所不欲이니 如此而已矣니라 『孟子』
　　무 위 기 소 불 위　　무 욕 기 소 불 욕　　여 차 이 이 의

교만 방자한 마음과 사납고 삐뚤어진 마음씨는 화를 낳고 재앙을 부르는 실마리이다.

■ 驕泰之心과 乖戾之氣는 生禍召灾之苗脈也니라 『華西集』
　　교 태 지 심　　괴 려 지 기　　생 화 소 재 지 묘 맥 야

배짱은 크게 가지고 마음은 작게 먹으려 해야 하며, 생각은 원만하게 하고 행동은 반듯하게 하려 해야 한다.

■ 膽欲大而心欲小하며 智欲圓而行欲方이니라 『小學』
　　담 욕 대 이 심 욕 소　　지 욕 원 이 행 욕 방

선을 따르기는 높은 곳에 올라가는 것과 같이 어렵고 악을 따르기는 아래로 무너져 내려가는 것과 같이 쉽다.

■ 從善如登이오 從惡如崩이니라 『小學』
　　종 선 여 등　　종 악 여 붕

자기의 잘못을 추궁하는 마음이 없어서는 안 되나, 오랫동안 마음 속에 후회로 남겨두어서는 안 된다.

■ 罪己責躬을 不可無나 然亦不當長留在心胸爲悔니라 『近思錄』
　　죄 기 책 궁　　불 가 무　　연 역 불 당 장 류 재 심 흉 위 회

증자가 말했다.

나는 하루에 세 가지 방침을 두고 나 자신을 성찰한다. 남을 위해 일하면서 그를 위해 진심을 다했는가? 벗과 사귀면서 진실했는가? 내가 제대로 배우지 않은 것을 남에게 가르치진 않았는가?

■ 曾子曰 吾日三省吾身하노니 爲人謀而不忠乎아 與朋友交而不信乎아
　　증 자 왈　오 일 삼 성 오 신　　위 인 모 이 불 충 호　　여 붕 우 교 이 불 신 호

　傳不習乎아니라 『論語』
　　전 불 습 호

한 티끌의 불씨도 만 이랑의 섶을 다 태워버릴 수 있고 그릇된 반 마디 말도 평생 쌓은 덕을 망칠 수 있다.

■ 一星之火도 能燒萬頃之薪하고 半句非言도 誤損平生之德이라『明心寶鑑』
  일성지화   능소만경지신   반구비언   오손평생지덕

한 가닥 생각이 귀신이 금한 일을 범하며, 한 마디 말이 천지의 조화를 손상시키며, 한 가지 일이 자손의 재앙을 빚어내는 법이니 깊이 경계함이 매우 마땅할 것이다.

■ 有一念犯鬼神之禁하며 一言而傷天地之和하며 一事而釀子孫之禍者
  유일념범귀신지금   일언이상천지지화   일사이양자손지화자

하나니 最宜切戒니라 『菜根譚』
     최의절계

도라는 것은 (사람에게서) 잠시라도 떨어져 있을 수 없는 것이니 떨어질 수 있다면 도가 아니다. 그러므로 군자는 남들이 보지 않는 곳에서도 삼가며 남들이 듣지 않는 곳에서도 두려워한다.

■ 道也者는 不可須臾離也니 可離면 非道也라 是故로 君子는 戒愼乎其
  도야자   불가수유리야   가리   비도야   시고   군자   계신호기

所不睹하며 恐懼乎其所不聞이니라『中庸』
소불도   공구호기소불문

사람의 성품이 물과 같아서, 물은 한번 기울어지면 돌려 담을 수 없고 성품은 한 번 제멋대로 하면 돌이킬 수 없다. 물을 제어하려는 사람은 반드시 둑을 쌓고 성품을 제어하려는 사람은 반드시 예법을 사용한다.

■ 人性이 如水하야 水一傾則不可復이오 性一縱則不可反이니 制水者는
　 인 성　　여 수　　수 일 경 즉 불 가 부　　　성 일 종 즉 불 가 반　　　제 수 자

　 必以堤防하고 制性者는 必以禮法이니라. 『明心寶鑑』
　 필 이 제 방　　　제 성 자　　필 이 예 법

덕은 재주의 주인이요 재주는 덕의 종이다. 재주가 있으면서 덕이 없으면 집에 주인이 없고 종이 일을 처리하는 것과 같으니 요괴처럼 미쳐 날뛰지 않을 이가 몇이나 되겠는가?

■ 德者才之主요 才者德之奴라 有才無德이면 如家無主而奴用事矣니
　 덕 자 재 지 주　　재 자 덕 지 노　　유 재 무 덕　　　여 가 무 주 이 노 용 사 의

　 幾何不魍魎猖狂오 『菜根譚』
　 기 하 불 망 량 창 광

귀에 늘 거슬리는 말을 듣고 마음에 늘 떨쳐내지 못하는 일이 있으면, 이것이야말로 덕을 향상시키고 행실을 닦는 숫돌이다. 만약 듣는 말마다 귀에 즐겁고 일마다 마음이 기쁘면, 곧 인생을 짐독 속에 빠뜨리는 것이다.

■ 耳中常聞逆耳之言하며 心中常有拂心之事이면 纔是進德修行的砥石이라
　 이 중 상 문 역 이 지 언　　　심 중 상 유 불 심 지 사　　　재 시 진 덕 수 행 적 지 석

　 若言言悅耳하며 事事快心이면 便把此生埋在鴆毒中矣라 『菜根譚』
　 약 언 언 열 이　　　사 사 쾌 심　　편 파 차 생 매 재 짐 독 중 의

곡례에 있는 말이다.

"공경하지 않음이 없어서 깊이 생각하는 듯 단정하며 말을 차분하게 하면 백성들이 편안해질 것이다. 오만한 마음이 자라게 해서는 안 되며 욕심을 제멋대로 부려서는 안 되며 의지를 가득 채워서는 안 되며 즐거움을 끝까지 추구해서는 안 된다."

■ 曲禮曰 毋不敬하여 儼若思하며 安定辭하면 安民哉인저 敖不可長이며
  곡 례 왈   무 불 경   엄 야 사   안 정 사   안 민 재   오 부 가 장

  欲不可從이며 志不可滿이며 樂不可極이니라 『小學』
  욕 부 가 종   지 부 가 만   낙 불 가 극

안연이 '仁'에 대해 묻자 공자가 대답했다. "사욕을 이기고 예를 회복하는 것이 '仁'이다. 하루라도 사욕을 이기고 예를 회복한다면 천하 사람들이 모두 그 '仁'을 이룬 자에게 귀의할 것이다. '仁'을 이루는 것이 자기에게서 나오는 것이지 남으로부터 나오는 것 이겠느냐?" 안연이 말했다. "그 실천 조목을 듣고 싶습니다." 공자가 말했다. "예에 맞지 않으면 보지 말며 예에 맞지 않으면 듣지 말며 예에 맞지 않으면 말하지 말며 예에 맞지 않으면 행동하지 말거라." 안연이 말했다. "제가 비록 불민하지만 이 말을 실천하도록 하겠습니다."

■ 顔淵이 問仁한대 子曰 克己復禮爲仁이니 一日克己復禮면 天下歸仁焉
  안 연   문 인   자 왈 극 기 부 례 위 인   일 일 극 기 부 례   천 하 귀 인 언

  하나니 爲仁由己니 而由人乎哉아 顔淵曰 請問其目하노이다
         위 인 유 기   이 유 인 호 재   안 연 왈 청 문 기 목

  子曰 非禮勿視하며 非禮勿聽하며 非禮勿言하며 非禮勿動이니라
  자 왈 비 례 물 시   비 례 물 청   비 례 물 언   비 례 물 동

  顔淵曰 回雖不敏이나 請事斯語矣로리이다 『論語』
  안 연 왈 회 수 불 민   청 사 사 어 의

貪泉
탐천

吳隱之

古人云此水호되
고 인 운 차 수

옛 사람들이 이 물을 두고 말하길

一歃懷千金이라
일 삽 회 천 금

한 번 마시면 千金을 생각하게 된다지.

試使夷齊飮이면
시 사 이 제 음

백이와 숙제에게 마시게 해 본다면

終當不易心이라
종 당 불 역 심

그래도 끝까지 마음을 바꾸지 못하리.

『古文眞寶 前集』

* 오은지:

貪泉은 廣州에 있으니 서로 전하기를 "이 물을 마신 자는 탐욕스러워진다."
하였다. 吳隱之가 廣州의 太守가 되어 물을 마시며 이 詩를 읊었는데 청렴한
지조가 더욱 굳으니, 뒤에 이름을 廉泉이라 고쳤다.

廉泉의 위에 亭子를 세우고 不易心이라 이름 하였으니, 吳隱之의 詩에 있는
말을 취한 것이다. 碑가 있다.

작자의 세속에 물들지 않은 깨끗한 지조가 잘 표현되어 있다.
丁熿 〈1512(중종 7)-1560(명종 15)〉의 《游軒集》1권에도 같은 제목의
시가 보인다.

· 성 어 ·

殺身成仁 살 신 성 인	■ 자신의 몸을 죽여 인을 이룬다는 뜻으로, 자기의 몸을 희생하여 옳은 도리를 행함.
浩然之氣 호 연 지 기	■ 하늘과 땅 사이에 가득 찬 넓고 큰 원기. 거침없이 넓고 큰 기개.
捨生取義 사 생 취 의	■ 목숨을 버리고 의를 좇는다는 뜻으로, 목숨을 버릴지언정 옳은 일을 함을 이르는 말.
勇猛精進 용 맹 정 진	■ 용맹스럽게 힘써 나아감. 용맹스럽게 불도(佛道)를 수행함.
不撓不屈 불 요 불 굴	■ 휘지도 않고 굽히지도 않는다는 뜻으로, 어떤 난관도 꿋꿋이 견디어 나감을 이르는 말.
大義滅親 대 의 멸 친	■ 큰 도리를 지키기 위하여 부모나 형제도 돌아보지 않음.
見危授命 견 위 수 명	■ '위험을 보면 목숨을 바친다'는 뜻으로, 나라의 위태로운 지경을 보고 목숨을 바쳐 나라를 위해 싸우는 것을 말함.

背水之陣 배 수 지 진	◼ '물을 등지고 진을 친다'는 뜻으로, 물러설 곳이 없으니 목숨을 걸고 싸울 수밖에 없는 지경을 이르는 말.
百折不屈 백 절 불 굴	◼ 백 번 꺾여도 굴하지 않는다는 뜻으로, 어떤 어려움에도 굽히지 않음.
一騎當千 일 기 당 천	◼ 한 사람의 기병이 천 사람을 당한다는 뜻으로, 싸우는 능력이 아주 뛰어남을 이르는 말.
威風堂堂 위 풍 당 당	◼ 풍채나 기세가 위엄 있고 떳떳함.
大膽無雙 대 담 무 쌍	◼ 대담하기가 어디에 비할 데가 없음.
殺身成仁 살 신 성 인	◼ 자기의 몸을 희생하여 인(仁)을 이룸.
季布一諾 계 포 일 락	◼ 절대로 틀림없는 승낙. 중국 초나라 장수인 계포의 한 번 승낙은 백금을 얻기보다 더 소중했다는 고사에서 유래함.
道不拾遺 도 불 습 유	◼ 길에 떨어진 물건을 주워 가지지 않는다는 뜻으로, 형벌이 준엄하여 백성이 법을 범하지 아니하거나 민심이 순후함을 비유하여 이르는 말.
力拔山氣蓋世 역 발 산 기 개 세	◼ 힘은 산을 뽑을 만큼 매우 세고 기개는 세상을 덮을 만큼 웅대함을 이르는 말.

그 도가 아니라면 한 그릇의 밥이라도 남에게 받아서는 안 된다.

■ 非其道則一簞食라도 不可受於人이니라 『孟子』
　비 기 도 즉 일 단 사　　　 불 가 수 어 인

사람이 자기 명대로 사는 것은 정직하기 때문인데, (정직한 도리를) 속이면서도 살아있는 것은 요행히 죽음을 면한 것일 뿐이다.

■ 人之生也直이어늘 罔之生也는 幸而免이니라 『論語』
　인 지 생 야 직　　　 망 지 생 야　　 행 이 면

공자가 말했다.
삼군(1군은 12500*3)을 이끄는 장수를 사로잡을 수는 있어도 누구든 다른 사람의 뜻을 빼앗을 수는 없다.

■ 子曰 三軍可奪帥也어니와 匹夫不可奪志也니라 『論語』
　자 왈　 삼 군 가 탈 수 야　　　 필 부 불 가 탈 지 야

옳은 것을 옳다 하고 그른 것을 그르다 하는 것을 지혜롭다 이르고, 그른 것을 옳다 하고 옳은 것을 그르다 하는 것을 어리석다 이른다.

■ 是是非非謂之知라하고 非是是非謂之愚라하니라 『荀子』
　시 시 비 비 위 지 지　　　 비 시 시 비 위 지 우

몸과 마음 바루어 겉과 속을 일치시켜야 한다. 으슥한 곳에 있어도 훤한 곳에 있는 것처럼, 혼자 있어도 사람들과 있는 것처럼 하여, 푸른 하늘과 밝은 해와 같은 이 마음을 사람들이 불 수 있게 하라.

◼ 當正身心하여 表裏如一이니 處幽如顯하며 處獨如衆하여 使此心如靑天
　　당정신심　　표리여일　　처유여현　　처독여중　　사차심여청천

白日을 人得而見之하라『擊蒙要訣』
백일　　인득이견지

입에 부끄러움이 없는 것이 몸에 부끄러움이 없는 것만 못하고 몸에 부끄러움이 없는 것이 마음에 부끄러움이 없는 것만 못함을 알 수 있으니, 입에 허물이 없기는 쉽고 몸에 허물이 없기는 어려우며, 몸에 허물이 없기는 쉽고 마음에 허물이 없기는 어렵다.

■ 是知無愧于口가 不若無愧于身이요 無愧于身이 不若無愧于心이니
　시 지 무 괴 우 구　　불 약 무 괴 우 신　　　무 괴 우 신　　불 약 무 괴 우 심

　無口過는 易하고 無身過는 難하며 無身過는 易하고 無心過는 難이니라
　무 구 과　　이　　무 신 과　　난　　　무 신 과　　이　　　무 심 과　　난

　『心經附註』

사람이 비록 배움에 뜻을 두었더라도 용감하게 실천하고 앞으로 나가지 않아서 성취를 못하는 것은 오래된 버릇이 가로막아 망치는 것이다. 만약 이것을 분발하여 통렬하게 끊어내지 못한다면 끝내 배움의 기초를 마련하지 못할 것이다.

■ 人雖有志於學이나 而不能勇往直前하여 以有所成就者는 舊習이
　인 수 유 지 어 학　　이 부 능 용 왕 직 전　　　이 유 소 성 취 자　　구 습

　有以沮敗之也니라 若非勵志通絶이면 則終無爲學之地矣리라『擊蒙要訣』
　유 이 저 패 지 야　　약 비 려 지 통 절　　　즉 종 무 위 학 지 지 의

퇴계 선생이 잠시 서울에 머물러 지낼 때의 일이다. 이웃집에 밤나무가 있었는데, 가지 몇 개가 담장을 넘어 자라서 밤이 익어 선생의 집 뜨락으로 떨어졌다. 선생이 아이들이 그걸 가져다 먹을까 봐 염려하여 주어다 담장 밖으로 던져버렸다.

■ 退溪先生이 僑居漢城할새 隣家에 有栗樹하야 數枝過墻하여 子熟落庭
　　퇴계선생　　교거한성　　인가　유율수　　수지과장　　자숙낙정

하거늘 恐兒童取食하여 拾而投之墻外하다『士小節』
　　　공아동취식　　　습이투지장외

증자가 제자인 자양에게 말했다. "그대는 용기를 좋아하는가? 내 일찍이 큰 용기에 대해 스승(공자)님께 들었네. '스스로 돌이켜 정직하지 않으면 비록 상대가 미천한 자라도 내가 두렵지 않겠는가? 그러나 스스로 돌이켜 정직하다면 비록 상대가 비록 천만 명이라도 내가 가서 맞설 것이다.'라고 하셨느니라."

■ 曾子謂 子襄曰 子好勇乎아 吾嘗聞大勇於夫子矣로니 自反而不縮이면
　　증자위자양왈 자호용호　　오상문대용어부자의　　　자반이불축

雖褐寬博이라도 吾不惴焉이어니와 自反而縮이면 雖千萬人이라도
　　수갈관박　　　　오불췌언　　　　자반이축　　　수천만인

吾往矣라하시니라『孟子』
　　오왕의

양진이 형주에서 무재(과거시험의 일종)로 선발한 왕밀이 창읍령이 되었다. 왕밀이 양진을 찾아뵐 때 황금 열 근을 품고 가서 양진에게 주자 양진이 말했다. "나는 그대를 알아주었는데 그대가 나를 몰라주니 어째서요?" 왕밀이 말했다. "밤이라 아무도 모릅니다." 양진이 "하늘이 알고 귀신이 알고 내가 알고 그대가 아는데 어찌 아무도 모른다고 말하는가?"라고 말하니 왕밀이 부끄러워하며 떠났다.

■ 楊震所舉荊州茂才王密이 爲昌邑令이라 謁見할새 懷金十斤하여 以遺震
　　양진소거형주무재왕밀　　위창읍령　　　알현　　　회금십근　　　이유진

한데 震曰 故人知君이어늘 君不知故人은 何也오 密曰 莫夜라 無知者니이다
　　진왈 고인지군　　　군불지고인　하야　밀왈 막야　무지자

震曰 天知神知我知子知어늘 何謂無知오 하니 密愧而去하니라『小學』
　　진왈 천지신지아지자지　　하위무지　　　밀괴이거

與隋將于仲文
여 수 장 우 중 문

乙支文德

神策究天文
신 책 구 천 문

신비한 계략은 하늘의 이치를 통달했고

妙算窮地理
묘 산 궁 지 리

교묘한 계책은 땅의 이치에도 통달했네.

戰勝功旣高
전 승 공 기 고

전쟁에 이겨 그대의 공이 이미 높으니

知足願云止
지 족 원 운 지

만족함을 알고 원컨대 전쟁 멈추기를 바라네.

北征
북 정

南怡

白頭山石磨刀盡하고
백 두 산 석 마 도 진

백두산 돌은 칼을 갈아 다 없애고

豆滿江波飮馬無하리라
두 만 강 파 음 마 무

두만강 물은 말을 먹여 없어졌네.

男兒二十未平國이면
남 아 이 십 미 평 국

사나이 스무 살에 나라 평정 못 한다면

後世誰稱大丈夫리오
후 세 수 칭 대 장 부

뒷세상에 그 누가 대장부라 이르리오.

제3.2절 더불어 사는 삶을 위하여 (追己-恕)

3.2.1 효도(孝道)와 우애(友愛)

성 어

風樹之嘆 풍 수 지 탄	▣ 효도를 다하지 못한 채 어버이를 여읜 자식의 슬픔을 이르는 말.
望雲之情 망 운 지 정	▣ 자식이 객지에서 고향에 계신 어버이를 생각하는 마음.
首丘初心 수 구 초 심	▣ 여우가 죽을 때에 머리를 자기가 살던 굴 쪽으로 둔다는 뜻으로, 고향을 그리워하는 마음을 이르는 말.
斑衣之戲 반 의 지 희	▣ 때때옷을 입고 하는 놀이라는 뜻으로, 늙어서도 부모에게 효양함을 이르는 말. 부모를 위로하려고 색동저고리를 입고 기어가 보임.
反哺之孝 반 포 지 효	▣ 까마귀 새끼가 자라서 늙은 어미에게 먹이를 물어다 주는 효(孝)라는 뜻으로, 자식이 자란 후에 어버이의 은혜를 갚는 효성을 이르는 말.

昏定晨省 혼 정 신 성	▣ 밤에는 부모의 잠자리를 보아 드리고 이른 아침에는 부모의 밤새 안부를 묻는다는 뜻으로, 부모를 잘 섬기고 효성을 다함을 이르는 말.
肝膽相照 간 담 상 조	▣ '간과 쓸개를 내놓고 서로에게 내보인다'라는 뜻으로, 서로 마음을 터놓고 친밀히 사귐.
孔懷兄弟 공 회 형 제	▣ 형제는 서로 사랑하여 의좋게 지내야 함.
同氣連枝 동 기 연 지	▣ 형제는 부모의 기운을 같이 받았으니 나무의 가지와 같음.
管鮑之交 관 포 지 교	▣ 관중과 포숙의 사귐이란 뜻으로, 우정이 아주 돈독한 친구 관계를 이르는 말.
竹馬故友 죽 마 고 우	▣ 대말을 타고 놀던 벗이라는 뜻으로, 어릴 때부터 같이 놀며 자란 벗.
芝蘭之交 지 란 지 교	▣ 지초(芝草)와 난초(蘭草)의 교제라는 뜻으로, 벗 사이의 맑고도 고귀한 사귐을 이르는 말.
斷金之交 단 금 지 교	▣ 쇠라도 자를 만큼 강한 교분이라는 뜻으로, 매우 두터운 우정을 이르는 말.
松茂柏悅 송 무 백 열	▣ 소나무가 무성하면 잣나무가 기뻐한다는 뜻으로, 벗이 잘되는 것을 기뻐함을 비유적으로 이르는 말.
莫逆之友 막 역 지 우	▣ 서로 거스름이 없는 친구라는 뜻으로, 허물이 없이 아주 친한 친구를 이르는 말.

水魚之交 수 어 지 교	■ '물고기와 물의 사귐'이라는 뜻으로, 아주 친밀하여 떨어질 수 없는 사이를 비유적으로 이르는 말. 임금과 신하 또는 부부의 친밀함을 이르는 말.
伯牙絶絃 백 아 절 현	■ 백아가 거문고 줄을 끊어 버렸다는 뜻으로, 자기를 알아주는 절친한 벗, 즉 지기지우(知己之友)의 죽음을 슬퍼함을 이르는 말.
刎頸之交 문 경 지 교	■ 서로를 위해서라면 목이 잘린다 해도 후회하지 않을 정도의 사이라는 뜻으로, 생사를 같이할 수 있는 아주 가까운 사이, 또는 그런 친구를 이르는 말.

단 문

자연의 생명 중에 사람이 귀하니, 사람의 행위 가운데 효보다 더 큰 것은 없다.

■ 天地之性에 人爲貴하니 人之行은 莫大於孝니라 『孝經』
　천 지 지 성　인 위 귀　　인 지 행　막 대 어 효

무릇 자식된 자는 외출할 때에는 반드시 아뢰고, 돌아와서는 반드시 뵙니다.

■ 夫爲人子者는 出必告하고 反必面이니라 『禮記』
　부 위 인 자 자　출 필 고　　반 필 면

아버지께서 명하여 부르시거든 즉시 대답하여 지체하지 않으며, 음식이 입에 있거든 이를 뱉어야 한다.

■ 父命召어시든 唯而不諾하고 食在口則吐之니라 『明心寶鑑』
　부 명 소　　유 이 불 락　　식 재 구 즉 토 지

부모가 생존해 계시거든 먼 데 놀지 말며, 놀더라도 반드시 일정한 방소 있어야 한다.

■ 父母在어시든 不遠遊하며 遊必有方이니라 『論語』
　부 모 재　　부 원 유　　유 필 유 방

맹무백이 효에 대해 묻자 공자께서 말씀하셨다. "부모는 오직 자식의 질병을 걱정하는 것이다."

■ 孟武伯이 問孝한대 子曰 父母는 唯其疾之憂시니라 『論語』
　맹 무 백　문 효　　자 왈 부 모　유 기 질 지 우

부모를 섬기되 은미하게 간해야 하니, 부모의 뜻이 내 말을 따르지 않음을 보고서도 더욱 공경하여 어기지 않으며, 수고스럽더라도 원망하지 않아야 한다.

■ 事父母하되 幾諫이니 見志不從하고 又敬不違하며 勞而不怨이니라『論語』
　사부모　　기간　　　견지부종　　우경불위　　　로이불원

부모의 나이는 알지 않으면 안 되니, 한편으로는 기쁘고 한편으로는 두렵다.

■ 父母之年은 不可不知也니 一則以喜요 一則以懼니라『論語』
　부모지년　부가부지야　일즉이희　일즉이구

사귐을 가벼이 하고 절교를 쉽게 함은, 군자가 부끄러워하는 바이다.

■ 輕交易絕은 君子所恥니라『禮記』
　경교이절　군자소치

안평중(晏平仲)은 사람과 더불어 사귐을 바르게 행하는구나! 오래되어도 여전히 공경하는구나.

■ 晏平仲은 善與人交로다 久而敬之온여『論語』
　안평중　선여인교　　구이경지

증자(曾子)가 말씀하였다. "군자(君子)는 학문으로써 벗과 사귀고, 벗으로써 인(仁)을 돕는다."

■ 曾子曰 君子는 以文會友하고 以友輔仁이니라『論語』
　증자왈 군자　이문회우　　이우보인

군자가 지나치게 남이 자기를 좋아하도록 요구하지 않으며, 지나치게 남이 진심을 다하도록 요구하지 않는 것은 사귐을 온전히 하기 위해서다.

■ 君子가 不盡人之歡하며 不竭人之忠은 以全交일새니라 『禮記』
　　군자　　부진인지환　　　불갈인지충　　이전교

어른을 섬김에 반드시 공경함을 다하여 감히 그 성명을 직접 부르지 않으며 어른을 뵐 때면 반드시 절을 올린 뒤에 무릎을 꿇고 앉는다.

■ 事長에 必極其恭하여 不敢斥呼姓名하며 見必納拜跪坐니라 『湛軒書』
　　사장　　필극기공　　　불감척호성명　　　견필납배궤좌

장 문

『서경』에 효에 대해 말하였다. '효도하며, 형제간에 우애하여 정사를 베푼다.'고 하였으니, 이 또한 정사를 하는 것이다. 어찌하여 벼슬해서 정사하는 것만이 정사겠는가?

■ 書云 孝乎인저 惟孝하며 友于兄弟하야 施於有政이라하니 是亦爲政이니
　 서운　효호　　유효　　우우형제　　시어유정　　　시역위정

　 奚其爲爲政이리오『論語』
　 해기위위정

야은 길재(吉再)는 아침저녁의 문안인사와 이부자리를 펴드리고 개키는 것을 몸소 하였다. 아내와 자식이 대신하고자 하면, 공이 말하였다.
"어머님이 이미 늙으셨으니, 후에는 어머님을 위해 이 일을 하려 해도 할 수 없을 것이다."

■ 吉冶隱은 晨昏定省과 披衾斂枕을 躬自爲之하여 妻孥가 欲代之하면 公曰
　 길야은　신혼정성　　피금렴침　　궁자위지　　처노　욕대지　　공왈

　 母老矣라 後日에 雖欲爲母爲此라도 不可得也라하더라『下學指南』
　 모노의　후일　수욕위모위차　　불가득야

지금의 효라는 것은 음식으로 봉양함만을 말한다. 심지어 개와 말에 이르러서도 모두 길러 줌이 있으니, 공경치 않는다면 무엇으로 구분하겠는가?

■ 今之孝者는 是謂能養이니 至於犬馬하여도 皆能有養이니 不敬이면
　 금지효자　시위능양　　지어견마　　개능유양　　불경

　 何以別乎리요『論語』
　 하이별호

효자가 어버이를 섬길 적에, 거처할 때에는 그 공경을 다하고, 봉양할 때에는 그 즐거움을 다하고, 병이 들었을 때에는 그 근심을 다하고, 돌아가신 때에는 그 슬픔을 다하며, 제사지낼 때에는 그 엄숙함을 다한다.

■ 孝子之事親也는 居則致其敬하고 養則致其樂하고 病則致其憂하고
　효자지사친야　　거즉치기경　　　양즉치기요　　　병즉치기우

　喪則致其哀하고 祭則致其嚴이니라 『明心寶鑑』
　상즉치기애　　　제즉치기엄

노래자는 초나라 사람이다. 어려서부터 효행으로 어버이를 봉양하여 온갖 맛있고 연한 음식을 올렸다. 나이 칠십에 부모가 여전히 살아 계시니, 노래자가 색동옷을 입고 어버이 앞에서 어린애 짓을 하고, 늙었다는 말은 입 밖에 내지도 않았다. 어버이를 위하여 먹을 것을 가지고 마루에 올라가다 발을 헛디뎌 넘어지고는 어린애처럼 울었으니, 이는 정성이 지극하여 속에서 우러나온 것이다.

■ 老萊子는 楚人이라 少以孝行으로 養親하여 極甘脆라 年七十에 父母猶存
　노래자　초인　　소이효행　　　양친　　극감취　년칠십　부모유존

　할새 萊子가 服斑爛之衣하고 爲嬰兒戱於親前하고 言不稱老러라
　　　　래자　복반란지의　　　위영아희어친전　　　언부칭노

　爲親取食上堂이라가 足跌而偃하면 因爲嬰兒啼하니 誠至發中이라 『蒙求』
　위친취식상당　　　족질이언　　인위영아제　　　성지발중

백유가 잘못을 저질러 어머니가 회초리로 때리니, 눈물을 흘렸다. 어머니가 물었다.

"전에는 때려도 한 번도 운 적이 없더니, 지금은 어찌하여 우느냐?"

백유가 대답하였다.

"제가 죄를 지어 때리실 때면 항상 아팠는데, 오늘은 어머님의 근력이 쇠하시어 때리셔도 아프지가 않습니다. 그래서 웁니다."

■ 伯兪有過어늘 其母笞之한대 泣이어늘 其母曰 他日笞에 未嘗泣이라가
　백유유과　　기모태지　　읍　　　기모왈 타일태　미상읍

　今泣은 何也오 對曰 兪得罪에 笞常痛이러니 今母之力이 不能使痛이라
　금읍　하야　대왈 유득죄　태상통　　　금모지력　불능사통

　是以로 泣하노이다.『小學』
　시이　읍

아버지여 나를 낳으시고 어머니여 나를 기르시니, 슬프고 슬프도다. 부모님이여! 나를 낳아 기르시느라 힘쓰고 수고하셨도다. 깊은 은혜를 갚고자 한다면 넓은 하늘과 같아 끝이 없도다.

■ 父兮生我하시고 母兮鞠我하시니 哀哀父母여 生我劬勞샷다 欲報深恩인대
　부혜생아　　　모혜국아　　　애애부모　생아구로　　　욕보심은

　昊天罔極이로다.『明心寶鑑』
　호천망극

만장(萬章)이 물었다.

"감히 벗에 대해서 묻습니다."

맹자(孟子)께서 말씀하였다.

"나이가 많음을 믿지 않고, 귀함을 믿지 않고, 형제간을 믿지 않고 벗하는 것이니, 벗함은 그 덕(德)을 벗하는 것이니, 믿음이 있어서는 안 된다."

▣ 萬章問曰 敢問友하노이다 孟子曰 不挾長하며 不挾貴하며 不挾兄弟而友니
　만장문왈 감문우　　　맹자왈 불협장　　불협귀　　불협형제이우

友也者는 友其德也니 不可以有挾也니라 『孟子』
우야자　우기덕야　불가이유협야

착한 사람과 지내면 지초·난초의 향내가 은은한 방에 들어간 듯하여, 오래 있으면 그 향기를 맡지 못해도 그 향기에 동화된다. 선하지 못한 사람과 함께 지내면 어물전에 들어간 듯하여, 오래 있으면 그 냄새를 맡지 못해도 역시 그 냄새에 동화된다. 그러므로 군자는 더불어 지내는 사람을 신중히 선택하는 법이다.

▣ 與善人居하면 如入芝蘭之室하여 久而不聞其香이나 卽與之化矣이라
　여선인거　　여입지란지실　　구이불문기향　　즉여지화의

與不善人居하면 如入鮑魚之肆하여 久而不聞其臭나 亦與之化矣니라
여불선인거　　여입포어지사　　구이불문기취　　역여지화의

是以로 君子는 愼其所與處니라 『孔子家語』
시이　군자　신기소여처

천천히 걸어 어른보다 뒤에 감을 '공경한다.'라고 하고, 빨리 걸어서 어른을 앞질러 감을 '공경하지 않는다.'라고 말한다. 천천히 걷는 것을 어찌 사람이 못하겠는가? 하지 않는 것이다.

▣ 徐行後長者를 謂之弟오 疾行先長者를 謂之不弟니 夫徐行者는 豈人所
　서행후장자 위지제　질행선장자 위지불제　부서행자　기인소

不能哉리오 所不爲也니라 『孟子』
불능재　소불위야

스승을 모시고 앉아 있을 때 스승이 물으시거든, 묻는 말이 끝난 뒤에 대답해야한다. 가르침을 청할 때는 옷자락을 걷고 앞으로 나아가 청아며, 더욱 깊은 가르침을 청하려거든 다시 옷자락을 걷고 앞으로 나아가 청해야 한다.

■ 侍坐於先生하여 先生이 問焉이어시든 終則對하니라 請業則起하며
　　시 좌 어 선 생　　선 생　 문 언　　　　종 즉 대　　　　청 업 즉 기

　 請益則起니라 『禮記』
　　청 익 즉 기

* 묻는 ~ 대답해야 한다. : 스승이 무언가를 물을 때는 묻는 말 도중에 끼어들지 않으니, 이는 감히 존귀한 사람의 말을 혼란스럽게 하지 않으려는 뜻임.
* 가르침을~ 청하며 : 무릎을 꿇고 앉아 있다가 옷자락을 걷고 앞으로 나아가 묻는 것이니, 스승을 높이고 스승이 전해 주는 도를 소중히 여기는 마음 때문임.

스승을 뒤따라 갈 때에 길 건너로 다른 사람과 이야기해서는 안 된다.　길에서 스승을 만나면 종종걸음으로 나가 바르게 서서 두 손을 공손하게 모은다. 스승이 말을 건네시거든 대답을 하고, 말을 건네지 않으시거든 종종걸음으로 물러나라.

■ 從於先生하여 不越路而與人言하니라 遭先生於道하면 趨而進하여
　　종 어 선 생　　불 월 로 이 여 인 언　　　조 선 생 어 도　　추 이 진

　 正立拱手하니라 先生與之言이어시든 則對하고 不與之言이어시든
　　정 립 공 수　　　선 생 여 지 언　　　　즉 대　　　불 여 지 언

　 則趨而退하니라 『禮記』
　　즉 추 이 퇴

泣向慈母
읍 향 자 모

申師任堂

慈親鶴髮在臨瀛한데　　백발의 어머님 강릉에 계시는데,
자 친 학 발 재 임 영

身向長安獨去情이라　　이 몸 서울 향해 홀로 떠나는 마음.
신 향 장 안 독 거 정

回首北坪時一望하니　　고개 돌려 북평(北坪) 때때로 바라보니,
회 수 북 평 시 일 망

白雲飛下暮山靑이라　흰 구름 나는 하늘 아래 저녁 산이 푸르구나.
백 운 비 하 모 산 청

『大東詩選』

孟宗冬笋
맹종동순

李齊賢

雪中新笋宅邊生하니
설 중 신 순 택 변 생

눈 속의 대순 집 가에 나니

摘去高堂慰母情이라
적 거 고 당 위 모 정

따다가 병든 어머니 위로했네.

但使子孫能盡孝면
단 사 자 손 능 진 효

다만 자손으로 효성을 다하면

乾坤感應自分明이라
건 곤 감 응 자 분 명

천지신명 감응함이 분명하네.

遊子吟
유자음

孟郊

慈母手中線이 자 모 수 중 선	자애로운 어머니의 손에 쥔 실올이
遊子身上衣라 유 자 신 상 의	나그네가 걸친 옷이네.
臨行密密縫은 림 행 밀 밀 봉	떠나기를 앞두고 촘촘히 꿰맴은
意恐遲遲歸라 의 공 지 지 귀	더디 돌아올 지도 몰라서라지.
難將寸草心하여 난 장 촌 초 심	한 치 풀의 마음으로
報得三春暉라 보 득 삼 춘 휘	삼월 봄볕에 보답하기란 어렵다네.

『古文眞寶 前集』

이 시는 《孟東野詩集》1권과 《唐詩歸》31권에 실려 있다. 自註에 "溧陽에서 어머니를 맞이하면서 지은 것이다. [迎母溧上作]"라고 하였는 바, 孟郊는 50세가 넘어서야 비로소 율양현의 尉라는 낮은 벼슬을 하였다. 소박하면서도 위대한 모성애가 잘 묘사되어 읽는 이들로 하여금 孝心을 자아내게 한다. 작자야말로 어머니의 지극한 사랑을 잊지 않은 효자라 할 것이다.
成俔 〈1439(세종 21)-1504(연산군 10)〉의 《虛白堂集》風雅錄 1권에도 어머니의 사랑을 읊은 〈遊子吟〉 시가 보인다.
"나그네 고향 떠나 천애 멀리 행역간 지 오래노라. 바람이 높으니 서리와 눈 차가운데 옷은 떨어져 양 팔꿈치 드러났네. 문에 기대어 기다리는 어머니 생각에 서글퍼서 부질없이 머리만 긁적이니. 옷 가운데 바늘과 실로 꿰매신 것은 모두 자애로운 어머니 손에서 나왔다네.[遊子去古里 天涯行役久 風高霜雪寒 衣破露雙肘 仰念倚閭人 怊悵空搔首 衣中針線縫 皆出慈母手]"
姜柏年 〈1603(선조 36)-1681(숙종 7)〉의 《雪峰遺稿》3권에도 같은 제목의 시가 실려 있다.

七步詩
칠보시

曹植(子建)

煮豆燃豆萁하니
자 두 연 두 기
콩 삶는 데 콩대 태우니

豆在釜中泣이라
두 재 부 중 읍
콩이 솥 안에서 우는 구나.

本是根同生으로
본 시 근 동 생
본래 한 뿌리에서 났는데

相煎何太急고
상 전 하 태 급
볶아대기를 어찌 그리 급히 하는고?

『古文眞寶 前集』

---

*조식(자건)

魏나라 文帝가 아우 曹植으로 하여금 입곱 걸음을 걸을 동안 詩를 완성하게 하고 만일 시를 짓지 못하면 큰 벌[死刑]을 시행하겠다고 하였다.

이 시는 曹操의 아들 陳思王 曹植이 형인 魏 文帝의 명으로 일곱 걸음을 걷는 동안에 지었기 때문에 이렇게 제목한 것이다. 人口에 膾炙되는 시로, 민간에서 애송되어 구전하는 과정에서 字句에 변화가 생겨 수록된 책에 따라 조금씩 다르다. 《世說新語》에는 "煮豆持作羹 漉豉以爲汁 其在釜下燃 豆在釜中泣 本自同根生 相煎何太急"의 여섯 구로 되어 있고, 첫 구가 '其向釜下燃'으로 시작되는 것도 있다. 鍾嶸은 《詩品》에서 "子建(曹植의 字)의 시는 그 근원이 《詩經》國風에서 나왔다. 骨氣가 奇高하고 辭采가 華茂하며, 情은 雅趣와 원망을 겸하였고 體는 형식과 내용[文質]을 겸비하여 찬연히 고인을 능가하고 우뚝하여 무리중에 뛰어나다. 아! 문장에 있어 陳思王은 비유하자면 마치 人類에 周公과 孔子가 있고, 동물에 용과 봉황이 있고, 음악에 거문고와 생황이 있고, 부녀자의 手工에 黼黻(보불)이 있는 것과 같다." 하여 曹植의 이 작품을 극찬한 바 있다.

· 성 어 ·

易地思之 역 시 사 지	■ 처지를 바꾸어서 생각하여 봄.
琴瑟相和 금 슬 상 화	■ '거문고와 비파소리가 조화를 이룬다'는 뜻으로, 부부 사이가 다정하고 화목함을 이르는 말.
季札繫劍 계 찰 계 검	■ '계찰(季札)이 검을 걸어 놓다'는 뜻으로, 신의를 중히 여김.
金石盟約 금 석 맹 약	■ 쇠나 돌처럼 굳고 변함없는 약속.
傍若無人 방 약 무 인	■ 곁에 사람이 없는 것처럼 아무 거리낌 없이 함부로 말하고 행동하는 태도가 있음.
貧者一燈 빈 자 일 등	■ 가난한 사람이 바치는 하나의 등(燈)이라는 뜻으로, 물질의 많고 적음보다 정성이 중요함을 비유적으로 이르는 말.
方長不折 방 장 불 굴	■ 한창 자라는 풀이나 나무를 꺾지 아니한다는 뜻으로, 앞길이 유망한 사람이나 사업에 대하여 헤살을 놓지 않음을 이르는 말.

偕老同穴 해 로 동 혈	▣ 살아서는 같이 늙고 죽어서는 한 무덤에 묻힌 다는 뜻으로, 생사를 같이하자는 부부의 굳은 맹세를 이르는 말.
過恭非禮 과 공 비 례	▣ 지나친 공손은 오히려 예의에 벗어남.
絜矩之道 혈 구 지 도	▣ 자기를 척도로 삼아 남을 생각하고 살펴서 바른길로 향하게 하는 도덕상의 길.
推己及人 추 기 급 인	▣ 자기 마음을 미루어 보아 남에게도 그렇게 대하거나 행동한다는 뜻으로, '제 배 부르면 남의 배 고픈 줄 모른다'는 속담과 그 뜻이 일맥상통함.
移木之信 이 목 지 신	▣ 위정자가 나무 옮기기로 백성을 믿게 한다는 뜻으로, 신용을 지킴을 이르거나 남을 속이지 아니함을 이르는 말.

대장부는 남을 포용해야 하고, 남에게 포용되려고 하지 말라.

▣ 大丈夫는 當容人이요 勿爲人所容하라 『下學指南』
　　대장부　　당용인　　　물위인소용

마음속에 남을 저버림이 없다면 만나서도 부끄러운 빛이 없을 것이다.

▣ 心不負人이면 面無慙色이니라 『明心寶鑑』
　　심불부인　　　면무참색

자기를 굽히는 자는 중요한 직임을 맡아 해낼 수 있고, 남을 이기기 좋아하는 자는 반드시 적을 만나게 되어 있다.

▣ 屈己者는 能處重하고 好勝者는 必遇敵이니라 『明心寶鑑』
　　굴기자　　능처중　　　호승자　　필우적

모든 일에 인정을 남겨두면 훗날 좋게 만날 수 있다.

▣ 凡事에 留人情이면 後來에 好相見이니라 『明心寶鑑』
　　범사　　유인정　　후래　　호상견

공자(孔子)는 상사(喪事)가 있는 자의 곁에서 음식을 먹을 때에는 배부르게 먹은 적이 없었다.

■ 子 食於有喪者之側에 未嘗飽也러시다『論語』
　　자　식어유상자지측　　미상포야

자공이 물었다.
"종신토록 실천할 만한 한 마디 말이 있습니까?" 공자가 말했다.
"그것은 서(恕)일 것이다. 자기가 하고자 하지 않는 것을 남에게 베풀지 않는 것이다."

■ 子貢問曰 有一言而可以終身行之者乎잇가 子曰 其恕乎인저
　　자공문왈　유일언이가이종신행지자호　　　자왈　기서호

　　己所不欲을 勿施於人이니라『論語』
　　기소불욕　　물시어인

자기가 잘한다고 해서 남의 부족함을 드러내려 하지 말고, 자기가 서툴다고 해서 남이 잘하는 것을 시기하지 말라.

■ 毋以己之長으로 而形人之短하며 毋因己之拙하여 而忌人之能하라
　　무이기지장　　　이형인지단　　　무인기지졸　　　이기인지능

　　『菜根譚』

허물이 있는 사람에게서도 좋은 점을 찾아야 하고, 허물이 없는 사람에게서 허물이 있기를 바라서는 안 된다.

■ 人當於有過中에 求無過하고 不當於無過中에 求有過니라『海東續小學』
　　인당어유과중　구무과　　　부당어무과중　구유과

인(仁)한 사람은 자신이 서고자 하면 남도 서게 해주며, 자신이 영달하고자 하면 남도 영달하게 해준다. 가까이 자신으로부터 빗대어 나갈 수 있으면 인(仁)을 실천하는 방법이라 할 수 있다.

▣ 夫仁者는 己欲立而立人하며 己欲達而達人이니라 能近取譬면
　　부인자　　기욕립이립인　　　기욕달이달인　　　　능근취비

　　可謂仁之方也已니라 『論語』
　　가위인지방야이

스스로 돌아보기를 엄하게 하고, 남 책망하기를 가볍게 한다면 원망을 멀리할 수 있을 것이다.

▣ 躬自厚而薄責於人이면 則遠怨矣니라 『論語』
　　궁자후이박책어인　　　즉원원의

사람들이 그를 미워하더라도 반드시 그의 사람됨을 살펴보아야 하며, 사람들이 그를 좋아하더라도 반드시 그의 사람됨을 살펴보아야 한다.

▣ 衆이 惡之라도 必察焉하며 衆이 好之라도 必察焉이니라 『論語』
　　중　　악지　　필찰언　　중　　호지　　　필찰언

자로(子路)가 말했다.
"선생님의 뜻을 듣고 싶습니다."
공자(孔子)가 말했다.
"늙은이를 편안하게 해주고, 벗을 미덥게 사귀고, 어린 사람들을 품어주는 것이다."

▣ 子路曰 願聞子之志하노이다 子曰 老者를 安之하며 朋友를 信之하며
　　자로왈 원문자지지　　　　자왈 노자　안지　　　붕우　신지

　　少者를 懷之니라 『論語』
　　소자　회지

나의 노인을 노인으로 받들어 모시고 그 마음을 미루어서 다른 노인에게까지 미치게 하며, 나의 어린 아이를 어린 아이로 보살피고 그 마음을 미루어서 다른 사람의 어린 아이에게까지 미치게 하라.

■ 老吾老하여 以及人之老하며 幼吾幼하여 以及人之幼하라『孟子』
　노오로　　　이급인지로　　　유오유　　　이급인지유

내가 남에게 베푼 공은 기억해두어선 안 되지만, 내가 남에게 한 잘못은 기억하지 않아서는 안 된다. 남이 나에게 베풀어 준 은혜는 잊어서는 안 되지만, 남이 나에게 원한을 맺게 한 일은 마땅히 잊어야 한다.

■ 我有功於人은 不可念이로되 而過는 則不可不念이요 人이 有恩於我는
　아유공어인　불가념　　　　이과　즉불가부념　　　인　유은어아

　不可忘이로되 而怨은 則不可不忘이니라 『菜根譚』
　불가망　　　 이원　즉불가불망

남의 작은 허물을 비판하지 말며, 남의 비밀을 드러내려 하지 말며, 남이 예전에 저지른 잘못을 마음에 새기지 말라. 이 세 가지는 덕을 기를 수 있고 해악을 멀리할 수도 있는 방법이다.

■ 不責人小過하며 不發人陰私하며 不念人舊惡하라 三者는 可以養德하며
　부책인소과　　 불발인음사　　 불념인구악　　 삼자　 가이양덕

　亦可以遠害니라 『菜根譚』
　역가이원해

내가 윗사람에게서 싫었던 것을 가지고 아랫사람에게 시키지 말고, 내가 아랫사람에게 싫었던 것을 가지고 윗사람을 섬기지 말라. 내 앞사람에게서 싫었던 것을 뒷사람의 앞에서 행하지 말며, 뒷사람에게서 싫었던 것을 가지고 앞사람의 뒤를 따르지 말라. 왼쪽 사람에게 싫었던 것을 가지고 오른쪽 사람과 사귀지 말라. 이것이 자신의 마음을 미루어 남을 헤아리는 '혈구지도(絜矩之道)'라는 것이다.

■ 所惡於上으로 毌以使下하며 所惡於下로 毌以事上하며 所惡於前으로
　소오어상　　　무이사하　　　소오어하　　　무이사상　　　소오어전

　　毌以先後하며 所惡於後로 毌以從前하며 所惡於右로 毌以交於左하며
　　무이선후　　　소오어후　　　무이종전　　　소오어우　　무이교어좌

　　所惡於左로 毌以交於右가 此之謂絜矩之道니라『大學』
　　소오어좌　　무이교어우　　차지위혈구지도

* **혈구지도(絜矩之道):** '혈(絜)'은 '헤아리다'의 뜻이며, '구(矩)'는 방형(方形)을 만들기 위한 '자'이다. '혈구(絜矩, 자로 헤아림)'는 비유적 표현으로서, 물건을 헤아릴 때 자로 표준을 삼듯이 사람이 남을 헤아릴 때 자기의 마음으로 표준을 삼아야 한다는 뜻이다. 곧 자기의 마음으로 헤아리는 '서(恕)' 또는 '추기급인(推己及人)'과 같은 내용의 말임.

사람을 이롭게 하는 말은 따스하기가 솜과 같고, 사람을 해치는 말은 날카롭기가 가시와 같다. 한 마디 짧은 말이라도 중하기가 천금과 같고, 사람에게 상처 주는 한 마디 말이 칼로 베는 듯 고통스럽다.

■ 利人之言은 煖如綿絮하고 傷人之語는 利如荊棘이니라 一言半句가
　이인지언　　난여면서　　　상인지어　　이여형극　　　　일언반구

　　重直千金이요 一語傷人이 痛如刀割이니라『明心寶鑑』
　　중직천금　　　일어상인　　통여도할

중궁(仲弓)이 인(仁)에 대해 묻자, 공자께서 말씀하셨다. "문을 나설 때는 큰손님을 뵐 듯이 하고 백성에게 일을 시킬 때에는 큰 제사를 받들어 모시듯이 하고, 자신이 하고자 하지 않은 것을 남에게 베풀지 말아야 하니, 이렇게 하면 나라 안에서 그를 원망함이 없으며, 집안에서도 그를 원망함이 없을 것이다."

■ 仲弓이 問仁한대 子曰 出門如見大賓하고 使民如承大祭하며 己所不欲을
　중궁　　문인　　자왈 출문여견대빈　　　사민여승대제　　　기소불욕

　　勿施於人이니 在邦無怨하며 在家無怨이니라『論語』
　　물시어인　　　재방무원　　　재가무원

四勿箴
사물잠

程頤(正叔)

[視箴]

心兮本虛하니
심 혜 본 허

마음은 본래 허령하니

應物無迹이라
응 물 무 적

사물에 응함에 자취가 없네.

操之有要하니
조 지 유 요

마음을 잡는데 요령이 있으니,

視爲之則이라
시 위 지 칙

보는 것이 보는 것이 기준이 된다.

蔽交於前하면
폐 교 어 전

눈앞에서 가리워지면

其中則遷하나니
기 중 칙 천

마음도 따라가니

制之於外하여
제 지 어 외

밖에서 통제해서

以安其內니라
이 안 기 내

안을 편안하게 해야 한다.

克己復禮하면
극 기 복 례

사욕을 이겨 예로 돌아가면

久而誠矣리라
구 이 성 의

오랜 후에 저절로 되리라.

[聽箴]

人有秉彝는
인 유 병 이

사람이 간직한 본성은

本乎天性이언마는
본 호 천 성

천성에 바탕한 것이지만

知誘物化하여
지 유 물 화

앎이 외물에 꾀여져 동화해서

遂亡其正하나니라
수 망 기 정

결국 그 바름을 잃는다.

卓彼先覺은
탁 피 선 각

저 높으신 선각자들은

知止有定이라
지 지 유 정

멈출 줄 알아 안정됨이 있으셨네.

閑邪存誠하여
한 사 존 성

삿된 것을 막고 진실함을 간직하여

非禮勿聽하나니라
비 례 물 청

예가 아니면 듣지 말아야 하네.

[言箴]

人心之動이
인 심 지 동

사람의 마음 흔들리는 것이

因言以宣하나니
인 언 이 선

말로 인해 퍼지니

發禁躁妄이라야　　말을 할 때는 조급함과 경망함을 금해야
발 금 조 망

內斯靜專하나니라　　마음이 고요하고 전일해진다.
내 사 정 전

矧是樞機라　　하물며 말은 중요한 것이라
신 시 추 기

興戎出好하나니　　전쟁을 일으키기도 하고 우호를 내기도 하니
흥 융 출 호

吉凶榮辱이　　길흉과 영욕이
길 흉 영 욕

惟其所召니라　　자신이 불러들이는 것이다.
유 기 소 소

傷易則誕하고　　자칫 말을 쉽게 해버리면 거짓말이 되고
상 이 칙 탄

傷煩則支하며　　번잡하게 하면 지루해지며
상 번 칙 지

己肆物忤하고　　자신이 멋대로 내뱉으면 남이 거스르고
기 사 물 오

出悖來違하나니　　도리에 어긋나는 말을 내뱉으면
출 패 래 위　　　　오는 말도 이치에 어긋나는 법이니

非法不道하여　　법도에 맞지 않으면 말하지 말아서
비 법 불 도

欽哉訓辭하라　　가르침을 주는 말을 공경하라.
흠 재 훈 사

[動箴]

哲人知幾하여
철 인 지 기

철인은 기미를 알아 생각을

誠之於思하고
성 지 어 사

진실 되게 하고

志士勵行하여
지 사 려 행

지사는 행함을 힘써

守之於爲하나니
수 지 어 위

행위를 지키니

順理則裕요
순 리 칙 유

이치를 따르면 여유롭고

從欲惟危니
종 욕 유 위

욕심을 따르면 위태로우니

造次克念하여
조 차 극 념

잠시라도 능히 생각해서

戰兢自持하라
전 긍 자 지

전전긍긍해하며 스스로 지켜야 한다.

習與性成하면
습 여 성 성

습관이 본성과 더불어 이루어지면

聖賢同歸하리라
성 현 동 귀

성인과 현인과 같아질 것이다.

3.2.3 소통(疏通)과 조화(調和)

· 성 어 ·

大同團結
대 동 단 결
■ 여러 집단이나 사람이 어떤 목적을 이루려고 크게 한 덩어리로 뭉침.

一心同體
일 심 동 체
■ 한마음 한 몸이라는 뜻으로, 서로 굳게 결합함을 이르는 말.

同苦同樂
동 고 동 락
■ 괴로움도 즐거움도 함께함.

渾然一體
혼 연 일 체
■ 생각, 행동, 의지 따위가 완전히 하나가 됨.

仁者無敵
인 자 무 적
■ 어진 사람은 남에게 덕을 베풂으로써 모든 사람의 사랑을 받기에 모든 사람이 사랑하므로 세상에 적이 없음.

以心傳心
이 심 전 심
■ '석가와 가섭이 마음으로 마음에 전한다'는 뜻으로, 말로써 설명할 수 없는 심오한 뜻은 마음으로 깨닫는 수밖에 없다는 말. 마음과 마음이 통하고, 말을 하지 않아도 의사가 전달됨.

良禽擇木 양 금 택 목	▣ 좋은 새는 나무를 가려서 깃들인다는 뜻으로, 훌륭한 사람은 좋은 군주를 가려서 섬김을 비유적으로 이르는 말.
和而不同 화 이 부 동	▣ 남과 사이좋게 지내기는 하나 무턱대고 어울리지는 아니함.
周而不比 주 이 불 비	▣ 두루 가까이 지내지만 편갈라 무리짓지 않는다.
啐啄同時 줄 탁 동 시	▣ 병아리가 알에서 나오기 위해서는 새끼와 어미 닭이 안팎에서 서로 쪼아야 한다는 뜻.
雲從龍風從虎 운 종 룡 풍 종 호	▣ '용 가는 데 구름 가고 범 가는 데 바람 간다'의 뜻으로, 마음과 뜻이 서로 맞는 사람끼리 서로 구하고 좇음을 일컫는 말.
類類相從 유 유 상 종	▣ 같은 무리끼리 따르고, 같은 사람은 서로 찾아 모인다는 뜻.
物以類聚 물 이 유 취	▣ 만물은 종류대로 모이게 되어 있음. 비슷한 것끼리 모임.
鳴鶴在陰其子和之 명학재음기자화지	▣ '어미 학이 울면 새끼 학도 울음에 화(和)하여 운다'는 뜻으로, 덕(德) 있는 자는 스스로 나타내려하지 않더라도 저절로 세상에 알려져서 남 또한 감화됨을 비유해 이르는 말.
比翼連理 비 익 연 리	▣ '암수가 각각 눈 하나에 날개가 하나씩이라서 짝을 짓지 않으면 날지 못한다는 비익조와 한 나무의 가지가 다른 나무의 가지와 맞붙어서 서로 결이 통한 연리지'라는 뜻으로, 부부의 사이가 깊고 화목함을 비유해 이르는 말.

군자는 남의 좋은 점을 이루어주고, 남의 악함을 이루게 하지 않는다. 소인은 이와 반대이다.

■ 君子는 成人之美하고 不成人之惡하나니 小人은 反是니라『論語』
　군자　　성인지미　　불성인지악　　　　소인　　반시

군자는 두루 사랑하고 편당하지 않으며, 소인은 편당하고 두루 사랑하지 않는다.

■ 君子는 周而不比하고 小人은 比而不周니라『論語』
　군자　　주이불비　　소인　　비이불주

군자는 조화를 이루되 뇌동하지 않으며, 소인은 뇌동하지만 조화를 이루지 않는다.

■ 君子는 和而不同하고 小人은 同而不和니라 『論語』
　군자　　화이부동　　소인　　동이불화

자기를 굽힐 줄 아는 사람은 중요한 위치에 높일 수 있고, 이기기만을 좋아하는 사람은 반드시 적대시하는 사람을 만나게 된다.

■ 屈己者는 能處重하고 好勝者는 必遇敵이니라『明心寶鑑』
　굴기자　　능처중　　호승자　　필우적

모든 일에 인정을 남겨두면 뒷날 만날 때 서로 좋은 얼굴로 볼 수 있다.

■ 凡事에 留人情이면 後來에 好相見이니라『明心寶鑑』
　범사　　유인정　　후래　　호상견

물이 지극히 맑으면 고기가 없고, 사람이 지극히 살피면 따르는
무리가 없느니라.

■ 水至淸則無魚하고 人至察則無徒니라 『明心寶鑑』
  수 지 청 즉 무 어   인 지 찰 즉 무 도

부부간의 불화는 단지, 남편은 '하늘은 높고 땅은 낮다'는 말을 지켜 스스로 높고 크고자 하여 아내를 억눌러 동등한 사람으로 용납하지 않으려 하고, 아내는 단지 '부부는 대등한 몸이다.'는 말의 의미를 마음에 두어 '내가 저와 동등하니 무슨 굽힐 일이 있으랴'라고 생각하기 때문이다. 평상시에 어울려 좋게 지낼 때에는 꼭 그 같지는 않다가도, 조금이라도 화합된 마음을 잃으면 어지럽게 헐뜯고 욕하며 각기 스스로 잘났다고 여겨 모두 예의와 공경심을 잃어버리고 만다. 하늘과 땅이 비록 하나는 높고 하나는 낮다고 하나, 만물을 낳아 자라게 하는 공은 동일하며, 남편과 아내가 비록 대등한 몸이라고는 하나, 굳셈과 부드러움이라는 분별은 어길 수 없다는 것을 전혀 알지 못한 것이다. 단지 이는 평상시에 분별 없이 너무 가까이 지내어 서로 공경하고 어려워하지 않게 된 까닭이다.

■ 夫婦之不和는 只緣 夫는 守天尊地卑之說하여 欲自高大하여 而抑彼不
　부부지불화　　지연 부　수천존지비지설　　욕자고대　　　이억피불

使之容也하고 婦人은 只持齊體之誼하여 以爲吾與彼로 等也니 有何相
사지용야　　부인　지지제체지의　　이위오여피　등야　유하상

屈之事哉아이니라 平時諧好之際엔 未必如此라가 而少失和意하면 則詬
굴지사재　　　평시해호지제　미필여차　　이소실화의　　　즉후

罵紛紛하여 各自矜重하여 俱失禮敬하고 殊不知 天地雖云高下나 其化
매분분　　각자긍중　　구실례경　　수부지 천지수운고하　기화

育之功은 一也며 夫妻縱曰齊體나 剛柔之分은 不可違焉이라 只是常時
육지공　일야　부처종왈제체　강유지분　불가위언　　지시상시

狎近하여 不相敬憚之致也라 『士小節』
압근　　불상경탄지치야

山舍朝炊
산사조취

李齊賢

山下誰家遠似村하니　산 밑에 뉘 집 있는지 멀리 보니 촌락인 듯
산 하 수 가 원 사 촌

屋頭煙帶大平痕이라　집 위에 떠오르는 연기 태평세월 표시라오.
옥 두 연 대 대 평 흔

時聞一犬吠籬落하니　울 밑에 개 짖는 소리 들려오니
시 문 일 견 폐 리 낙

乞火有人來扣門로다　불 빌려는 사람 문을 두드려서겠지.
걸 화 유 인 래 구 문

次竹山東軒韻
차 죽 산 동 헌 운

崔士老

好雨村村足이요
호 우 촌 촌 족

좋은 비는 마을마다 족한데

溪流岸岸深이라
계 류 안 안 심

시냇물은 언덕마다 깊구나.

飛潛與動植이
비 잠 여 동 식

날짐승·물고기 움직이고 심어진 것이

渾是一春心이라
혼 시 일 춘 심

혼연히 이 모두가 한봄 마음이로세.

東郊別業
동교별업

金富軾

水穀微黃風浩蕩이요
수 곡 미 황 풍 호 탕

물결은 노르스름 바람은 일렁

園蔬膩碧雨淋浪이라
원 소 니 벽 우 림 랑

원두밭 푸성귀는 비에 젖어 짙푸르구나.

有時閑步田邊踞하고
유 시 한 보 전 변 거

이따금 한가한 걸음 밭둑에 주저앉아

逢着漁樵笑語長이라
봉 착 어 초 소 어 장

어부랑 나뭇꾼 만나 웃고 이야기 길어라.

『동문선』

제4장 현장(現場)에서 배우는 인성교육의 실제(實題)

제4.1절 가정(家庭)을 위한 인성교육 실제(實題)

4.1.1 집에서 새는 바가지는 들에 가도 새는 법이다!

4.1.2 효(孝)는 부모를 섬기는 데서 시작한다.

제4.2절 유아 · 청소년(靑少年)을 위한 인성교육 실제(實題)

4.2.1 예절바른 어린이가 될게요.

4.2.2 세 살 버릇 여든까지 간다!

4.2.3 법치(法治)보다 덕치(德治)를 강조한 선비

4.2.4 집을 지으며 삶을 변화시킨 인격

제4.3절 직장인 · 성인(成人)을 위한 인성교육 실제(實題)

4.3.1 배려(配慮)하고 존중(尊重)하는 직장

4.3.2 남에게 너그럽고 자신에게 엄격한 조직

4.3.3 인(仁)은 사람을 사랑하는 마음이다.

4.3.4 모든 재앙은 입에서 비롯된다.

제4.1절 가정(家庭)을 위한 인성교육 실제(實題)

4.1.1 집에서 새는 바가지는 들에 가도 새는 법이다!

(1) 자녀(子女)에 대한 바른 인성교육(人性敎育)

움 인간은 자녀를 통해 영생(永生)하고 자녀는 다음 세대의 가정 승계자 이며, 자녀는 부모의 거울이자 표현(表現)이다. 학교교육이 학문과 전 공교육이고 사회교육이 생활과 적응교육이라면 가정교육(家庭敎育)은 사람다움을 확립시키는 인성교육(人性敎育)이다.

행 아무리 학문이 뛰어나고 사회적으로 출세(出世)를 하더라도 사람다움 이 결여되면 사람대접을 받지 못하고 원만한 사회생활을 하지 못하게 된다. 그래서 가정교육(家庭敎育)을 모든 교육의 기본이라고 하다. 가 정교육은 태아(胎兒) 이전부터 시작되어 교육 속에서 출생하고 성장하 게 된다. 그것은 학문도 아니고 기술도 아니며, 오로지 사랑과 이해와 정서(情緖)에 입각한 사람다움을 추구하고 사람노릇을 하며, 사람으로 서의 사는 방법을 배우는 것이다.

려 가정교육(家庭敎育)은 먼저 사는 사람들의 솔선수범(率先垂範)하는 것 을 보고 듣는 것이다. 보여주고 들려주는 대로 따라서 하면서 자기의 것으로 자연스럽게 정립된다. 감정(感情)과 표정(表情), 말과 행동에 이르기까지 가르치기 전에 본받고, 시키기 전에 따라 하면서 하나의 습관(習慣)으로 정신과 몸에 배어들어 틀이 짜인다. 때문에 자녀에 대한 인성교육은 가르치는 것이 아니고 시키는 것도 아니라 오직 보여주고 들려주면 되는 것이다. 따라서 자녀의 인성교육은 무엇을 어떻게 보여주고 들려주고 함께 할 것인가를 말하는 것이다.

가. 보여주는 인성교육(人性教育)

① 어른 앞에서 공손(恭遜)한 자세를 취하면 아이들도 본받아 공손하게 된다.

② 아이들 앞에서 온화(溫和)한 표정(表情)을 지어야 아이들도 온화한 표정에 길 든다.

③ 남과 화해(和解)하고 예(禮)스럽게 대인관계(對人關係)를 가지면 아이들도 보는 대로 따라서 한다.

④ 비록 부부간이라도 공경하고 엄정(嚴正)하게 하면 아이들도 이성 관계를 엄정하게 한다.

⑤ 어른이 자기의 직분에 성실하고 시비(是非)와 정의감(正義感)에 투철하면 아이들도 본 대로 시비(是非)와 곡직(曲直)을 가리게 된다.

⑥ 어른이 근검절약(勤儉節約)하고 환락(歡樂)을 싫어하면 아이들도 그대로 따라서 착실(着實)하고 사람다움의 본령(本領)에 자리 잡는다.

⑦ 어른이 단정(端正)한 몸차림을 해 보이면 아이들도 흉내 내어 단정해진다.

⑧ 웃어른에게 바르게 절하는 모습을 보이면 아이들도 웃어른을 볼 때마다 절하는 습관(習慣)을 갖는다.

⑨ 부모가 외박(外泊)하지 않고 가정을 중히 여기면 아이들도 외박을 무슨 변괴(變怪)로 생각하고 가정(家庭)에 대해 긍지를 갖는다.

나. 들려주는 인성교육(人性教育)

① 어른이 바른 인성을 말하고 사람다움과 사람노릇으로 화제(話題)를 삼으면 아이들도 그것을 배우게 된다.

② 조상을 섬기며 어른을 공경해 말끝마다 효도(孝道)를 앞세우면 아이들도 가정을 중히 여기고 조상을 공경하며 가정에 대한 긍지를 갖게 된다.

③ 어른이 바른 말씨로 대화(對話)하면 아이들도 바른 말씨를 쓰게 된다.

④ 어른이 사랑을 말하고 용서(容恕)하고 이해(理解)하며 칭찬(稱讚)을 하면 아이들도 미움보다 사랑을 하고 꾸짖기보다 용서하고 탓하거나 원망(怨望)하는 것보다 이해하며 칭찬받는 말을 먼저 배운다.

⑤ 어른이 고운 말로 조용히 말하면 아이들도 고운 말로 조용히 말해 떠들거나 욕(辱)을 배우지 않는다.

⑥ 어른이 말씀하실 때 아이들을 참여(參與)시키고, 교양강좌(敎養講座)나 훌륭한 강연(講演)에 함께 가며, 평소에 조상이나 명현(名賢)들의 말씀을 들려주어 본받게 한다.

⑦ 흉측(凶測)하고 무섭고 싸우는 이야기 보다 아름답고 인자(仁慈)하고

화해(和解)하는 이야기를 들려주면 그렇게 흉내 내며 착하게 자란다.

⑧ 함부로 말하지 않고 생각해 말하며, 성내지 않고 온화(溫和)하게 하며, 한마디의 말이라도 깊은 뜻을 담아서 들려주면 마침내 사고력을 키우고 온화함을 지니며 한 마디의 말도 중(重)하게 여기게 된다.

⑨ 자녀들이 말을 배울 때 부모가 아이들 앞에서 바른 호칭(呼稱)을 쓰면 자녀들도 바른 호칭을 배운다.

다. 함께하는 인성교육(人性敎育)

① 어른이 오실 때나, 자기들이 나들이 할 때는 아이들에게서 꼭 예(禮)를 받는다.

② 조상의 산소의 성묘(省墓)나, 문중(門中) 행사 등에 아이들과 동행한다.

③ 학교 선생님에게 극진한 예우(禮遇)를 해서 아이들이 선생님을 존경하게 하다.

④ 평소의 생활에서도 아이들에게만 예(禮)를 시키기 전에 어른들이 함께 행한다,

⑤ 어른에게 문안(問安)을 여쭐 때는 아이들과 함께 한다.

⑥ 손님을 접대(接待)할 때는 아이들이 거들게 해서 배우게 한다.

⑦ 남의 집을 방문(訪問)할 때도 동행해 방문 예절(禮節)을 익히게 한다.

⑧ 집안의 의식행사, 혼인(婚姻), 제사(祭祀) 등에는 반드시 아이들과 함께 참여한다.

⑨ 사회생활에서의 공중(公衆) 예절도 함께 행동하며, 보고 듣고 따라 해서 체험(體驗)하게 한다.

(2) 가정(家庭)의 인성교육 지침(指針)

움 이상에서 보았듯이 자녀교육, 즉 가정교육(家庭教育)은 무엇을 가르치는 것이 아니고 어떻게 보여주는가에 달렸다. 바르게 보여주려면 조부모(祖父母), 부모(父母), 자녀(子女)의 3대가 함께 사는 **직계가족제도(直系家族制度)**[20)]가 선결 과제이다. 직계가족제도 속에서 아이들이 어떻게 자라는가를 일깨우는 글이 있다.

---

20) **가족제도(family institution, 家族制度)**: 가족의 구성이나 기능 등에 관하여 국가 ·지역사회가 규정하고 있는 질서 또는 제도이다. 프레드릭 르 플레이(Frédéric Le Play)가 가족조직의 현지연구의 기초 위에서 구분한 가족의 세 가지 내지 네 가지의 기본 유형 중 하나이고, 1830년에서 1880년 사이의 "Les ouvriers des deux mondes"라는 논문에서 지적되었다. 르 플레이는, 직계가족은 중앙 유럽, 스칸디나비아, 스페인에서 평균적으로 6~7명의 가족성원이 있고 전형적으로 자유노동이나 농장의 경영에 종사하는 복합적이고 부유한 가족에서 현저하게 발견된다. 토지소유자와 특정한 직업에 있어서 가족의 위치는 세대를 거쳐 확실하게 계승된다. 자녀들은 직업을 구하기 위해 도시로 이주할 수도 있지만, 이들은 자신들의 가족과 영구적으로 접촉하면서 가족에게 돈을 보내 주기도 하고 그들을 위해 개인적인 희생을 하기도 하고 때로는 직접 방문하기도 한다. 르 플레이에 있어서 직계가족(直系家族)은 여러 가지 점에서 이상적인 가족형태였다. 직계가족은 가족의 높은 안정성과 충성심을 갖게 하는 사회적 안정 세력을 의미하였다.

○ "가교(家敎)
할아버지께서 옳은 일로 가르치시고
아버지께서 몸소 바르게 행(行)해 보이시니
그 아이 곧고 슬기롭게 자라더라.

할머니께서 자상(仔詳)한 사랑을 베푸시고
어머니께서 한결같이 웃음 지으시니
그 아이 곧고 어여쁘게 성장(成長)하더라."

행 가정(家庭)이란 수월하게 생길 수도 없고 멸실되지도 않는다. 우리 가정은 우리가 살고 있는 시대(時代)만의 것도 아니고 오랜 옛날부터 조상들에 의해 이어져서 오늘에 이르렀고, 먼 훗날까지 자손(子孫)들에 의해 영원히 이어지는 것이다. 때문에 현대를 사는 사람은 조상에게서 물려받은 가정(家庭)을 훌륭하게 관리해서 자손(子孫)들에게 영광스럽게 물려주는 중계자이며 일시적인 관리자에 불과한 것이다.

려 우리가 말하기를 동성동본(同姓同本)의 혈족을 일가(一家)라고 하는 까닭은 한 조상의 자손(子孫)은 모두 한 가족이라고 생각해서이다. 현행 민법(民法)에서도 큰 아들과 큰 손자는 조상의 호적(戶籍)을 이어받고, 기타의 자손(子孫)은 새 가정(家庭)을 창시하지 않고 나눈다는 의미로 분가(分家)라고 한다. 가정의 뿌리는 하나이고 자손(子孫)들이 가지를 뻗음에 따라 나눈다는 의미이므로 원래의 뿌리는 한 가정인 것이다. 이토록 가정이 영원한 것이라고 한다면, 가정에서의 인성교육(人性敎育)의 깊이가 어떤 것이어야 하는지를 알 것이다.

④ 가정(家庭)에서의 인성교육은 사회에서의 인성교육의 샘이며 본(本)이

되는 것이다. "집에서 새는 바가지는 밖에 나가서도 샌다."는 속담(俗談)과 같이 가정에서의 인성교육에 능숙하지 못한 사람은 사회생활에서도 무례(無禮)하다는 지탄(指彈)을 받는다.

○ '바가지'는 박을 타서 만든 그릇이다. 봄에 박의 씨를 뿌리면 싹이 나와 한여름 동안 자라고 늦여름이 되면 동그란 박이 열린다. 박을 따다가 반(半)으로 잘라 속을 파내고 남은 껍질을 뜨거운 물에 삶아서 건져 낸 다음, 그늘에서 서서히 말리면 바가지가 되는 것이다.

○ 옛날에는 바가지가 용도에 따라 쌀을 퍼내는 쌀바가지, 물을 퍼내는 물바가지, 소의 먹이를 떠내는 쇠죽바가지 등으로 다양했다. 이처럼 박은 옛날부터 쓰임새가 많은 생활도구(生活道具)였다.

"방(房)을 이렇게 어질러 놓으면 어떡하니?
방 청소(淸掃)하는 거 너무 귀찮아요.
그래도 깨끗하게 써야지. 어서 청소(淸掃)하렴.
게임 잠깐만 하고 치울게요.
집에서도 이렇게 청소(淸掃)를 안 하는데, 학교에서도 네 자리가 제일 지저분할 것 같구나!"

* 집에서 쓰던 바가지가 깨져서 그 사이로 물이 줄줄 새는데, 그 바가지를 들에 가져간다고 물이 새지 않을까. 요술(妖術) 바가지도 아닌데, 집에서나 밖에서나 물이 새는 건 똑같겠다. 사람도 마찬가지다. 사람의 본성(本性)은 쉽게 변하지 않기 때문에 집에서 못되게 구는 사람이 밖에 나간다고 해서 그 됨됨이가 착하게 바뀌지는 않을 것이다. 이처럼 이 속담(俗談)은 집에서 새는 바가지는 들에 가도 새는 법이다. 성품(性品)이 나쁜 사람은 어디를 가나 그 나쁜 본성(本性)을 꼭 드러내고 만다는 뜻이다.

⑤ 가정(家庭)에서 부모에게 극진한 효도를 하는 사람이라야 밖에 나가서도 어른을 공경(恭敬)하게 되고, 가정에서 동기간(同氣間)에 우애(友愛)하는 사람이라야 밖에 나가서도 동료(同僚)들과 잘 어울린다. 부부간에 화합하고 존중(尊重)해야 사회생활에서도 이성을 존중하게 되고 집에서 아랫사람을 사랑할 줄 알아야 밖에서도 사랑을 하게 된다.

4.1.2 효(孝)는 부모(父母)를 섬기는 데서 시작(始作)한다.

(1) 효(孝)의 종류(種類)

가. 효(孝)에는 여러 가지 종류가 있지만 크게 두 가지로 나눌 수 있다. 첫째는 부모님의 마음을 편안(便安)하게 해드리고 부모님의 뜻을 받드는 효도(孝道)이다. 이것을 양지(養志)의 효도(孝道)라고 한다. 양지(養志)란 부모님의 뜻을 잘 받들어드리는 것으로, 부모님을 정신적으로 편안하게 하고 기쁘게 해드리는 효도(孝道)이다. 둘째는 부모님의 몸을 편안하게 봉양(奉養)하고 부족한 것이 없도록 해드리는 효도(孝道)이다. 이것을 양구체(養口體)의 효도(孝道)라고 한다. 양구체(養口體)란 부모님의 몸을 물질적으로 봉양(奉養)하는 것으로, 부모님을 육체적으로 편안하게 해드리는 효도(孝道)이다.

나. 부모님의 마음을 편안하게 해드리는 것 못지않게 부모님의 몸을 편안하게 해드리는 효도(孝道) 역시 중요하다. 하지만 어느 것이 더 중요하냐고 묻는다면 그것은 바로 부모님의 뜻을 받드는 양지(養志)의 효도(孝道)라고 말 할 수 있다. 부모가 자식에게 바라는 것은 마음 깊은 곳에서 우러나오는 따스한 얼굴과 말씨, 그리고 정성이 담긴 손길이다. 진정으로 부모를 가난하고 초라하게 만드는 것은 초라한 집이나 남루(襤褸)한 옷이 아니라 마음이 담겨있지 않은 물질적(物質的) 봉양(奉養)이다.

* 부모님을 편안(便安)하게 모시는 방법(方法)

❶ 거짓 없이 존경(尊敬)하는 마음으로 대한다.

❷ 부모님의 입장(立場)에서 생각한다.

❸ 지혜(智慧)와 경험(經驗)을 배우려고 노력한다.

❹ 친밀(親密)함을 행동으로 표현(表現)한다.

❺ 병환(病患)이 드실 경우 정성을 다해 간호(看護)한다.

❻ 재치 있게 용돈을 드린다.

다. 효도(孝道)란 이와 같이 부모님의 마음을 즐겁고 편안하게 해드리는
   양지(養志)의 효도(孝道)가 최상이다. 몸과 마음을 건강하게 가지고, 인
   간으로서의 올바른 심성(心性)을 기르며, 올바른 자세로 세상을 살아가
   는 것이 효도의 실천이다. 돈을 많이 벌어 큰 부자(富者)가 되는 것도
   좋고, 높은 지위에 올라 명예(名譽)를 얻는 것도 좋지만 효도를 할 줄
   모른다면 이런 것들은 모두 의미가 없게 된다.

(2) 신체를 건강하게 유지하는 것이 효(孝)의 시작

가. 우리의 몸은 부모님으로부터 받은 것이다. 그래서 효경(孝經)이라는
   책에서는 "내 몸은 부모로부터 물려받은 것이므로 감(敢)히 다치거나
   상(傷)하게 하지 않는 것이 효도(孝道)의 시작이다."라고 했다.

○ (身體髮膚 受之父母 不敢毁傷 孝之始也 신체발부 수지부모 불감훼상
   효지시야)
- '신체(身體)와 터럭과 살갗은 부모에게서 받은 것이다.'라는 뜻으로, 부

모에게서 물려받은 몸을 소중히 여겨 손상(損傷)시키지 않는 것이 효도(孝道)의 시작이라는 말이다. 〔출전: 효경〕

○ (立身行道 揚名於後世 以顯父母 孝之終也 입신행도 양명어후세 이현부모 효지종야)
- 출세(出世)를 하여 바른 도(道)를 행하고 후세에 이름을 드날려서 부모님의 명성(名聲)을 드러내는 것이 효(孝)의 끝(終)이다.

* 공자(孔子)가 집에 머물러 있을 때, 증자(曾子)가 시중을 들고 있었다. 공자(孔子)가 증자(曾子)에게 "선왕(先王)께서 지극한 덕(德)과 요령(要領) 있는 방법으로 천하의 백성들을 따르게 하고 화목하게 살도록 하여 위·아래가 원망(怨望)하는 일이 없도록 하셨는데, 네가 그것을 알고 있느냐?"라고 물었다. 증자(曾子)는 공손한 태도로 자리에서 일어서며 "불민(不敏)한 제가 어찌 그것을 알겠습니까?"라고 대답(對答)하였다.

(仲尼居, 曾子侍。子曰:「先王有至德要道, 以順天下, 民用和睦, 上下無怨。汝知之乎?」曾子避席曰:「參不敏, 何足以知之?)

* 공자(孔子)는 "무릇 효(孝)란 덕(德)의 근본이요, 가르침은 여기에서 비롯된다. 내 너에게 일러 줄 테니 다시 앉아라. 사람의 신체(身體)와 터럭과 살갗은 부모(父母)에게서 받은 것이니, 이것을 손상(損傷)시키지 않는 것이 효(孝)의 시작이다. 몸을 세워 도(道)를 행하고 후세에 이름을 날림으로써 부모를 드러내는 것이 효(孝)의 끝이다. 무릇 효(孝)는 부모를 섬기는 데서 시작하여 임금을 섬기는 과정을 거쳐 몸을 세우는 데서 끝나는 것이다"라고 말하였다.

(子曰:「夫孝, 德之本也, 教之所由生也。復坐, 吾語汝。身體髮膚, 受之父母, 不敢毀傷, 孝之始也。立身行道, 揚名於後世, 以顯父母, 孝之終也。夫孝, 始於事親, 中於事君, 終於立身。)

이 이야기는 부모에게서 받은 몸을 소중히 여겨 함부로 손상(損傷)시키지 않는 것이 바로 효도(孝道)의 시작이라는 뜻으로 통한다.

나. 우리는 내 몸의 소중(所重)함을 잘 모른다. 그러나 부모님은 자식이

아프지 않을까 혹은 다치지나 않을까 항상 걱정하신단다. 만약 부모님께서 편찮으시다면 우리는 어떻게 해여 할까. 우리는 부모님의 간호를 위해 정성을 다해야 한다. 하지만 우리가 아플 때 부모님께서 우리에게 해주신 것을 생각해 본다면 우리가 부모님을 위해 하는 일은 아주 작은 것에 불과하다. 부모님께서 나보다 몸을 더 소중(所重)하게 생각하고 계신다는 것을 안다면 내 몸을 함부로 다루거나 다치게 해서는 안 된다.

(3) 우리가 부모님을 위하여 실천할 내용을 정리(定理)하면 다음과 같다.

구분(區分)	실천(實踐)할 효(孝)의 내용(內容)
◆ 아동(兒童)들은 이렇게 한다.	① 친구와 위험한 장난을 하거나 싸우지 않는다. ② 몸이 아플 때는 숨기지 말고 부모님께 말씀을 드린다. ③ 위험(危險)한 물건을 가지고 놀거나 몸이 지니고 다니지 않는다. ④ 물이 깊은 곳이나 절벽(絶壁)과 같은 위험(危險)한 곳에 가지 않는다. ⑤ 멀리 나가 놀 때는 반드시 자기(自己)가 있는 곳을 말씀드린다. ⑥ 학교에서 배운 공부(工夫)는 스스로 알아서 한다. ⑥ 가정(家庭) 형편을 생각해서 절약(節約)하는 생활을 한다. ⑦ 맛있는 음식이 있을 때는 부모님께 먼저 드시도록 한다. ⑧ 목표를 세우고 그 목표를 향해 게으름을 피우지 말고 전진한다.
◆ 부모님께 좋은 말을 한다.	① 저를 이렇게 키워 주셔서 정말 고맙습니다.

	② 아버님, 오늘도 힘드셨죠. 제가 어깨 주물러 드릴게요.
	③ 어머니께서 해주신 음식은 정말 맛있었어요. 최고 예요.
	④ 사람들이 부모님 닮아서 머리도 좋고 착하다고 해요.
	⑤ 부모님처럼 열심히 공부하고 성실(誠實)하게 살겠습니다.
	⑥ 오래 오래 사세요. 제가 효도(孝道) 많이 할게요.
	⑦ 어디 편찮으신 데 없으세요?
	⑧ 어쩌면 그렇게 많이 아세요? 저에게도 좀 가르쳐 주세요.
	⑨ 모두 부모님 덕분(德分)입니다.
◆ 자식(子息) 된 도리(道理)를 다 한다.	① 아침저녁으로 부모님에게 문안(問安) 인사를 드린다.
	② 부모님께서 부르시면 빨리 대답하고 하던 일을 멈추고 달려간다.
	③ 어른 앞에서는 다리를 뻗거나 눕지 않는다.
	④ 부모님께 항상 존댓말을 사용한다.
	⑤ 어른께서 출입(出入)하실 때는 반드시 일어나서 배웅하고 맞이한다.
	⑥ 어른께서 편찮으실 때는 정성껏 간호(看護)한다. 그래도 차도(差度)가 없을 때에는 병원에 모시고 가거나 의사를 부른다.

제4.2절 유아·청소년을 위한 인성교육 실제(實題)

4.2.1 예절(禮節)바른 어린이가 될게요.

움 말은 일정한 생활문화권에서 약속된 어휘(語彙)와 말씨에 의해 의사소통(意思疏通)이 바르게 되는데, 말에 대한 사회적 약속(約束)을 언어예절(言語禮節)이라 한다. 대화상대에 따라 말씨가 달라지고, 나타내려는 의사에 따라 사용되는 어휘가 다르며, 말하는 자세와 듣는 태도가 사회공통의 방법에 합치(合致)되면 예의바르다고 하지만 제 멋대로 아무렇게나 하는 말은 무례(無禮)하다고 한다. 말을 예의바르게 하고 예의바르게 들으면 원만한 사회생활이 되지만, 언어예절을 알지 못해 아무렇게나 하면 아무도 상대를 하지 않아 외톨박이가 된다.

행 마음에 있는 생각을 잘 표현하지 못하는 사람들이 많다. 미안하다고 말하고 싶은데, 그렇게 하지 못할 때가 있다. 정말 고맙다는 말을 하고 싶은 상황에서도 말 한마디 못하고 그냥 돌아서는 경우도 있다. 마음속에 담고 있는 것만으로는 모자란다. 남에게 피해를 끼쳤거나 호의(好意)를 받았을 때, 그에 적절한 말을 하지 않는다면, 상대방은 무례(無禮)한 사람으로 오해(誤解)할 수도 있기 때문이다. 따라서 자신이 받은 호의(好意)나 감정을 솔직하게 표현하는 것은 예의상 중요한 일이며 사람의 기본덕목(基本德目)이다. 특히 유아(幼兒)는 많은 낱말과 어휘(語彙)를 배우고 바른 언어예절을 익히는 중요한 시기이다. 부모와 지도교사의 예의바르고 고운 언어 사용은 유아(幼兒)의 바른 언어생활을 하는데 바람직하다.

(1) 비어(卑語) 및 속어(俗語)를 사용하지 않는다.

가. 일상생활에서 쓰는 말이 자신도 모르는 사이에 비어(卑語)나 속어(俗語)를 사용하여 말투가 거칠어지고 있다. 올바른 언어, 공손한 말투는 그 사람을 한 층 더 멋진 사람으로 보이게 만든다. 유아(幼兒)들이 가장 잘 사용하는 비어(卑語)나 속어(俗語)가 무엇인지를 생각하고 그 말을 표준어(標準語) 바꾸어 주어야 한다.

나. 다음은 누구나 다 알아들을 수 있는 『맵시 있는 13가지 말』을 정리한 것이다. 실천하도록 한다.

① 표준(標準) 말로 말을 한다.

② 쉬운 말로 말을 한다.

③ 고운 말로 말을 한다.

④ 말소리는 필요에 따라 높고 낮고 길고 짧게 말을 한다.

⑤ 발음(發音)은 정확(正確)하게 한다.

⑥ 말의 속도(速度)는 알맞게 한다.

⑦ 이야깃거리는 공통 관심사(關心事)이어야 한다.

⑧ 이야기의 내용은 연결성이 있어야 한다.

⑨ 항상 밝고 부드럽게 따뜻한 표정(表情)으로 말을 한다.

⑩ 평온(平穩)한 감정을 갖고 말을 한다.

⑪ 지나치게 손발을 움직이지 말고, 자세를 바르게 하여 말을 한다.

⑫ 다른 사람의 말을 들을 때는 상대방의 눈과 표정(表情)을 보며 관심(關心)을 같게 한다.

⑬ 전화(電話)를 할 때는 자기 이름을 밝히고 공손히 말을 한다.

(2) 상대방을 부를 때는 정확한 호칭(呼稱)을 사용한다.

가. 사람을 부를 때 적절한 호칭(呼稱)을 사용하는 일은 중요하다. 나이, 관계 그리고 신분에 따라서 다르다. 적절한 호칭(呼稱)을 사용하지 않으면 듣는 이의 기분을 상하게 하고 상대방을 무시(無視)하는 일이다. 주변 사람들에 대한 적절한 호칭(呼稱)을 잘 알고 사용하게 한다. 우리 유아(幼兒)들이 친구를 부를 때 "야! 임마!"라고 한다거나 사람들이 많은 곳에서 별명(別名, 닉네임)을 부르기보다는 "은희야!" "인준아!" 같이 친구의 이름을 다정하게 부르도록 해야 하고 모르는 사람을 부를 때도 예의(禮儀)를 갖추어 공손하게 부르도록 해야 한다.

나. 음식점(飮食店)에서 종사하는 종업원은 손님이 자기들을 부를 때 쓰는 호칭(呼稱)에 가장 많은 물만을 갖는다. 손님들이 "야! 언니야", "이봐! 아줌마" 등으로 불리는 데 이때 굉장히 기분이 나쁘기 때문에 인격적인 대우(待遇)를 못 받는 것으로 생각되어 상대적으로 이런 손님에게는 친절하게 대하기가 어렵다. 자식들과 동반하여 부모가 이런 언어를 사용한다면 아이들도 바른 언어습관을 가지기가 어렵다.

다. 예의바른 언어를 쓰지 않는 사람은 다른 이로부터 호감(好感)을 얻기 어렵고, 사람됨의 아름다움을 느끼기도 어렵다. 먼저 부모님부터 바르고 공손한 말을 사용하여 자녀들에게 모범(模範)을 보여야 한다.

라. 가까운 친척(親戚)에 대한 바른 호칭(呼稱)을 정리하면 다음과 같다.

① 아버지의 형님(또는 동생)과 그 부인: 아버지의 형제와 그 배우자(配偶者)를 부르거나 말할 때, 맏이는 큰아버지, 막내는 작은아버지, 중간은 '몇째 아버지'를 붙인다. 이것은 형제자매나 차례(次例)가 있는 친족의 칭호(稱號)에 공통으로 쓰인다.

② 큰아버지, 작은아버지의 아들과 딸: 사촌 형과 누나 또는 동생(종형제)

③ 아버지의 누나·여동생과 그 남편: 고모와 고모부

④ 고모의 아들과 딸: 고종 4촌(고종 형제)

⑤ 아버지의 4촌 형제(또는 누이): 당숙, 당고모

⑥ 아버지의 6촌 형제: 재당숙

⑦ 어머니의 오빠·남동생과 그 부인: 외3촌(외숙)과 외숙모

⑧ 어머니의 언니·여동생과 그 남편: 이모와 이모부(이숙)

⑨ 이모의 아들·딸: 이종 4촌(이종 형제)

(3) 남이 이야기할 때는 진지(眞摯)하게 들어준다.

가. 사람들과 대화를 나눌 때 말을 잘 하는 것보다 잘 들어 주는 것이 중요하다. 남들이 나의 이야기를 잘 들어 주기를 바라는 만큼 남의 말도 진지(眞摯)하게 듣는 습관(習慣)을 가져야 한다. 다른 사람들의 말을 제대로 듣지 않고 자신(自身)의 밀만하려고 한다면 진정한 의미의 대화를 하는 것이 아니다.

나. 훌륭한 대화법(對話法) 중에 『123화법』이 있다. 1분 안에 내가 할 말을 하고, 2분 이상 들어주며, 3번 이상 맞장구를 치는 것이다.

다. 대화를 잘 하는 방법(方法)은 첫째, 상대방을 부드러운 시선(視線)으로 쳐다보며 적절하게 반응해주는 것이다. 둘째, 선입관(先入觀)이나

편견(偏見)을 버리고 상대방의 입장이 되어 성의(誠意)를 다해 들어주는 것이다.

라. 대문(大門)을 열어 놓으면 도둑이 들어오지만 귀를 열어 놓으면 축복(祝福)이 들어온다고 한다. 우리 유아(幼兒)들이 자기가 말하기보다는 남의 말을 잘 듣게 해야 한다.

(4) 실수(失手)를 했을 때는 사과(謝過)의 표현을 한다.

가. '미안합니다.' '죄송합니다.' 라는 말은 기본적인 인사말이면서 쉽게 무시(無視)되는 말들 중의 하나이다. 실수(失手)를 하고서도 어색해서, 또는 별일 아니라고 생각해서 이런 기본적인 말을 하지 않는다면 상대방은 자신이 무시당하고 있다고 느낄 수 있다.

나. 우리 유아(幼兒)들이 길거리나 공공장소에서 상대방에게 불편을 주었으면 '미안합니다.' '죄송합니다.' 하고 말을 하게 함으로써 상대방이 기분 상하지 않게 하는 배려(配慮)를 어렸을 때부터 지도해야 한다.

(5) 도움을 받았을 때는 감사(感謝)의 표현을 한다.

가. 누구나 자신에게 많은 도움을 준 사람들에게는 감사한 마음을 가지고 잘 표현한다. 그러나 사소(些少)한 도움에는 도움을 받고도 '고맙다.' '감사하다.'는 말을 하지 않는 경우가 많다. 모든 사람들이 감사(感謝)하다는 말 한마디로 따뜻한 정(情)을 느낄 수 있다.

나. 우리 유아(幼兒)들에게 남에게 조그마한 도움이라도 받았을 때에는 고맙다고 말하는 습관(習慣)을 어렸을 때부터 기르도록 한다. 상대방이 '고맙습니다.'라고 말하면 '괜찮습니다.'라고 말하도록 유아(幼兒)들에게 지도해야 한다.

려 학교 및 가정에서 유아(幼兒)들에게 지도할 내용을 정리하면 다음과 같다.

장소(場所)	지도(指導)할 내용(內容)
♦ 학교 (상호 작용)	① 듣기 좋은 말과 듣기 거북한 말은 어떤 것들이 있는지 이야기 해 본다. ② 대화할 때의 바람직한 자세(姿勢)를 알아본다. ③ 남이 말할 때 듣는 바른 태도(態度)에 대하여 이야기 해본다. ④ 남의 말을 끝까지 잘 듣지 않았을 때 어떤 일이 생길지 이야기해 본다. ⑤ 내 말만 계속 많이 하는 친구가 있다면 어떤 생각이 드는지 이야기 해본다. ⑥ 누군가에게 도움을 받는 경우, 남에게 실수(失手)한 경우에 하는 인사말을 이야기 해본다. ⑦ 녹음(반말로 하는 대화, 존댓말로 하는 대화)을 들어보게 한 후 어떤 말이 듣기 좋은지 이야기 해본다. ⑧ 아동(兒童)들이 가장 많이 사용하는 비어(卑語)나 속어(俗語)는 어떤 것들이 있는지 이야기 해본다. ⑨ 그림을 보여 주고 이럴 때는 어떤 말을 해야 하는지 이야기 해본다. ⑩ 상황에 따라 적절한 인사말에는 어떤 것이 있는지 이야기 해본다.

♦ 학교 (교사 지도)	① 교사도 표준어(標準語)를 쓰도록 한다.
	② 교사는 수업시간에 경어(敬語)를 사용하도록 한다.
	③ 상황에 맞게 적절한 인사말을 쓰도록 지도한다.
	④ 실수(失手)를 했거나 잘못을 했을 때 '미안합니다.' 또는 '죄송합니다.'라고 말하도록 지도한다.
	⑤ 남이 이야기할 때 진지(眞摯)하게 듣도록 지도한다.
	⑥ 남이 이야기하는 도중(途中)에 끼어들어 말을 가로막지 않도록 지도한다.
	⑦ 남이 이야기할 때, 적절하게 반응을 해줌으로써 이야기를 경청(傾聽)하고 있다는 표현을 하도록 지도한다.
	⑧ 누군가에게 도움을 받았을 때에는 '감사합니다.' '고맙습니다.'라고 말하도록 지도한다.
	⑨ 여러 단어(單語)(밥→진지, 말←말씀, 먹으세요.←잡수세요.)를 제시하고 적절한 말로 바꾸어가며 지도한다.
	⑩ 가정으로 "예절바른 어린이가 될게요. - 언어예절" 통신문을 보내 부모님께서 지속적으로 반복 지도할 수 있도록 한다.
♦ 가정 (부모 지도)	① 부모로부터 고운 말·경어(敬語)를 쓰며 모범(模範)을 보인다.
	② 부모님께는 존댓말을 하도록 지도한다.
	③ 묻는 말에 정확하게 대답하도록 지도한다.
	④ 여러 상황에 적절한 인사말을 할 수 있도록 지도한다.
	⑤ 부모님이 말씀하실 때는 끝까지 잘 듣고 행동하게 하고, 어린이가 말할 때는 열심히 듣고 격려(激勵)해 준다.
	⑥ 바른 자세(姿勢)로 앉아 남의 말을 끝까지 잘 듣도록 지도한다.
	⑦ 여러 가지 대화 장면을 녹화하여 보여주고 바른 태도를 갖게 한다.
	⑧ 학교의 가정통신문(家庭通信文)을 이용하여 부모님은 자녀들이 좋은 습관(習慣)을 익히도록 세심한 지도(指導)와 관찰(觀察)로 매일매일 살핀다.

◆ 나 (기분이 좋아지는 혼잣말)	① 오늘 나 자신이 너무나 마음에 든다. ② 내가 하는 모든 일은 반드시 성공할 수 있을 것 같다. ③ 주변 사람들이 나에게 친절해서 참 기분이 좋다. ④ 나는 열정적으로 바르게 살아가고 있다. ⑤ 오늘도 활력이 넘치고, 즐기면서 공부를 하고 있다. ⑥ 내가 하는 모든 일이 잘 풀릴 것 같고, 만나는 사람들 마다 쉽게 어울릴 수 있을 것 같다. ⑦ 오늘 나 자신은 물론 세상 모든 것이 다 좋아 보인다. ⑧ 내 머리에 창조적인 아이디어가 마구 샘솟고 있다. ⑨ 많은 친구들이 평생 동안 내 곁에 남을 것이다. ⑩ 앞으로 내 인생을 계획대로 살아 나갈 수 있을 것이다. ⑪ 기분이 너무 좋아서 신나는 음악을 듣고 싶다. ⑫ 공부도 일도 즐기고 있고, 나 자신이 정말 마음에 든다. ⑬ 오늘은 너무나 행복한 하루다. ⑭ 오늘은 공부도 일도 더 잘 하는 것 같다.

세 살 버릇 여든까지 간다!

움 **우암(尤庵) 송시열(宋時烈)**[21] 선생의 자식 가르치는 도리(道理)에 의하면, "어렸을 때부터 속이지 말고, 지나치게 때리지 말고, 글을 배울 때 차례 없이 권(勸)하지 말고, 글을 하루에 세 번씩 권(勸)하여 읽히고, 잡(雜)된 노릇을 못하게 하고, 보는 데서 드러눕지 말게 하고, 벗과 언약(言約)하였다고 하면 꼭 실행하게 하고, 남과 신의(信義)를 잃지 않게 하고, 문중(門中)의 제사(祭祀)에 참여하게 하고, 온갖 행실은 옛 사람의 좋은 일을 배우게 하고, 어려서 가르치지 못하고 뒤늦게 가르치려 하면 잘 되지 아니한다."라고 하였다.

행 옛 속담(俗談)에 "세 살 버릇 여든까지 간다."는 말이 있다. '버릇'은 오랫동안 자꾸 반복하여 몸에 익어 버린 행동을 뜻한다. 코를 벌름거리고, 눈을 깜박거리고, 손톱을 물어뜯는 것도 자꾸 하다 보면 자신도 모르는 사이에 버릇이 되는 것이다. 자녀에 대한 참되고 올바른 교육을 이르는 말이다. 부모를 공경하는 자녀, 정직한 자녀, 올바른 자녀, 자기 자신이 스스로 설 수 있는 자녀가 되게 하려면, 일상생활(日常生活) 속에서 자연히 배울 수 있도록 좋은 말과 좋은 행동을 하고 부모 자신이 진실한 본보기를 보여야 한다.

---

21) **우암(尤庵) 송시열(宋時烈)**: 1607(선조 40)~1689(숙종 15). 본관은 은진(恩津). 아명은 성뢰(聖賚). 자는 영보(英甫), 호는 우암(尤菴) 또는 우재(尤齋). 봉사(奉事) 송구수(宋龜壽)의 증손으로, 할아버지는 도사(都事) 송응기(宋應期)이고, 아버지는 사옹원봉사(司饔院奉事) 송갑조(宋甲祚)이다. 어머니는 선산 곽씨(善山郭氏)로 봉사 곽자방(郭自防)의 딸이다. 조선 후기 문신 겸 학자, 노론의 영수. 주자학의 대가로서 이이(李珥)의 학통을 계승하여 기호학파(畿湖學派)의 주류를 이루었으며 이황(李滉)의 이원론적(二元論的)인 이기호발설을 배격하고 이이(李珥)의 기발이승일도설을 지지, 사단칠정(四端七情)이 모두 이라 하여 일원론적(一元論的) 사상을 발전시켰으며 예론(禮論)에도 밝았다. 주요 저서에는 《송자대전》 등이 있다.

* '여든'은 열의 여덟 배가 되는 수(數), 즉 80을 뜻한다. 이 속담(俗談)에서 여든이란 80살을 말하는 것이다.

○ (三歲之習 至于八十 삼세지습 지우팔십)
- '세 살 버릇이 여든까지 간다.'라는 속담으로, 어릴 때의 버릇은 늙어서도 고치기 어렵다는 의미이다.

○ (狗尾三年不爲黃毛 구미삼년불위황모)
- "개꼬리 3년 묵어도 황모(붓 만드는 데 쓰이는 족제비 털)가 되지 못한다."는 뜻이다.

---

* 비슷한 영어(英語) 경구(警句)에 "A crow is never whiter for washing herself often."이 있는데, "까마귀가 자주 씻는다고 결코 희어지지 않는다."는 뜻이다.

* "까마귀에 흰 칠 한다고 백로 안 되고, 호박에 검은 줄 긋는다고 수박이 안 된다." 는 말과 같은 의미이다.

이 속담(俗談)은 세 살 때 생긴 버릇을 여든 살이 되어서도 갖고 있다는 뜻으로 한번 들인 버릇은 여간해서 고치기 힘들다는 뜻이다. 어렸을 때 생긴 버릇을 죽을 때까지 버리지 못하는 경우도 많은데다가 사소(些少)한 버릇이라고 우습게 봤다가는 나중에 큰 코 다칠 수도 있으니 버릇이란 참 무서운 것이다. 특히 거짓말을 하거나 욕을 하거나 주먹을 휘두르는 등 남에게 피해를 주는 나쁜 버릇은 처음부터 몸에 배지 않도록 조심(操心)해야 한다.

려 유아(幼兒) 시절부터 말할 때, 잠잘 때, 식사할 때 등 자녀의 모든 행동을 지켜보고 항상 바로잡아 주어 올바르게 성장할 수 있도록 기초(基礎)를 튼튼히 세워주는 토대를 마련해 준다. 부모의 소중(所重)함과 자랑스러움을 깨달았을 때에 진정한 가정(家庭), 어버이를 공경(恭敬)하는 마음이 눈뜨게 되며 참된 인간이 될 것이다.

4 가족(家族)의 형태가 부부중심의 핵가족(核家族)이 되고 가족계획(家族計劃)의 실시 등으로 각 가정의 자녀의 수가 적어짐에 따라 대부분의 가정이 자녀중심으로 되어 가는 경향이다. 자녀들을 즐겁게 해 주고 좋은 학교에 보내기 위해 부모들은 온갖 정성을 다하여 뒷바라지를 해 준다.

5 이러한 오늘의 현실을 돌아볼 때 자녀에 대한 사랑과 기대가 커진 것도 사실이고, 자녀 사랑의 당연한 표현일 수도 있다. 그러나 자녀를 건강(健康)한 인간으로 키워야 하는 부모들의 교육 노력이 잘못된 건은 아닌가 생각해 볼 일이다.

6 웬만한 잘못을 저질러도, 버릇이 없어도 "귀엽다." "건강하니 괜찮다."고 방임하는 어른들이 늘고 있다. 이렇게 과보호나 방관(傍觀) 때문에 우리의 자녀들은 어느새 자기만 아는 이기주의(利己主義)에 빠지게 되고, 자기 고집만 세우는 못된 버릇을 갖게 된다. 부모님의 무한정(無限定)한 보호는 당연하게 생각하면서 자기의 책임(責任)과 의무(義務)는 외면하게 되는 것이다. 좋은 옷에 맛있는 음식을 마련해 주는 것만이 사랑은 아니다. 가정과 사회에는 위·아래의 질서가 있고, 지켜야 할 규칙(規則)과 법(法)이 있으며, 인간으로서 따라야 하는 윤리(倫理)와 도덕(道德)이 있다는 것을 확실하게 가르쳐야 한다.

7 지금 우리 사회에는 책임(責任)과 의무(義務)는 모르면서 남의 흉과 흠이나 잡고, 책임질 줄 모르는 과보호로 병든 자녀들이 사회문제(社會問題)를 낳고 있다. 부모가 자녀를 사랑하는 것은 당연한 도리(道理)이

다. 그러나 지나친 사랑 때문에 병든 인간으로 키우는 잘못은 하지 말아야 한다. 무조건적(無條件的)인 사랑이 아닌 합리적인 사랑을 통해 끊임없이 가르치고 훈련시켜 하나의 인격체로 성장할 수 있도록 해야 할 것이다.

⑧ 앞으로의 사회가 더욱 산업화되고 교육수준이 높아지고 문화수준(文化水準)도 향상되고 사회의 모든 분야에서 남녀평등(男女平等)이 실현될 사회에서는 다음과 같은 부모와 자녀관계가 요청될 것이다.

① 아버지와 어머니의 역할은 과거의 전통적인 역할을 벗어나 실제로 하는 일에 큰 차이가 없이 자녀와 협조자(協助者)·반려자(伴侶者)로서의 모습을 보일 것이다.

② 자녀는 부모의 예속물이거나 도구가 아니라 그 자신(自身)이 소중한 인격적(人格的) 존재라는 것을 인정해 주어야 한다.

③ 사회가 산업화되고 또한 서구화의 문물이 물밀 듯이 들어온다고 해도 자녀는 부모에게 효도(孝道)를 하도록 가르쳐야 한다.

④ 부모는 서로 사랑하고 협력하는 진지(眞摯)한 모습을 자녀들에게 보여 주어야 한다.

⑤ 부모는 미래사회에 살아갈 자녀들에게 미래에 대한 기대를 보여주고 창조적인 사고(思考)와 능력(能力)을 길러 주는데 주력해야 한다.

법치(法治)보다 덕치(德治)를 강조한 선비

움 **조선시대(朝鮮時代)[22]**를 배경을 한 드라마를 보면 멋진 갓을 쓰고 하얀색 도포(道袍)를 두른 양반들 많이 나온다. 그리고 한옥(韓屋)에서 글을 읽고 백성들을 포용하던 지배계층, 선비! 조선(朝鮮)이라는 국가는 세계 역사상 보기 힘든 500년 이상 지속된 장수국가이다. 50년이라는 세월만 살아도 여러 가지 상황, 이것저것 보게 되는데, 500년이라는 세월을 보내니, 조선 초기, 중기, 후기, 말기 문화는 모두 달랐을 거라 생각된다. 이렇게 오랜 장수국가를 유지할 수 있었던 비결은 내면에 **성리학(性理學)[23]** 이라는 기준이 뿌리 깊게 자리 잡고 있었기 때문이다. 선비는 이런 자세로 살았다.

행 우리 민족은 명분(名分)과 의리(義理)를 중요시 하고, 포옹(抱擁) 정치를 지향(志向)하고, 법치(法治)보다 덕치(德治)를 더욱 강조하는 민족이

---

22) **조선시대**: 이성계(李成桂)가 고려(高麗)를 멸망시키고 건국한 나라이며 1392년부터 1910년까지 한반도(韓半島)를 통치하였다. 1392년 즉위한 태조(太祖) 이성계에서 1910년 마지막 임금인 순종(純宗)에 이르기까지 27명의 왕이 승계하면서 518년간 지속되었다. 14세기 후반에 이르러 고려왕조는 권문세족(權門勢族)이 발호하는 가운데, 정치체제가 약화되고 왕권이 쇠퇴하였으며, 밖으로는 이민족(異民族)의 침입이 계속되는 등, 혼란을 거듭하였다. 이러한 때에 이성계(李成桂)는 여진족(女眞族)·홍건적(紅巾賊)·왜구 등을 물리쳐 명성을 높이며 중앙정계에 진출, 조준(趙浚)·정도전(鄭道傳) 등의 신진사대부와 손을 잡고, 위화도회군(威化島回軍)을 단행하여 구세력인 최영(崔瑩) 일파를 숙청하고, 또 전제개혁(田制改革)을 단행하여 경제적(經濟的) 기반을 마련하였다. 마침내 1392년 7월 16일 개성의 수창궁(壽昌宮)에서 선양(禪讓)의 형식으로 왕위에 올라 나라를 개창하니, 이를 역성혁명(易姓革命)이라고도 한다.

23) **성리학(性理學)**: 중국 송나라(남송) 때에 주희(주자)에 의해 재정리된 새로운 유학으로, 중국 송(宋)·명(明)나라 때 학자들에 의하여 성립된 학설이다. 도학(道學)·이학(理學)·성명학(性命學) 또는 이것을 대성시킨 이의 이름을 따서 정주학(程朱學)이라고도 한다. 유학(儒學)은 중국 사상의 주류를 이루는 것으로, 그것이 성립되던 상대(上代)에는 종교나 철학 등으로 분리되지 않은 단순한 도덕사상이었으며, 그 대표적 인물에 공자(孔子)와 맹자(孟子)가 있다. 공자는 춘추시대(春秋時代)의 어지러운 사회를 바로잡으려고 천하를 주유(周遊)하면서 인(仁)과 예(禮)를 설하였으나 뜻대로 되지 않아 고향에 돌아와 육경(六經:詩·書·禮·樂·易·春秋)을 제자에게 가르치며 도리(道理)를 후세에 전하였다.

었다. 안락(安樂)한 생활을 꿈꾸고 좋은 옷과 좋은 음식을 꿈꾸는 자는 선비가 될 수 없다. 선비는 자신의 거친 옷과 음식을 부끄러워하는 것이 아니라 백성들이 의식(衣食)의 혜택을 입지 못하는 것을 부끄러워하여야 하는 존재이기 때문이다. 그래서 그의 임무는 무겁고 갈 길은 멀었다.

○ (子曰, 士而懷居, 不足以爲士矣. 자왈 사이회거 부족이위사의)
- 공자가 말하였다. "선비로서 가정(안락한 생활)을 동경한다면 선비라고 할 수 없다. 〔출전: 논어〕

○ (子曰, 士志於道, 而恥惡衣惡食者, 未足與議也. 자왈 사지어도 이치 악의악식자 미족여의야)
- 공자가 말하였다. "도(道)에 뜻을 둔 선비가 허름한 옷과 거친 음식(飮食)을 부끄럽게 여긴다면 그와 논(論)할 수 있는 일은 아무 것도 없다. 〔출전: 논어〕

려 조선왕조(朝鮮王朝)가 생각한 선비 그리고 지도자(指導者) 모습은 어떤 모습이었을까. 학예일치, 즉 학문(學問)과 예술(藝術)을 일치시키는 인간형을 만들고자 노력했다. 학문, 역사, 예술을 합쳐놓은 모습이었다. 도(道)와 지식(知識)을 통해 내면의 인성을 바로잡고, 감성이 균형을 갖춘 정말 책(冊)에서나 나올법한 도통군자를 의미하는 거라 볼 수 있다.

④ 선비 정신! 조선시대(朝鮮時代) 때 왕(王)이 법보다 위에 있으니 최고 권력자(權力者)였다고 생각들을 하는데, 하지만 생각보다 신하들의 머리가 엄청 좋았고, 밑에 당파싸움, 줄타기, 물타기 등이 가히 엄청났기 때문에 권력을 완벽하게 휘두르기에는 부족함이 있었다. 왕도 인성을 키우기 위해서 **제왕학**24)이라는 시간이 있었다. 제왕학을 통해서 최고

의 통치자(統治者)로서의 자질을 기른 것이다. 이런 교육을 거절했던 왕은 반정(反正)의 대상이 되어, 많은 비판을 받게 되었는데, 이러한 흐름 가운데 드디어 18세기에 와서는 최고의 이상적(理想的) 군주(君主)들이 출현하기 시작한다.

⑤ 선비 그들은 지식인(知識人)이면서 지배계층이기도 했다. 선비라면 딱 떠오르는 느낌은 목에 칼이 들어와도 전혀 흔들리지 않는 매화(梅花)와 같은 강인한 기개를 갖추고 있으며 바른 일, 정도(正道)의 길을 위해서는 죽음과 사약(賜藥)도 피하지 않았던 불굴의 정신력을 갖춘 존재이다. 항상 밝은, 깨어있는 정신과 바른 마음가짐으로 유명한 그들은 오늘날 복잡하고 답답한 현대사회에 재조명이 요구되고 있다. 현재 선비 정신을 갖춘 지도층(指導層)이 몇 명이나 있을까. 너무나도 복잡해진 세상, 다양한 의견을 수렴하지 않으면, 변화를 주지 않으면 힘들어지는 상황(狀況), 그래서 선비 정신이 더욱 강조되고 있다.

---

24) **제왕학(帝王學)**: 왕가(王家)나 전통 있는 가족·가계 등의 특별한 지위의 후계자(後繼者)에 대한, 어린 시절부터 상속자(相續者)를 상속할 때까지 하는 특별교육(特別敎育)을 말한다. 학과 이름은 붙어 있지만 명확한 정의가 있는 학문이 아니며 일반인의 교육에 해당하지 않는다.

4.2.4 집을 지으며 삶을 변화(變化)시킨 인격

움 우리나라 고등학생 10명 중 4명 이상이 '10억 원이 생긴다면 잘못을 하고 1년 정도 감옥에 가도 괜찮다'고 생각한다는 조사 결과가 나와 충격을 안겨주고 있다. 이 외에도 '정직지수'를 산출한 결과 학년(學年)이 높을수록 윤리의식도 낮아진다는 분석 결과가 나왔다. 급변하는 현대사회 속에서 자칫 이기적(利己的)인 심성(心性)으로 살아가기 쉬운 청소년(靑少年)들에게, 우리 고유의 인성교육을 통해 경쟁의 논리보다는 화합(和合)의 정신, 참된 인성함양 및 공동체 의식을 통한 올바른 가치관(價値觀)을 형성할 수 있는 인성교육이 필요한 시점이다.

행 대학생 봉사활동(奉仕活動), 첫 번째 나눔 교육을 소개(紹介)하고자 한다.

- 크리스틴 크로포드(Kristyn Crawford) 학생(學生)의 이야기 -

* 도덕적(道德的) 인격 형성은 **해비타트(Habitat) 운동(運動)**[25]과 함께! (인디애나 대학교. 작성자 해비타트)

가. 전반적(全般的)으로 가정(家庭)에서의 정직(正直) 지수가 학교(學校)

---

25) **해비타트(Habitat) 운동(運動)**: 사랑의 집짓기 운동이다. 지난 1976년 미국의 밀러드 풀러를 주축으로 하여 시작된 운동으로 자원봉사(自願奉仕) 자들이 무주택 서민을 위해 사랑의 집을 지어주는 운동이다. 해비타트 활동(活動)은 주택의 설계에서부터 기업들의 건축자재 지원과 공사장의 막일까지 모두 자원봉사에 의해 이루어지고 있다. 이렇게 지어진 집들은 집 없는 가정(家庭)에 최저 건축비를 무이자 장기분할 상환 형식으로 판매된다. 현재 국제 해비타트는 76개 나라에서 진행되고 있으며, 이미 전세계적으로 10만 채가 넘는 주택을 공급해 왔다. 한국 해비타트는 1980년도 후반에 시작되었다.

나 친구 등 다른 공간에 비해 상대적으로 낮다는 사실이 놀랍다. 전문가 의견에 따르면 학년(學年)이 올라갈수록 학부모가 성적(成績) 위주로 교육하다보니, 가정에서 올바른 도덕적(道德的) 인격 형성이 이뤄지지 않고 있다고 한다. 물질만능(物質萬能) 주의와 배금주의(拜金主義)를 방지하고 도덕적(道德的)인 인격 형성에는 더불어 사는 방법을 배우는 나눔 교육이 필요하다. 특히 기부자(寄附者)와 수혜자가 아닌, 서로를 '파트너'로 인식하고 상생(相生)을 배울 수 있는 해비타트 운동에 참여한다면 자연스럽게 인성교육이 된다고 한다.

나. 지난 3년간 해비타트(Habitat)와 함께 국제적으로 진행되는 번개 건축(建築)에 참여할 수 있는 행운(幸運)을 가졌다. 해비타트와의 경험은 대학에서 다양한 봉사 기관에 참여할 수 있도록 영감을 가지게 해준 엄청난 경험이었다.

다. 이전의 해비타트(Habitat) 운동에 참여하면서 집안에서 틈 사이를 막는 일이나 블라인드를 설치하는 집짓기의 마무리를 맡았다. 올 해에도 준비가 확실히 되어있었기 때문에 누가 지붕에서 일하고 싶은지를 물었을 때, 어떤 일인지도 알기 전에 손을 번쩍 들었다. 그 다음으로 알게 된 것은, 지상 10피트 위에서 아래를 내려다보는 것이었다. 그리고 순간 다시 내려갈까 생각했다. 하지만 저 밑에서 자원봉사(自願奉仕)자들과 함께 열심히 일하고 있던 홈파트너인 캘의 가족을 보았을 때, 높이에 대한 두려움을 떨칠 수 있었다. 진정으로 지붕 작업을 즐겼고 동료 봉사자(奉仕者)들과 지붕에서 함께 아름다운 오후의 봉사활동(奉仕活動)에 대한 추억(追憶)을 가졌다. 해비타트 봉사활동(奉仕活動)은 새로운 기술과, 살면서 도전적(挑戰的)인 것에 직면하는 법을 배울 수 있게 해준다. 앞으로도 계속해서 집을 지으면서 배울 수 있는 이런 훌륭한 점들을 위해 해비타트(Habitat) 봉사(奉仕)에 참여할 것이다.

려 대학생 봉사활동(奉仕活動), 두 번째 나눔 교육을 소개(紹介)하고자
한다.

- 캘시 호이 (Kelsey Hoey) 학생(學生)의 이야기 -

* 도덕적(道德的) 인격(人格) 형성은 해비타트(Habitat) 운동과 함께! (인디애나 대학
  교. 작성자 해비타트)

가. 지난 3년간 진행되었던 학교의 해비타트(Habitat) 번개 건축(建築)에
   참여했다. 첫 번째 희망의 집짓기에 참여할 때는 건축 경험이 하나도
   없었다. 하지만 직원들과 봉사자(奉仕者)들은 그들이 무엇을 해야 하는
   지를 알고 있었고, 그것들이 홈파트너에게 매우 도움이 된다는 것을
   알고 있었다. 이제 바닥을 까는 것과 창문틀과 벽(壁)을 만드는 것, 틈
   사이를 막는 것, 페인트칠 같은 것들에 대하여 가진 재능(才能)에 추가
   할 수 있게 되었다. 이번 번개건축에 10월의 첫 째, 둘 째, 그리고 마
   지막 날에 건축 봉사(奉仕)를 했고, 직원들과 다른 봉사자(奉仕者)들을
   알게 되면서 이 분들이 얼마나 열정적인지 말할 수 있게 되었다. 그들
   은 심지어 벽 틀을 건축(建築)하는 교육시간과 그에 대한 감독도 맡을
   수 있도록 하였다.

나. 해비타트 건축 봉사활동(奉仕活動)에 참여하고 10일 뒤에 홈파트너
   애슐리와 도일을 위한 헌정식에 갔다. 헌정식에서 애슐리는 그녀가 항
   상 집에서 사는 것에 대해 꿈꿔왔다고 말하며, 그들의 세 살 된 딸아
   이 해일리가 뛰어 놀 마당이 생긴 것에 매우 기뻐했다. '모든 사람에게
   안락(安樂)한 집이 있는 세상(世上)'이라는 비전을 이루기 위해 일하는
   해비타트(Habitat)를 돕는 것만큼 가치(價値) 있고 즐거운 일이 있이
   또 있을까. 나눔 교육에는 이를 실천하는 것만큼 좋은 방법이 없는 것
   같다. 여러분도 자녀들과 함께 해비타트(Habitat) 운동에 자원봉사(自

願奉仕) 또는 후원으로 함께해 보시는 건 어떨까요.

제4.3절 직장인·성인을 위한 인성교육 실제(實題)

4.3.1 배려(配慮)하고 존중(尊重)하는 직장

움 누구나 자신의 직장을 선택할 때나 직장을 다니면서 한 두 번은 겪는 일이다. 직장을 선택할 때 근무여건과 연봉(年俸), 비전 등을 꼽는다. 내 인생을 바치고 싶고, 자손들에게 당당(堂堂)하게 자신이 다닌 직장을 말해줄 수 있는 직장이야 말로 좋은 직장이라 손꼽게 된다.

행 기업(企業)이 단순히 매출액이 많다고 해서 명문기업이라고 하지 않는다. 부유하다고 좋은 집안이라고 하지 않는 것과 같다. 일하기 좋고 분위기 좋은 직장은 경영자와 직원간의 원활한 대화와 소통(疏通)이 이루어지고 상호존중(相互尊重)과 배려(配慮)가 있다. 논어는 이런 상호존중(相互尊重)과 배려(配慮)를 인(仁)이라는 덕목으로 제시하고 있다.

○ (己所不欲 勿施於人 기소불욕 물시어인)
- 자기가 원하지 않는 바를 남에게 베풀지 말라는 뜻으로 내가 하고자 하지 않는 바를 남에게 억지로 시키지 말아야 한다. 〔출전: 논어〕

'내가 하고자 하지 않는 바를 남에게 베풀지 말라'라는 뜻으로, 자기 스스로 하고 싶지 않은 일을 다른 사람에게도 시키지 말라는 것이다. 공자(孔子:BC 552~BC 479)의 가르침을 전하는 《논어(論語), 위령공편(衛靈公篇)》에 나오는 다음 구절에서 유래(由來)하였다. 중국 춘추시대

위(衛)나라의 유학자 **자공(子貢: BC 520~BC 456)**[26]이 공자(孔子)에게 "제가 평생 동안 실천할 수 있는 한 마디의 말이 있습니까" 하고 묻자, 공자(孔子)는

○ (其恕乎 기서호)
- 그것은 바로 용서(容恕)의 서(恕)이다.

○ (己所不欲 勿施於人 기소불욕 물시어인)
- 자신이 원하지 않으면 다른 사람에게도 하지 말아야 한다.

라고 말하였다. 자신(自身)이 하기 싫은 일은 다른 사람도 마땅히 하기 싫어하기 때문에 내가 바라지 않는 일을 남에게 강요해서는 안 된다는 말이다. 내가 상대편에게 굽실거리고 싶지 않으면 상대편도 나에게 굽실거리는 것을 바라지 말아야 하듯이, 서로의 입장을 이해(理解)하며 용서(容恕)하는 마음으로 다른 사람의 인격을 존중(尊重)해야 한다는 가르침이다. 내가 하고 싶지 않은 것은 남 역시 하기 싫을 것이니 내가 하고 싶지 않을 일을 남에게 강요하지 말라는 이 말은 어진 마음을 가진 사람의 따뜻한 배려(配慮)가 느껴지는 말이다.

려 우리 사회가 어려울수록 어려움과 고통(苦痛)을 직장 상사(上司)가 솔선수범(率先垂範)해서 짊어지기보다는 부하(部下) 직원이나 상대방에게 전가(轉嫁)하려 한다. 구조조정을 하게 되면 자신은 제쳐 놓고 다른 직원이 먼저 나가야 하고 월급(月給)을 깎는 다면 자신의 월급은 깎지 말고 다른 직원들의 월급은 깎기를 바란다. 배려(配慮)도 없고 자신의 이

---

26) **자공(子貢)**: 단목사(端沐賜)는 위(衛) 사람이고 자를 자공(子貢)이라 했다. 공자보다 31년 어렸다. 자공은 말을 너무 잘 해서 공자가 늘 그 언변(言辯)에 대해 억제하곤 했다. 공자가 "너와 회 누가 더 나으냐?"라고 물었더니 "제가 어찌 감히 회를 넘보겠습니까? 회는 하나를 들으면 열을 알지만, 저는 하나를 들으면 둘 밖에는 모릅니다."라고 대답했다.

익만을 챙기려는 직원들의 이기주의(利己主義)가 어려운 시기(時期)에는 더욱 심(甚)하게 나타난다.

④ 논어에는 인(仁)에 대한 언급(言及)이 100여 차례 이상 등장(登場)한다. 공자(孔子)는 리더가 가져야 할 덕목(德目)으로 인(仁)을 말한다. 공자(孔子)의 제자 중에 덕행(德行)으로 이름이 높았던 **중궁(仲弓)**27)이란 제자가 리더가 가져야 할 인(仁)에 대하여 질문을 했을 때 공자(孔子)는 이렇게 대답한다.

○ (出門如見大賓 출문여견대빈)
- '문 밖에 나가면 만나는 모든 사람들을 큰 손님 만나듯이 하라!'

○ (使民如承大祭 사민여승대제)
- '아랫사람을 부릴 때는 마치 큰 제사(祭祀) 받들 듯이 신중(愼重)히 하라!'

○ (己所不欲 勿施於人 기소불욕물시어인)
- '내가 하고 싶지 않은 일을 남에게 시키지 마라!'

○ (在邦無怨 在家無怨 재방무원 재가무원)

---

27) **중궁(仲弓)**: 그는 덕행(德行)이 높고, 노나라의 실권자 계씨 가문의 일을 다 맡아서 처리할 정도로 관리력도 뛰어났다. 그러나 그는 말재주가 없어 사람들에게 약점으로 비춰졌다. 그러나 공자(孔子)는 공야장편에서 "말재주는 있어서 무엇에 쓰겠느냐." 하며 중궁(仲弓)의 약점을 덮어주었다. 그리고 안연편에서 중궁(仲弓)이 공자에게 "스승님 仁이란 무엇인지요?"라고 묻자, 공자(孔子)는 이렇게 대답했다. "사회에 나가 사람과 사귈 때는 귀빈을 만난 듯이 존경하고, 백성을 공과 사로 부릴 때는 제사(祭祀)를 받들 듯이 경건하고 성실한 마음으로 신중하게 대해야 한다. 仁이란 남을 위한 것이다. 고로 내가 하고 싶지 않은 것을 남에게 시켜서는 안 된다. 이렇게만 한다면 제후를 섬기는 위정자(爲政者)라도 남의 나라에 원한을 사는 일이 없고 가정에서 원망(怨望)을 듣지도 않는다."

- '그러면 나라에서든 집안에서든 어느 누구도 그 지도자(指導者)를 원망하지 못할 것이다.'

5 논어의 가장 일관된 사상(思想)은 따뜻한 인간관계(人間關係)이다. 인간관계의 핵심윤리가 바로 인(仁)이며, 인(仁)의 완성은 한 조직(組織)의 구성원으로서, 한 집안의 가장(家長)으로서, 좋은 친구로서 남에게 인정받는 것이다. 인간관계(人間關係)의 가장 위대한 실천은 상대방에 대한 배려(配慮)이다. 인(仁)은 결국 배려(配慮)이다. 상대방 입장에서 생각하고 고민(苦悶)하는 것은 배려(配慮)가 있는 사람만이 가능한 일이다.

○ (易地思之 역지사지)
- 처지(處地)를 서로 바꾸어 생각함이란 뜻으로, 상대방의 처지(處地)에서 생각해 본다.

○ (推己及人 추기급인)
- 자기 마음을 미루어 보아 남에게도 그렇게 대하거나 행동한다는 뜻으로, '제 배 부르면 남의 배고픈 줄 모른다.'는 속담(俗談)과 그 뜻이 일맥상통(一脈相通)한다.

○ (絜矩之道 혈구지도)
- '곱자를 가지고 재는 방법'이라는 뜻으로, 자기(自己)의 처지(處地)를 미루어 남의 처지(處地)를 헤아리는 것을 비유한다. 〔출전: 대학〕

○ (我田引水 아전인수)
- 자기 논에만 물을 끌어넣는다는 뜻으로, 자기의 이익(利益)을 먼저 생

각하고 행동하거나, 또는 억지로 자기에게 이롭도록 꾀함을 이르는 말이다.

6 회사가 고객의 입장에서 헤아릴 때 더욱 행복(幸福)한 관계를 유지할 수 있다. 세상을 움직이는 힘은 배려(配慮)이다. 내가 상대방을 알아줄 때 상대방도 나를 알아줄 것이다. 나에게 인(仁)을 베풀지 않는 사람에게 내 마음을 줄 사람은 없을 것이다.

7 직장 상사(上司)는 먼저 부하(部下) 직원들에게 솔선수범(率先垂範)하여 배려(配慮)하여야 하고, 직원들은 서로서로 존중하고 그 뜻을 마음에 담아 실천하여야 한다. 이렇게 되는 직장은 소통(疏通)이 원활한 분위기 속에서 창의적으로 화합(和合)된 발전을 이루게 되고, 매출액 또한 높아지며, 모든 직원들은 만족감(滿足感) 속에 맡은바 직무를 즐겁게 하게 될 것이다. "상사(上司)가 먼저 베풀면, 반드시 직원들도 감동을 받게 될 것이다." 배려(配慮)하고 존중(尊重)하는 직장 문화가 정착될 때 기업(企業) 또한 소통(疏通)이 원활하고 번창하는 하나의 좋은 지침이 될 것이다.

4.3.2 남에게 너그럽고, 자신(自身)에게 엄격한 조직

움 아무리 어리석고 부족한 사람이라도 남의 잘못을 찾는 눈은 정확하다. 자신의 잘못이나 결점에 대해서는 늘 관대(寬大)하고 남의 잘못은 정확하게 집어내게 된다. 바둑이나 장기를 두는 사람보다 옆에서 지켜보는 방관자(傍觀者)의 수(數)가 더욱 정확하다는 것을 보면 인간은 자신을 보는 눈보다 남을 보는 눈이 더욱 발달되어 있음이 분명하다.

행 성인군자(聖人君子)도 사람인지라 약점이 없을 수 없고, 또 살아가다보면 잘못을 저지르는 경우도 있다. 그들도 애써 스스로의 약점을 보완하고 잘못을 반성(反省)하며 이를 고쳐 나간다. 속인(俗人)들은 늘 자기에게는 관대(寬大)하고 남에게는 각박(刻薄)하여 스스로의 약점을 보완하고 잘못을 고쳐 나갈 기회(機會)를 찾지 못한다. 정치인들의 언행을 보면 여당(與黨) 야당(野黨)이 서로 비방(誹謗)하고 헐뜯느라 여념이 없다. 나라의 앞날이 근심될 뿐이다.

려 **명심보감(明心寶鑑)**[28]에 나오는 명언(名言)에 의하면, 배운 사람일수록 남에게 관대(寬大)하고 자신에게 엄격해야 한다. "책인지심(責人之

---

28) **명심보감(明心寶鑑):** 이 책은 하늘의 밝은 섭리를 설명하고, 자신을 반성하여 인간 본연의 양심을 보존함으로써 숭고한 인격을 닦을 수 있다는 것을 제시해 주고 있다. 고려 충렬왕 때의 문신 추적(秋適)이 금언(金言), 명구(名句)를 모아 놓은 책으로, 어린이들의 학습을 위하여 중국 고전에 나온 선현들의 금언(金言)·명구(名句)를 편집하여 만든 책. 이다. 1권 1책. 필사본. 원래 19편으로 되어 있다. 후에 어떤 학자가 증보(增補), 팔반가(八反歌), 효행(孝行), 염의(廉義), 권학(勸學) 등 5편을 더하였다. 각 편은 공자를 비롯한 성현들의 금언을 제시하면서 시작된다. 제1편은 계선편(繼善篇)이다. '착한 일을 한 사람에게는 하늘이 복을 주고, 악한 일을 한 사람에게는 하늘이 재앙을 내린다'는 공자의 말로부터 시작된다. 이어 천명(天命), 순명(順命), 효행, 정기(正己), 안분(安分), 존심(存心), 계성(戒性), 근학(勤學), 훈자(訓子), 성심(省心), 입교(立敎), 치정(治政), 치가(治家), 안의(安義), 준례(遵禮), 언어(言語), 교우(交友), 부행편(婦行篇)이 있다.

心)으로 책기(責己)하고, 서기지심(恕己之心)으로 서인(恕人)하라." 자신에게는 너그럽고 남에게는 가혹한 세태를 경계(警戒)한 공자(孔子)의 말이다. 사람에게는 단점과 실수(失手)가 있게 마련인데 이때의 대응이 책(責)보다는 서(恕)가 훨씬 효과적(效果的)이고 능률적이라는 점은 많은 연구들이 입증(立證)했으며 용서(容恕)와 칭찬(稱讚)이 맥락(脈絡)을 같이한다는 점은 쉽게 공감이 될 것이다.

○ (以責人之心 責己 이책인지심책기)
- 남을 꾸짖는 그 명확(明確)한 마음으로 자신을 꾸짖어라

○ (以恕己之心 恕人 이서기지심서인)
- 자기를 용서(容恕)하는 관대(寬大)한 마음으로 남을 용서(容恕)하라

○ (不患部到 聖賢地位 불환부도성현지위)
- 성현(聖賢)의 자리에 이르지 못하는 것을 걱정하지 않아도 된다.

④ 사람들은 남의 잘못을 찾아내고 단죄(斷罪)하는 것에 너무나 엄격하다. 자신의 잘못을 용서(容恕)하는 마음은 관대(寬大)하다. 다음은 **소학(小學)**29)의 '가언(嘉言)'에 인용되어 학자들이 자주 사용하던 말씀으로, 중국 송나라의 **'범순인(范純仁)'**30)이 자신의 자제들을 훈계(訓戒)하며

---

29) **소학(小學)**; 8세 안팎의 아동들에게 유학을 가르치기 위하여 만든 수신서(修身書) 이다. 송나라 주자(朱子)가 엮은 것이라고 씌어 있으나 실은 그의 제자 유자징(劉子澄)이 주자의 지시에 따라 편찬한 것이다. 1187년(남송 순희 14)에 완성되었으며, 내편(內篇) 4권, 외편(外篇) 2권의 전 6권으로 되어 있다.

30) **범순인(范純仁, 1027년 ~ 1101년)**: 북송 소주(蘇州) 오현(吳縣, 강소성 蘇州市) 사람이다. 송나라 명재상 범중엄(范仲淹)의 아들로, 자는 요부(堯夫)이며, 벼슬은 관문전 태학사(觀文殿太學士)에 이르렀다. 인종(仁宗) 황우(皇祐) 원년(1049) 진사가 되었다. 아버지가 돌아가신 뒤 출사(出仕)하여 양성지현(襄城知縣)이 되었다. 이후 시어사(侍御史)와 동지간원(同知諫院)을 지냈다. 왕안석(王安石) 변법(變法)의 부당성에 대해 격렬하게 비판하다가 하중부지주(河中府知州)로 쫓겨났다. 학문은 충신을 체(體)로 삼고 육경(六經)을 공(功)으로 삼았고, 충서

남긴 말이다. 이 말도 남의 잘못을 용서(容恕)하는데 너그럽고 나의 잘 못을 따질 때는 엄격(嚴格)하라는 것이다.

○ (人雖至愚 責人則明 인수지우 책인즉명)
- 사람이 지극히 어리석어도 남을 책망(責望)하는 데는 밝고,

○ (雖有聰明 恕己則昏 수유총명 서기즉혼)
- 비록 총명(聰明)함이 있어도 자기를 책망(責望)하는 데는 어둡다.

⑤ 요즘 우리나라는 경제적으로는 잘 살지만 도덕적으로는 그에 미치지 못함은 모두 느끼는 일이다. 따라서 물질문화에 걸 맞는 정신문화의 수립을 위해서는 칭찬운동, 인성교육, 효(孝)의 실천, 민주시민의식 선 양, 국가발전 및 국민행복으로 진행되는 것이 최상의 길이라고 생각된 다. 칭찬운동을 통해 인성을 기르고, 인성교육을 통해 효(孝)를 실천하 며, 효(孝)를 통해 나락에 떨어진 도덕기반을 다시 세우는 정신운동이 필요한 때이다. 우리가 잘 살게 된 요인의 근간이라 할 수 있는 1970 년대 **새마을운동**31)과 더불어 새로운 정신운동과 함께 행복하고 풍요로

(忠恕)를 중시했다. 시호는 충선(忠宣)이다. 저서에 『범충선문집(范忠宣文集)』이 있다.
31) **새마을운동**: 1970년부터 시작된 범국민적 지역사회 개발운동이다. 새마을운동은 1970년대 의 한국사회를 특징짓는 중요한 사건이다. 1970년 4월 22일 한해대책을 숙의하기 위하여 소집된 지방장관회의에서 대통령 박정희(朴正熙)는 수재민 복구대책과 아울러 넓은 의미의 농촌재건운동에 착수하기 위하여 근면(勤勉)·자조(自助)·자립(自立) 정신을 바탕으로 한 마을 가꾸기 사업을 제창하고 이것을 새마을 가꾸기 운동(運動)이라 부르기 시작한 데서 시작되었 다. 1971년 전국 3만 3,267개 행정리동(行政里洞)에 시멘트 335포대씩 균일 적으로 무상(無 償) 지원하여 각 마을마다 하고 싶은 사업을 자율적으로 하도록 하였다. 이 결과는 두 가지 형태로 나타났는데, 첫째는 정부(政府)가 무상공급한 시멘트로 부락민들이 자체 노력과 자체 자금을 투입하여 마을이 필요로 하는 숙원사업을 해낸 경우이고, 둘째는 시멘트의 무상(無 償) 공급을 받았지만 뚜렷한 사업을 하지 못한 경우이다. 정부(政府)는 반응이 있는 1만 6600개 부락에 대하여 또다시 시멘트 500포대와 철근 1t씩을 무상 공급하면서 자발적인 협 동 노력을 장려하였다. 이와 같은 경쟁적·선별적 방식으로 점화된 새마을 사업은 정부의 절 대적인 지원으로 전국적으로 확대되면서 이것이 단순한 농촌개발 사업이 아니라 공장·도시· 직장 등 한국사회 전체의 근대화 운동으로 확대·발전하였다. 이 과정에서 새마을운동은 그 정신적 기조로서 근면·자조·협동을 설정하게 되고 그 추진 방법으로서는 우수한 지도자의 헌

운 한국(韓國)을 기대해 본다.

⑥ 시민들 사이에서 손바닥으로 태양(太陽)을 가린다는 말이 나돌고 정치인들을 바라보는 시선은 그다지 곱지 않은 현실로 정치인들이 만든 사회적 산물인 셈이다. 남을 꾸짖는 마음으로 자신을 꾸짖고, 자신을 용서(容恕)하는 마음으로 남을 용서(容恕)하면서 대화와 타협(妥協)을 이끌어 내는 순수하고 숭고한 정열과 초심이 필요한 때이다. 자신의 문제를 희석시키거나 덮기 위해 남의 문제점을 찾아내거나 부각시켜 시선과 관심(關心)을 돌리고, 경쟁자를 견제하려고 언론을 이용하는 술책(術策)으로 시민과 유권자(有權者)들의 판단을 흐리게 해서는 안 될 것이다.

⑦ 내가 하면 괜찮고 남이 하면 안 된다는 생각을 버리고 나에게 관대(寬大)한 마음으로 남을 용서(容恕)하고, 남을 꾸짖는 명확한 마음으로 자신을 돌아보는 자세가 필요한 때이다. 직장에서 다른 직원들에게는 너그럽고 나 자신에게는 엄격한 사람이 필요한 점이다. "책인지심(責人之心)의 엄격함과 서기지심(恕己之心)의 관대(寬大)함"이 자연스레 일상화 될 때 더욱 아름답고 발전적인 조직이 될 것이다.

신적 봉사(奉仕)를 기조로 하고 동시에 정부에 의한 적극적(積極的)인 지원이라는 방식을 택하게 된 것이다. 그리하여 새마을 운동은 대통령의 절대적인 후원과 우수한 남녀 새마을 지도자(指導者), 그리고 정부(공무원과 정부지원)라는 3자의 연합(聯合)이 핵을 이루면서 추진된 국민운동(國民運動)이었다.

4.3.3 인(仁)은 사람을 사랑하는 마음이다.

(1) 子曰 巧言令色이 鮮矣仁이니라. 〔출전: 논어〕
　　(자왈 교언영색 선의인)

- 공자(孔子)께서 말씀하시기를 "말을 교묘(巧妙)하게 잘하고 얼굴빛을 잘 꾸미는 사람은 어진이가 드물다."라고 하셨다.

○ 인(仁)은 어진마음이요 사람을 사랑하는 마음이다. 말을 지나치게 잘 해서 진실성(眞實性)이 없는 사람이나 얼굴빛을 잘 꾸미며 진심(眞心)을 알기 어려운 사람들은 어진 사람이 드물다는 뜻이다. 그렇기 때문에 말은 항상 조심(操心)하고 신중(愼重)하게 해야 하며, 아첨(阿諂)하거나 교만(驕慢)한 얼굴을 하지 않아야 한다. 모든 사람을 대할 때 진심(眞心)을 가지고 충실하게 대한다면 어진 마음은 저절로 생길 것이다.

(2) 子曰 不患人之不己知요 患不知人也니라. 〔출전: 논어〕
　　(자왈 불환인지불기지 환부지인야)

- 공자(孔子)께서 말씀 하시기를 "남이 나를 알아주지 않음을 걱정하지 말고, 내가 남을 알지 못함을 근심해야 한다."라고 하셨다.

○ 논어(論語) 첫 머리에 "남이 알아주지 않아도 화를 내지 않는다면 군자(君子)가 아니겠는가?"라는 말이 있다.

* (子曰 學而時習之면 不亦說乎아! 자왈 학이시습지 불역열호)

(有朋이 自遠方來면 不亦樂乎아! 유붕 자원방래 불역낙호)

(人不知而不慍이면 不亦君子乎아 인부지이불온 불역군자호)〔논어(論語) 학이편(學而篇)〕

- 공자(孔子)께서 말씀하시기를 "배우고 때로 그것을 익히면 또한 기쁘지 않겠는가?

친구가 먼 곳에서부터 온다면 또한 즐겁지 않겠는가?

남이 알아주지 않아도 화를 내지 않는다면 또한 군자(君子)가 아니겠는가?"라고 하셨다.

사람은 일반적으로 다른 사람에게 인정받기를 좋아하다. 그렇기 때문에 다른 사람이 자신을 알아주지 않으면 서운한 감정이 생기게 된다. 다른 사람이 나를 알아주기를 바라는 사람이 있다면 입장(立場)을 바꾸어 생각해 볼 필요가 있다. 내가 다른 사람을 알아주지 못하는 것은 아닌가 하고 생각할 수 있어야 한다.

(3) 子曰 溫故而知新이면 可以爲師矣니라. 〔출전: 논어〕
   (자왈 온고이지신 가이위사의)

- 공자(孔子)께서 말씀 하시기를 "옛 것을 익히고 새 것을 안다면 스승이 될 수 있을 것이다."라고 하셨다.

○ 온고지신(溫故知新)이란 말은 많은 사람들이 알고 있는 유명한 고사성어(故事成語)다. 온고(溫故)는 옛 것을 잘 알고 익힌다는 뜻이고, 지신(知新)은 새로운 지식(知識)과 문물(文物)을 잘 아는 것이다. 온고(溫故)를 바탕으로 삼고 지신(知新)을 하는 사람은 남의 스승이 될 수 있다. 그런데 나이가 많은 어른들은 옛 것을 잘 알지만 새 것을 잘 알지 못한다. 그와 반대로 젊은 사람들은 새로운 것에 대해서는 잘 알지만

옛 것을 잘 모른다. 그렇기 때문에 두 가지를 적절하게 알 수 있도록 노력해야 한다. 과거 없이 현재가 존재할 수 없듯이 온고(溫故) 없는 지신(知新)은 있을 수 없다.

(4) 子曰 惟仁者아 能好人하며 能惡人이니라.〔출전: 논어〕
　(자왈 유인자 능호인 능오인)

- 공자께서 말씀하시기를 "오직 어진 사람이라야 사람을 좋아할 수 있고 사람을 미워할 수 있다."라고 하셨다.

○ 누구나 좋아하는 사람과 미워하는 사람이 있다. 하지만 남을 좋아하고 미워할 수 있는 인품(人品)을 가진 사람만이 가능(可能)한 일이다. 어진 사람이 바로 그런 사람이다. 좋아하는 것도 어려운 일이지만 사람을 싫어한다는 것은 쉬운 일이 아니다. 넓은 아량(雅量)과 관대(寬大)함으로 사람을 이해하고 용서(容恕)해야 한다.

(5) 子曰 德不孤라 必有隣이니라.〔출전: 논어〕
　(자왈 덕불고 필유린)

- 공자께서 말씀하시기를 "덕(德)이 있는 사람은 외롭지 않아서 반드시 이웃이 있는 것이다."라고 하셨다.

○ 인격이 훌륭한 사람은 많은 사람이 존경하고 따르게 될 것이다. 그렇기 때문에 항상 이웃이 많고 외롭지 않게 된다. 하지만 덕(德)이 없는 사람은 대부분 자신의 이익만을 추구하기 때문에 따르는 사람이 없다. 많은 사람과 함께 아름다운 삶을 살고 싶은 사람은 인격적으로 훌륭한 품성(品性)을 갖추도록 해야 한다.

(6) 子曰 苟志於仁矣면 無惡也니라. 〔출전: 논어〕
　　(자왈 구지어인의 무악야)

－ 공자(孔子)께서 말씀하시기를 "진실(眞實)로 인(仁)에 뜻을 두면 악(惡)함이 없다."라고 하셨다.

❍ 어진 마음을 생각하고 실천하려는 사람은 마음이 아름답기 때문에 악(惡)한 행실을 하거나 악(惡)한 마음도 없게 된다. 모든 사람에게 존경받고 환영받는 사람은 마음이 넓고 따뜻한 사람일 것이다. 그러나 청소년(靑少年)들은 어려서부터 다른 사람을 배려(配慮)하고 사랑하는 마음을 기르고 실천해야 한다.

(7) 子曰 仁遠乎哉아. 我欲仁이면 斯仁이 至矣니라. 〔출전: 논어〕
　　(자왈 인원호재 아욕인 사인 지의)

－ 공자(孔子)께서 말씀하시기를 "인(仁)이 멀리 있는가? 내가 인(仁)을 하고자 하면 이에 인(仁)이 이를 것이다."라고 하셨다.

❍ 사람은 누구나 성인(聖人)이 될 수 있다. 그런데 많은 사람들이 스스로 성인(聖人)이 될 수 없다고 생각한다. 학교에서 공부할 때도 마찬가지다. '할 수 있다.'는 생각을 가지고 공부(工夫)를 하는 사람과 '할 수 없다.'라고 생각하는 사람은 공부를 시작하는 자세부터 달라지게 된다. 무엇이든 할 수 있다는 자신감(自信感)에서 출발했을 때 목표를 이루게 된다. 난 착한 일을 할 수 있다고 생각해야 비로소 착한 사람이 된다. 마음에 착한 것을 가득 담고 다니는 사람이 되도록 노력을 하자.

(8) 子曰 知者는 不惑하고 仁者는 不憂하고 勇者는 不懼니라. 〔출전: 논어〕

(자왈 지자불혹 인자불우 용자불구)

- 공자께서 말씀하셨다. "지혜로운 사람은 미혹되지 않고, 어진 사람은 근심하지 않고, 용감한 사람은 두려워하지 않는다."

○ 지혜(智慧)와 어진마음과 용기(勇氣)는 세 가지 큰 덕(德)이라고 한다. 그래서 **삼달덕(三達德)**[32)]이라 칭한다. 지혜(智慧)로운 사람은 유혹에 흔들이지 않고, 어진 사람은 작은 일을 걱정하지 않고, 용기(勇氣) 있는 사람은 어떤 것도 두려워하지 않는다. 이 세 가지를 간직하고 실천하는 사람이 되어야 한다. 지혜(智慧)를 갖추기 위해서는 학문에 정진(精進)하고, 어진 마음을 갖기 위해서는 자신의 본성(本性)을 잘 실천하며, 용기(勇氣) 있는 사람이 되기 위해서는 평소 떳떳한 행실을 해야 한다.

(9) 仲弓이 問仁한데 子曰 出門如見大賓하며 使民如承大祭하고 己所不欲을 勿施於人이니 在邦無怨하며 在家無怨이니라. 仲弓이 曰 雍雖不敏이나 請事斯語矣리이다. 〔출전: 논어〕
(중궁문인, 자왈 출문여견대빈, 사민여승대제. 기소불욕, 물시어인. 재방무원, 재가무원. 중궁 왈 옹수불민, 청사사어의.)

- 중궁(仲弓)이 인(仁)에 대하여 묻자 공자(孔子)께서 말씀하시기를 "문(門)을 나서면 큰손님을 만난 것처럼 하고, 백성을 부릴 때에는 큰제사를 받드는 것처럼 하고, 자기가 원하지 않는 것을 남에게 베풀지 않으면 나라에 있어서도 원망하는 사람이 없을 것이고 집안에 있어서도 원망(怨望)하는 사람이 없을 것이다."하고 하셨다. 중궁(仲弓)이 말하기를

---

32) **三達德(삼달덕):** 어떠한 경우(境遇)에도 일반(一般)에 통(通)하는 세 가지의 덕(德). 곧 지(智), 인(仁), 용(勇)을 말한다.〔출전: 中庸(중용)〕

"제가 비록 민첩(敏捷)하지는 못하지만 이 말씀을 따르고자 합니다."하고 하셨다.

O 손님은 항상 겸손하고 정중(鄭重)하게 대접해야 한다. 제사(祭祀) 역시 몸과 마음을 삼가는 자세에서 그 의미가 유지된다. 이와 더불어 다른 사람이 원하지 않는 것을 시키지 않는다면 충분(充分)히 어진 사람이라고 할 수 있다. 자신은 청소(淸掃)하기 싫어하면서 남에게 시키거나, 무거운 것을 들기 싫어하면서 남에게 시키는 것은 옳지 못한 것이다. 내가 할 수 있는 일은 남에게 시키거나 미루지 말고 스스로 할 줄 알아야 한다. 그와 반대로 좋은 것이 있거나 맛있는 음식이 있을 때는 나보다 남을 먼 저 배려(配慮)하고 생각하는 자세가 되어야 한다. 이것이 어진 사람의 마음이다. 그렇게 되면 원망하는 사람이 없을 것이다.

(10) 樊遲問仁한데 子曰 愛人이니라. 問知한데 子曰 知人이니라. 〔출전: 논어〕
   (번지문인 자왈 애인 문지 자왈 지인)

- 번지(樊遲)가 어진 마음에 묻자, 공자(孔子)께서 말씀하시기를 "사람을 사랑하는 것이다."라고 하셨다. 지혜(智慧)에 대해 묻자 "사람을 아는 것이다."라고 하셨다.

O 공자(孔子)께서는 어진 마음을 한마디로 사람을 사랑하는 것이라고 말씀하셨다. 다른 사람을 사랑할 줄 아는 사람은 남을 배려(配慮)하고 관대(寬大)한 마음을 가진 사람이다. 그렇기 때문에 어진 사람이라고 할 수 있다. 지혜(智慧)는 사람을 아는 것이다. 사람을 알기 어렵고 때문에 지혜(智慧)로운 사람은 사람의 마음을 잘 헤아린다. "열 길 물속은 알아도 한 길 사람 속은 모른다."는 말처럼 사람을 안다는 것은 어려운 일이다. 하지만 자신이 진심(眞心)을 가지고 대한다면 사람을 아

는 것도 어려운 일이 아닐 것이다.

---

* 열 길 물속은 알아도 한 길 사람 속은 모른다더니. 사람 마음은 도무지 알 수가 없단 말이야.

'열 길' 또는 '한 길'에서 '길'은 물건(物件)의 높이나 길이, 깊이 등을 어림잡는 데 쓰였던 단위(單位)이다. '한 길'이라고 하면 보통 사람의 키 정도 되는 길이다. '열 길 물속'이라고 하면 물의 깊이가 사람 키의 열 배만큼 깊다는 뜻이다. 그러나 물은 아무리 깊어도 그 깊이를 알 수 있다. 줄에다가 돌멩이를 묶어서 던져 보거나 특수한 기계(機械)를 이용해 조사(調査)해 볼 수 있다. 하지만 무슨 수를 써도 사람의 마음은 좀처럼 알기 힘이 든다.

이 속담(俗談)은 아무리 깊은 물이라도 그 깊이를 헤아릴 수 있지만, 사람의 마음은 알아내기가 힘들다는 뜻이다. 사람의 마음속으로는 들어갈 수가 없기 때문에 무슨 생각을 하고 있는지 헤아리기가 힘이 든다. 게다가 하루에도 열두 번 바뀌는 게 사람의 마음이다. 시험 문제나 수수께끼의 정답(正答)을 맞히는 것보다 다른 사람의 생각을 맞히는 게 더 어려운 법(法)이다.

---

(11) 子曰 志士仁人은 無求生以害仁이요 有殺身以成仁이니라.〔출전: 논어〕

　　(자왈 지사인인, 무구생이해인, 유살신이성인)

- 공자께서 말씀하시기를 "뜻 있는 선비와 어진 사람은 살기 위해서 인(仁)을 해치지 않고, 자신을 죽여서 인(仁)을 완성하는 경우가 있다."라고 하셨다.

○ 자신의 죽음을 바쳐서라도 인(仁)의 도리(道理)를 완성하는 '살신성인(殺身成仁)'[33]에 대한 고사(故事)다. 우리 역사에서 지사(志士)와 열사

---

33) 殺身成仁(살신성인): 자신(自身)의 몸을 죽여 인(仁)을 이룬다는 뜻으로, 자기(自己)의 몸을 희생(犧牲)하여 옳은 도리(道理)를 행(行)함.〔출전: 논어(論語)의 위령공편(衛靈公篇)〕
　- 공자(孔子)가 말씀하시기를 '뜻있는 선비와 어진 사람은 삶을 구하여 인을 해치는 일이 없고 몸을 죽여서 인을 이룬다.'라고 했다. 지사(志士)란 도의(道義)에 뜻을 둔 사람을 일컫고 인인(仁人)이란 어진 덕을 갖춘 사람을 말한다. 그러므로 지사(志士)

(烈士), 어진 사람을 매우 많았다. 그런 사람들은 자신의 목숨을 아끼지 않고 국가와 사회를 위해 목숨을 바쳤다. 위대한 목표를 위해서는 작은 것에 연연하지 않고 심지어 가장 소중한 자신의 목숨까지도 바쳤던 지사(志士)와 어진 사람의 정신을 본받아야 한다.

(12) 子曰 當仁하여 不讓於師니라. 〔출전: 논어〕
(자왈 당인, 불양어사)

- 공자(孔子)께서 말씀하셨다. "인(仁)을 행할 일에 당면(當面)하면 스승에게도 양보(讓步)하지 않고 힘껏 행(行)한다."

○ 스승은 부모 다음으로 공경(恭敬)해야 할 대상이다. 그런 스승 앞에서도 어진 마음을 실천해야 할 순간이 왔다면 양보(讓步)하지 않고 내가 먼저 해야 한다. 또한 스승이 잘못이 있을 때도 역시 간언(諫言)하여 잘못을 바로잡도록 해야 한다. 이것이 진정(眞正)한 어진 마음이다. 인(仁)의 실천에 있어서는 제자(弟子)가 스승을 능가(凌駕)하는 것도 괜찮다.

(13) 子夏曰 博學而篤志하며 切問而近思하면 仁在其中矣니라. 〔출전: 논어〕
(자하왈 박학이독지, 절문이근사, 인재기중의)

- 자하(子夏)가 말했다. "널리 배우고 뜻을 돈독(敦篤)하게 하며, 간절(懇切)하게 묻고 가까운 것부터 생각한다면 인(仁)은 바로 그 가운데 있을 것이다."

와 인인(仁人)은 삶이 소중하다고 하여 그것 때문에 지(志)나 인(仁)을 잃는 일은 절대로 없다. 오히려 때로는 자기의 목숨을 버리면서까지 인(仁)을 달성하려 한다. 유사 성어로는 捨生取義(사생취의), 殺身立節(살신입절)이 있다.

○ 우리는 간혹 '박학(博學)한 사람'이라는 표현을 사용한다. 박학(博學)
이란 학문의 범위가 넓은 것을 말한다. 하지만 많은 지식을 습득(習得)
하는 것이 중요한 것이 아니라 아는 것을 실천하는 모습이 더욱 중요
한 것이다. 자신의 의지(意志)를 굳게 지키고 배운 것을 실천하여야 한
다. 또한 모르는 것이 있을 때는 항상 묻고 배워서 알아야 한다. 모르
는 것을 그냥 지나치면 발전 할 수 없다. 어진 마음을 갖는 것은 어렵
고 힘든 것을 실천하는 것이 아니라 가깝고 쉬운 것부터 실천할 줄 알
아야 한다. 그 속에 바로 어진 마음이 있다.

4.3.4 모든 재앙은 입에서 비롯된다.

움 조선(朝鮮) 후기의 학자(學者) **성대중(成大中)**[34]이 『靑山雜記(청산잡기)』에서 말했다.

화생어구(禍生於口), 재앙(災殃)은 입에서 생기고,

우생어안(憂生於眼), 근심은 눈에서 생기고,

병생어심(病生於心), 병(病)은 마음에서 생기고,

구생어면(垢生於面), 허물은 체면(體面)에서 생긴다.

행 또 말했다.

내부족자(內不足者), 내면(內面)이 부족(不足)한 사람은

기사번(其辭煩), 그 말이 번다하고

심무주자(心無主者), 마음에 주견(主見)이 없는 사람은

기사황(其辭荒), 그 말이 거칠다.

---

34) **成大中(성대중)**: 靑山雜記(청산잡기), 字: 士執(사집), 號: 靑城(청성) 醇齋(순재) 東湖(동호), 朝鮮後期文臣(조선후기문신)이다.

려 다시 말했다.

겸공자굴절(謙恭者屈節), 겸손하고 공손한 사람이 자신을 굽히는 것이

어기하손(於己何損), 자신에게 무슨 손해(損害)가 되겠는가?

이인개열지(而人皆悅之), 사람이 모두 기뻐하니

이막대언(利莫大焉), 이보다 더 큰 이익이 없다.

교오자포기(驕傲者暴氣) 교만(驕慢)한 사람이 포악(暴惡)하게 구는 것이

어기하익(於己何益), 자기에게 무슨 보탬이 되겠는가?

이인개질지(而人皆嫉之), 사람들이 미워하니,

해숙심언(害孰甚焉), 이보다 큰 손해(損害)가 없다

④ 또 말했다.

傲於人而責人恭(오어인이책인공), 남에게 뻣뻣이 굴면서 남에게 공손
   하라.

薄於人而責人厚(박어인이책인후), 남에게 야박(野薄)하게 하면서 남보고
   는 두터이 하라고 한다.

天下無此理也(천하무차리야), 천하에 이런 이치(理致)는 없다.

强之禍必至矣(강지화필지의), 이를 강요하면 반드시 화(禍)가 이른다.

⑤ 다시 말했다.

벌아지부비타(伐我之斧非他), 나를 찍는 도끼는 다른 것이 아니다.

즉아벌인지부야(卽我伐人之斧也), 바로 내가 다른 사람을 찍었던 도끼다.

제아지정비타(制我之梃非他), 나를 치는 몽둥이는 다른 것이 아니다.

즉아제인지정야(卽我制人之梃他), 바로 내가 남을 때리던 몽둥이다.

방기가저인야(方其加諸人也), 바야흐로 남에게 해(害)를 입힐 때

계비불교(計非不巧), 책(策)은 교묘(巧妙)하기 짝이 없고,

기비불밀야(機非不密也), 기미는 비밀(秘密)스럽지 않음이 없다.

호홀지간(毫忽之間), 하지만 잠깐 사이에

반위피리(反爲彼利), 도리어 저편이 유리하게 되어,

이아약자박이취야(而我若自縛以就也), 내가 마치 스스로 포박(捕縛)하고
  나아가는 형국(形局)이 되면,

지용병무소시야(智勇並無所施也), 지혜(智慧)도 용기(勇氣)도 아무짝에 쓸
  데가 없다.

6 또 말했다.

귀이교(貴而驕), 귀(貴)해졌다고 교만(驕慢)을 떨고,

자이사(壯而肆), 힘 좋다고 제멋대로 굴며,

노이쇠(老而衰), 늙었다고 힘이 쪽 빠지고,

궁이췌(窮而悴), 궁(窮)하다고 초췌(憔悴)해지는 것은

개불학지인야(皆不學之人也), 모두 못 배운 사람이다.

7 어찌해야 할까? 그가 말한다.

淸而不刻(청이불각), 청렴(淸廉)하되 각박(刻薄)하지 않고

和而不蕩(화이불탕), 화합하되 휩쓸리지 않는다.

嚴而不殘(엄이불잔), 엄격(嚴格)하되 잔인(殘忍)하지 않고

寬而不弛(관이불이), 너그럽되 느슨하지 않는다.

8 또 말한다.

명대후일(名待後日), 이름은 뒷날을 기다리고,

이부타인(利付他人), 이익은 남에게 미룬다.

재세여려(在世如旅), 세상을 살아감은 나그네처럼,

재관여빈(在官如賓), 벼슬에 있는 것은 손님같이.

    우리는 靑山雜記(청산잡기)에서 성대중(成大中)의 처세어록(處世語錄)을 보았다. 삶의 자세를 말한다. 원인을 알면 고칠 수 있다. 사람이 답을 몰라서가 아니라 언제나 행(行)함을 잊어서 탈이 된다. 모든 재앙(災殃)은 입에서 비롯되고 있음을 알아야 한다.

제5장 부록(附錄)

제5.1절 인성교육진흥법, 동법 시행령, 동법 시행규칙

5.1.1 인성교육진흥법(人性教育振興法)

* 인성교육진흥법 [법률 제14396호 일부개정 2016. 12. 20.]
[법률 제13004호 제정 2015.1.20.]

제1조(목적)

이 법은 「대한민국헌법」에 따른 인간으로서의 존엄과 가치를 보장하고 「교육기본법」에 따른 교육이념을 바탕으로 건전하고 올바른 인성(人性)을 갖춘 국민을 육성하여 국가사회의 발전에 이바지함을 목적으로 한다.

제2조(정의)

이 법에서 사용하는 용어의 뜻은 다음과 같다.

1. "인성교육"이란 자신의 내면을 바르고 건전하게 가꾸고 타인·공동체·자연과 더불어 살아가는 데 필요한 인간다운 성품과 역량을 기르는 것을 목적으로 하는 교육을 말한다.
2. "핵심 가치·덕목"이란 인성교육의 목표가 되는 것으로 예(禮), 효(孝), 정직, 책임, 존중, 배려, 소통, 협동 등의 마음가짐이나 사람됨과 관련되는 핵심적인 가치 또는 덕목을 말한다.
3. "핵심 역량"이란 핵심 가치·덕목을 적극적이고 능동적으로 실천 또는 실행하는 데 필요한 지식과 공감·소통하는 의사소통능력이나 갈등해결능력 등이 통합된 능력을 말한다.
4. "학교"란 「유아교육법」 제2조제2호에 따른 유치원 및 「초·중등교육법」 제2조에 따른 학교를 말한다.

제3조(다른 법률과의 관계)

인성교육에 관하여 다른 법률에 특별한 규정이 있는 경우를 제외하고는 이 법에서 정하는 바에 따른다.

제4조(국가 등의 책무)

① 국가와 지방자치단체는 인성을 갖춘 국민을 육성하기 위하여 인성교육에 관한 장기적이고 체계적인 정책을 수립하여 시행하여야 한다.

② 국가와 지방자치단체는 학생의 발달 단계 및 단위 학교의 상황과 여건에 적합한 인성교육 진흥에 필요한 시책을 마련하여야 한다.

③ 국가와 지방자치단체는 학교를 중심으로 인성교육 활동을 전개하고, 인성 친화적인 교육환경을 조성할 수 있도록 가정과 지역사회의 유기적인 연계망 을 구축하도록 노력하여야 한다.

④ 국가와 지방자치단체는 학교 인성교육의 진흥을 위하여 범국민적 참여의 필요성을 홍보하도록 노력하여야 한다.

⑤ 국민은 국가 및 지방자치단체가 추진하는 인성교육에 관한 정책에 적극적 으로 협력하여야 한다.

제5조(인성교육의 기본방향)

① 인성교육은 가정 및 학교와 사회에서 모두 장려되어야 한다.

② 인성교육은 인간의 전인적 발달을 고려하면서 장기적 차원에서 계획되고 실시되어야 한다.

③ 인성교육은 학교와 가정, 지역사회의 참여와 연대 하에 다양한 사회적 기반 을 활용하여 전국적으로 실시되어야 한다.

제6조(인성교육종합계획의 수립 등)

① 교육부장관은 인성교육의 효율적인 추진을 위하여 대통령령으로 정하는 관 계 중앙행정기관의 장과의 협의와 제9조에 따른 인성교육진흥위원회의 심의 를 거쳐 인성교육종합계획(이하 "종합계획"이라 한다)을 5년마다 수립하여야 한다.

② 종합계획에는 다음 각 호의 사항이 포함되어야 한다.

1. 인성교육의 추진 목표 및 계획
2. 인성교육의 홍보
3. 인성교육을 위한 재원조달 및 관리방안
4. 인성교육 핵심 가치·덕목 및 핵심 역량 선정에 관한 사항

5. 그밖에 인성교육에 관하여 필요한 사항으로 대통령령으로 정하는 사항

③ 교육부장관은 종합계획의 중요사항을 변경하는 경우 제1항에 따른 관계 중앙행정기관의 장과의 협의와 제9조에 따른 인성교육진흥위원회의 심의를 거쳐야 한다. 다만, 법령의 개정이나 관계 중앙행정기관의 관련 사업계획 변경 등 경미한 사항을 변경하는 경우에는 그러하지 아니하다.

④ 교육부장관은 제1항 또는 제3항에 따라 종합계획을 수립하거나 변경하였을 때에는 지체 없이 이를 관계 중앙행정기관의 장에게 통보하여야 한다.

⑤ 특별시·광역시·특별자치시·도 및 특별자치도 교육감(이하 "교육감"이라 한다)은 종합계획에 따라 해당 지방자치단체의 연도별 인성교육시행계획(이하 "시행계획"이라 한다)을 수립·시행하여야 한다.

⑥ 교육감은 제5항에 따라 시행계획을 수립하거나 변경하였을 때에는 이를 지체 없이 교육부장관에게 통보하여야 한다.

⑦ 종합계획 및 시행계획의 수립·시행 등에 필요한 사항은 대통령령으로 정한다.

제7조(계획수립 등의 협조)

① 교육부장관과 교육감은 종합계획 또는 시행계획의 수립·시행 및 평가를 위하여 필요한 경우 관계 중앙행정기관의 장, 지방자치단체의 장 및 교육감 등에게 협조를 요청할 수 있다.

② 제1항에 따른 협조를 요청받은 자는 특별한 사유가 없으면 이에 따라야 한다.

제8조(공청회의 개최)

① 교육부장관과 교육감은 종합계획 및 시행계획을 수립하려는 때에는 공청회를 열어 국민 및 관계 전문가 등으로부터 의견을 청취하여야 하며, 공청회에서 제시된 의견이 타당하다고 인정되는 때에는 이를 종합계획 및 시행계획 수립에 반영하여야 한다.

② 제1항에 따른 공청회 개최에 필요한 사항은 대통령령으로 정한다.

제9조(인성교육진흥위원회)

① 인성교육에 관한 다음 각 호의 사항을 심의하기 위하여 교육부장관 소속으로 인성교육진흥위원회(이하 "위원회"라 한다)를 둔다.

1. 인성교육정책의 목표와 추진방향에 관한 사항
2. 종합계획 수립에 관한 사항

3. 인성교육 추진실적 점검 및 평가에 관한 사항
4. 인성교육 지원의 협력 및 조정에 관한 사항
5. 그밖에 인성교육 지원을 위하여 대통령령으로 정하는 사항
② 위원회는 위원장을 포함한 20명 이내의 위원으로 구성한다.
③ 위원회의 위원장은 위원 중에서 호선하되, 공무원이 아닌 사람으로 한다.
④ 위원회의 위원은 다음 각 호의 어느 하나에 해당하는 사람 중에서 대통령령으로 정하는 바에 따라 교육부장관이 임명 또는 위촉한다. 이 경우 위원은 공무원이 아닌 사람이 과반수가 되도록 한다.
1. 교육부차관, 문화체육관광부차관(문화체육관광부장관이 지명하는 차관), 보건복지부차관 및 여성가족부차관
2. 국회의장이 추천하는 사람 3명
3. 인성교육에 관한 학식과 경험이 풍부한 사람 중에서 대통령령으로 정하는 사람
⑤ 위원회가 심의한 사항을 집행하기 위하여 인성교육 진흥과 관련된 조직·인력·업무 등에 필요한 사항은 교육부령으로 정한다.
⑥ 그밖에 위원회의 구성·운영에 필요한 사항은 대통령령으로 정한다.

제10조(학교의 인성교육 기준과 운영)
① 교육부장관은 대통령령으로 정하는 바에 따라 학교에 대한 인성교육 목표와 성취 기준을 정한다.
② 학교의 장은 제1항에 따른 인성교육의 목표 및 성취 기준과 교육대상의 연령 등을 고려하여 대통령령으로 정하는 바에 따라 매년 인성에 관한 교육계획을 수립하여 교육을 실시하여야 한다.
③ 학교의 장은 인성교육의 핵심 가치·덕목을 중심으로 학생의 인성 핵심 역량을 함양하는 학교 교육과정을 편성·운영하여야 한다.
④ 학교의 장은 인성교육 진흥을 위하여 학교·가정·지역사회와의 연계 방안을 강구하여야 한다.

제11조(인성교육 지원 등)
① 국가 및 지방자치단체는 가정, 학교 및 지역사회에서의 인성교육을 지원하기 위한 교육 프로그램(이하 "인성교육프로그램"이라 한다)을 개발하여 보급하여야 한다.
② 국가와 지방자치단체는 인성교육프로그램의 구성 및 운용 등을 전문단체 또는 전문가에게 위탁할 수 있다.

③ 교육감은 인성교육프로그램의 구성 및 운용 계획을 해당 학교 인터넷 홈페이지에 게시하는 등의 방법으로 학부모에게 알릴 수 있도록 하여야 한다.

④ 학부모는 국가, 지방자치단체 및 학교의 인성교육 진흥 시책에 협조하여야 하고, 인성교육을 위하여 필요한 사항을 해당 기관의 장에게 건의할 수 있다.

⑤ 그밖에 가정, 학교 및 지역사회에서의 인성교육 진흥 등에 필요한 사항은 대통령령으로 정한다.

제12조(인성교육프로그램의 인증)

① 교육부장관은 인성교육 진흥을 위하여 인성교육프로그램을 개발·보급하거나 인성교육과정을 개설(開設)·운영하려는 자(이하 "인성교육프로그램개발자등"이라 한다)에 대하여 인성교육프로그램과 인성교육과정의 인증(이하 "인증"이라 한다)을 할 수 있다.

② 인증을 받고자 하는 인성교육프로그램개발자등은 교육부장관에게 신청하여야 한다.

③ 교육부장관은 제2항에 따라 인증을 신청한 인성교육프로그램 또는 인성교육과정이 교육내용·교육시간·교육과목·교육시설 등 교육부령으로 정하는 인증기준에 적합한 경우에는 이를 인증할 수 있다.

④ 제3항에 따른 인증을 받은 자는 해당 인성교육프로그램 또는 인성교육과정에 대하여 교육부령으로 정하는 바에 따라 인증표시를 할 수 있다.

⑤ 제3항에 따른 인증을 받지 아니한 인성교육프로그램 또는 인성교육과정에 대하여 제4항의 인증표시를 하거나 이와 유사한 표시를 하여서는 아니 된다.

⑥ 제1항부터 제3항까지에 따른 인증의 절차 및 방법 등에 필요한 사항은 교육부령으로 정한다.

⑦ 교육부장관은 제1항부터 제3항까지에 따른 인증 업무를 교육부령으로 정하는 바에 따라 전문기관 또는 단체 등에 위탁할 수 있다.

제13조(인증의 유효기간)

① 제12조제3항에 따른 인증의 유효기간은 인증을 받은 날부터 3년으로 한다.

② 제1항에 따른 유효기간은 1회에 한하여 2년 이내에서 연장할 수 있다.

③ 제2항에 따른 인증의 연장신청, 그밖에 필요한 사항은 교육부령으로 정한다.

제14조(인증의 취소)

교육부장관은 제12조제3항에 따라 인증한 인성교육프로그램 또는 인성교육 과정이 다음 각 호의 어느 하나에 해당하는 경우에는 그 인증을 취소할 수 있다. 다만, 제1호에 해당하는 경우에는 취소하여야 한다.

1. 거짓, 그 밖의 부정한 방법으로 인증받은 경우
2. 제12조제3항에 따른 인증기준에 적합하지 아니하게 된 경우

제15조(인성교육 예산 지원)

국가 및 지방자치단체는 인성교육 지원, 인성교육프로그램 개발·보급 등 인성교육 진흥에 필요한 비용을 예산의 범위에서 지원하여야 한다.

제16조(인성교육의 추진성과 및 활동 평가)

① 교육부장관 및 교육감은 종합계획 및 시행계획에 따른 인성교육의 추진성과 및 활동에 관한 평가를 1년마다 실시하여야 한다.

② 교육부장관과 교육감은 제1항에 따른 평가 결과를 종합계획 및 시행계획에 반영할 수 있다. [개정 2016.12.20]

③ 그밖에 인성교육의 추진성과 및 활동 평가에 필요한 사항은 대통령령으로 정한다. [본조제목개정 2016.12.20]

제17조(교원의 연수 등)

① 교육감은 학교의 교원(이하 "교원"이라 한다)이 대통령령으로 정하는 바에 따라 일정시간 이상 인성교육 관련 연수를 이수하도록 하여야 한다.

②「고등교육법」제41조에 따른 교육대학·사범대학(교육과 및 교직과정을 포함한다) 등 이에 준하는 기관으로서 교육부령으로 정하는 교원 양성기관은 예비교원의 인성교육 지도 역량을 강화하기 위하여 관련 과목을 필수로 개설하여 운영하여야 한다.

제18조(학교의 인성교육 참여 장려)

학교의 장은 학생의 제11조제1항에 따른 지역사회 등의 인성교육 참여를 권장하고 지도·관리하기 위하여 노력하여야 한다.

제19조(언론의 인성교육 지원)

국가 및 지방자치단체는 범국민적 차원에서 인성교육의 중요성에 대한 인식을 공유하고 이들의 참여의지를 촉진시키기 위하여 필요한 경우 언론(「언론중재 및 피해구제 등에 관한 법률」제2조에 따른 방송, 신문, 잡지 등 정기

간행물, 뉴스통신 및 인터넷신문 등을 포함한다)을 이용하여 캠페인 활동을 전개하도록 노력하여야 한다.

제20조(전문인력의 양성)

① 국가 및 지방자치단체는 인성교육의 확대를 위하여 필요한 분야의 전문인력을 양성하여야 한다.

② 교육부장관 및 교육감은 제1항에 따른 전문인력을 양성하기 위하여 교육 관련 기관 또는 단체 등을 인성교육 전문인력 양성기관으로 지정하고, 해당 전문인력 양성기관에 대하여 필요한 경비의 전부 또는 일부를 지원할 수 있다.

③ 제2항에 따른 인성교육 전문인력 양성기관의 지정기준은 대통령령으로 정한다.

제21조(권한의 위임)

교육부장관은 이 법에 따른 권한의 일부를 대통령령으로 정하는 바에 따라 교육감에게 위임할 수 있다.

제22조(과태료)

① 다음 각 호의 어느 하나에 해당하는 자에게는 500만 원 이하의 과태료를 부과한다.

1. 거짓이나 그 밖의 부정한 방법으로 제12조에 따른 인증을 받은 자

2. 제12조제5항을 위반하여 인증표시를 한 자

② 제1항에 따른 과태료는 대통령령으로 정하는 바에 따라 교육부장관이 부과·징수한다.

부 칙[2015.1.20 제13004호]

이 법은 공포 후 6개월이 경과한 날부터 시행한다.

부 칙[2016.12.20 제14396호]

이 법은 공포한 날부터 시행한다.

5.1.2 인성교육진흥법 시행령(施行令)

* 인성교육진흥법 시행령 [대통령령 제26403호 신규제정 2015. 07. 20.]

제1조(목적)

이 영은 「인성교육진흥법」에서 위임된 사항과 그 시행에 필요한 사항을 규정함을 목적으로 한다.

제2조(인성교육종합계획의 수립 등)

① 「인성교육진흥법」(이하 "법"이라 한다) 제6조제1항에서 "대통령령으로 정하는 관계 중앙행정기관의 장"이란 다음 각 호의 사람을 말한다.
 1. 기획재정부장관
 2. 행정자치부장관
 3. 문화체육관광부장관
 4. 보건복지부장관
 5. 여성가족부장관
 6. 그밖에 교육부장관이 법 제6조제1항에 따른 인성교육의 효율적인 추진 및 인성교육종합계획(이하 "종합계획"이라 한다)의 수립을 위하여 협의가 필요하다고 인정하는 중앙행정기관의 장
② 법 제6조제2항제5호에서 "대통령령으로 정하는 사항"이란 다음 각 호의 사항을 말한다.
1. 인성교육을 위한 인프라 구축에 관한 사항
2. 학교 인성교육 실천에 필요한 사항
3. 가정 인성교육 실천에 필요한 사항
4. 범사회적 인성교육 실천 및 확산에 필요한 사항
③ 교육부장관은 종합계획을 계획 개시 연도의 전년도 9월 30일까지 수립하여야 한다.
④ 교육부장관은 종합계획을 수립하거나 변경한 경우에는 특별시·광역시·특별

자치시·도 및 특별자치도(이하 "시·도"라 한다)의 교육감(이하 "교육감"이라 한다)에게 통보하여야 한다.

제3조(인성교육시행계획의 수립 등)

① 교육감은 법 제6조제5항에 따른 해당 지방자치단체의 연도별 인성교육시행계획(이하 "시행계획"이라 한다)을 매 학년도 시작 3개월 전까지 수립하여야 한다.

② 교육감은 시행계획을 수립하거나 시행계획을 변경한 경우에는 소속 학교 및 기관에 통보하여야 한다.

③ 시행계획에는 다음 각 호의 사항이 포함되어야 한다.

1. 인성교육 진흥을 위한 학교 교육과정 편성·운영에 관한 사항

2. 지역 인성교육 우수 사례 발굴 및 확산에 관한 사항

3. 학교·가정 및 지역사회에서의 인성교육 실천 및 확산을 위하여 필요한 지원에 관한 사항

4. 지역의 인성교육을 위한 재원조달 및 관리방안

5. 그밖에 인성교육 진흥 및 지원에 관한 사항

제4조(공청회의 개최 등)

① 교육부장관 및 교육감은 법 제8조제1항에 따라 공청회를 개최하는 경우 공청회 개최 14일 전까지 다음 각 호의 사항을 관보, 공보, 교육부·교육청의 인터넷 홈페이지 또는 일간신문에 1회 이상 공고하여야 한다.

1. 공청회의 개최 목적

2. 공청회의 개최 일시 및 장소

3. 종합계획안 또는 시행계획안의 개요

4. 그밖에 공청회 개최에 필요한 사항

② 제1항에 따라 공고한 종합계획안 또는 시행계획안의 내용에 대하여 의견이 있는 사람은 공청회에 참석하여 직접 의견을 진술하거나, 교육부장관 또는 교육감에게 서면 또는 전자우편 등으로 의견을 제출할 수 있다.

제5조(인성교육진흥위원회의 심의사항)

법 제9조제1항제5호에서 "대통령령으로 정하는 사항"이란 다음 각 호의 사항을 말한다.

1. 법 제9조제5항에 따른 인성교육 진흥과 관련된 조직·인력·업무 등에 관하여 필요한 사항

2. 법 제10조에 따른 학교에 대한 인성교육 목표와 성취 기준에 관한 사항

3. 법 제12조에 따른 인성교육프로그램과 인성교육과정 인증 기준에 관한 사항

4. 학교·가정 및 지역사회 등의 인성교육을 지원하기 위하여 교육부장관이 인성교육진흥위원회(이하 "위원회"라 한다)에 심의를 요청하는 사항

제6조(위원회의 구성 및 운영 등)

① 법 제9조제4항제3호에서 "대통령령으로 정하는 사람"이란 다음 각 호의 어느 하나에 해당하는 사람을 말한다.

1. 다음 각 목의 어느 하나에 해당하는 경력이 15년 이상인 사람으로서 학교·교육행정기관 또는 「교육기본법」 제15조에 따른 교원단체의 추천을 받은 사람. 다만, 다음 각 목 중 둘 이상의 경력이 있는 사람의 경력은 합산한다.

가. 교육경력

나. 교육행정경력

다. 교육연구경력

2. 학부모를 대표하는 사람으로서 학부모단체 등이 추천한 사람

3. 인성교육 분야의 전문지식과 연구경험이 풍부한 사람으로서 관련 단체 및 학회의 추천을 받은 사람

4. 법조계·종교계·언론계·문화계 또는 「비영리민간단체 지원법」 제2조에 따른 비영리민간단체에 해당하는 시민단체의 추천을 받은 사람

② 위원회의 위촉된 위원의 임기는 2년으로 하며, 한 차례만 연임할 수 있다.

③ 위원회의 위원장(이하 "위원장"이라 한다)은 위원회를 대표하며, 위원회의 업무를 총괄한다.

④ 위원장이 부득이한 사유로 그 직무를 수행할 수 없을 때에는 위원장이 미리 지명한 위원이 그 직무를 대행한다.

제7조(위원회의 회의 등)

① 위원장은 회의를 소집하고, 그 의장이 된다.

② 위원장은 다음 각 호의 어느 하나의 경우에 위원회의 회의를 소집한다.

1. 법 제9조제1항 및 이 영 제5조에 따른 심의사항을 심의하기 위하여 필요한 경우

2. 교육부장관이 위원회 개최를 요구하는 경우

3. 재적위원 3분의 1 이상이 위원회 개최를 요구하는 경우

4. 그밖에 위원장이 위원회를 개최할 필요가 있다고 인정하는 경우

③ 위원장이 회의를 소집하려면 회의의 일시·장소 및 안건 등을 회의 개최 7일 전까지 서면으로 위원회의 위원(이하 "위원"이라 한다)에게 알려야 한다. 다만, 긴급한 심의사항이 있는 등 부득이한 사유가 있는 경우에는 회의 개최 1일 전까지 서면, 전화 또는 휴대전화 문자메시지 등의 방법으로 위원에게 알릴 수 있다.

④ 위원회의 회의는 재적위원 과반수의 출석으로 개의(開議)하고, 출석위원 과반수의 찬성으로 의결한다.

⑤ 위원장은 안건과 관련하여 필요하다고 인정하는 경우에는 전문가 및 관계 공무원 등을 회의에 참석하게 하여 의견을 들을 수 있다.

⑥ 위원회에 출석한 위원과 전문가 등에게는 예산의 범위에서 수당과 여비를 지급할 수 있다. 다만, 공무원인 위원이 그 소관 업무와 직접적으로 관련되어 위원회에 출석하는 경우에는 그러하지 아니하다.

제8조(위원의 제척 등)

① 위원이 다음 각 호의 어느 하나에 해당하는 경우에는 위원회의 심의·의결에서 제척(除斥)된다.

1. 위원이나 그 배우자 또는 배우자였던 사람이 해당 안건의 당사자(당사자가 법인·단체 등인 경우에는 그 임원을 포함한다. 이하 이 호 및 제2호에서 같다)이거나 그 안건의 당사자와 공동권리자 또는 공동의무자인 경우

2. 위원이 해당 안건의 당사자와 친족인 경우

3. 위원이 해당 안건에 관하여 증언, 진술, 자문, 연구, 용역 또는 감정을 한 경우

4. 위원이나 위원이 속한 법인·단체 등이 해당 안건 당사자의 대리인이거나 대리인이었던 경우

② 해당 안건의 당사자는 위원에게 공정한 심의·의결을 기대하기 어려운 사정이 있는 경우에는 위원회에 기피(忌避) 신청을 할 수 있고, 위원회는 의결로 해당 위원의 기피 여부를 결정한다. 이 경우 기피 신청의 대상인 위원은 그 의결에 참여하지 못한다.

③ 위원이 제1항 각 호에 따른 제척 사유에 해당하는 경우에는 스스로 해당 안건의 심의·의결에서 회피(回避)하여야 한다.

제9조(위원의 해촉)

교육부장관은 위원이 다음 각 호의 어느 하나에 해당하는 경우에는 해당 위원을 해촉할 수 있다.

1. 심신장애로 인하여 직무를 수행할 수 없게 된 경우
2. 직무태만, 품위손상이나 그 밖의 사유로 위원으로 적합하지 아니한 경우
3. 제8조제1항 각 호의 어느 하나에 해당함에도 불구하고 회피하지 아니한 경우

제10조(위원회 운영 세칙)

이 영에서 규정한 사항 외에 위원회의 운영에 필요한 사항은 위원회의 의결을 거쳐 위원장이 정한다.

제11조(학교의 인성교육 기준과 운영)

① 법 제10조제1항에 따른 학교에 대한 인성교육 목표와 성취 기준은 교육부장관이 위원회의 심의를 거쳐 학교 급별로 정한다.
② 법 제10조제2항에 따른 인성에 관한 교육계획은 학교의 장이 교원, 학생 및 학부모의 의견 수렴과 학교운영위원회의 심의를 거쳐 수립한다.

제12조(인성교육 지원 등)

① 국가와 지방자치단체는 법 제11조제1항에 따른 인성교육프로그램에 대한 주기적인 수요조사를 하여야 한다.
② 국가와 지방자치단체는 보유하는 시설이나 자료에 대하여 인성교육을 위한 이용 요청을 받은 경우 본래의 용도에 지장이 없는 범위에서 적극 협조하여야 한다.
③ 특별시장·광역시장·특별자치시장·도지사 및 특별자치도지사와 교육감은 가정, 학교 및 지역사회에서의 인성교육 진흥을 위하여 시·도인성교육진흥협의회를 구성·운영할 수 있다.
④ 제3항에 따른 시·도인성교육진흥협의회의 구성·운영에 필요한 사항은 해당 지방자치단체의 조례로 정한다.

제13조(인성교육의 평가 등)

① 법 제16조에 따른 인성교육 추진성과 및 활동에 관한 평가는 다음 각 호의 내용을 포함하여 시행하여야 한다.
1. 종합계획 또는 시행계획의 달성 정도
2. 인성교육 지원 사업 및 교육 프로그램에 대한 만족도
3. 그 밖에 인성교육을 평가하기 위하여 위원회의 심의를 거쳐 교육부장관이 정하는 사항

② 교육부장관 또는 교육감은 개인정보 보호를 위하여 불가피한 경우 등 특별한 사유가 있는 경우를 제외하고는 제1항에 따른 평가 결과를 교육부 또는 교육청의 인터넷 홈페이지 등을 통하여 공개하여야 한다.

제14조(교원의 연수 등)

① 법 제17조제1항에 따른 교원의 인성교육 관련 연수(이하 "교원연수"라 한다) 과정은 다음 각 호의 사람이 제2항에 따른 교원연수 계획을 반영하여 개설·운영한다.

1. 「교원 등의 연수에 관한 규정」제2조제2항에 따른 연수기관 중 교육감이 설치한 연수기관의 장
2. 연수 대상 교원이 재직하는 학교의 장

② 교육감은 다음 각 호의 내용을 포함하는 교원연수 계획을 수립하여야 한다.

1. 인성 및 인성교육의 개념
2. 인성교육의 목표와 내용
3. 교과 영역 및 교과 외 영역에서의 인성교육 지도방법
4. 국내외 인성교육 우수 사례
5. 인성교육 프로그램 개발 및 활용
6. 인성교육 관련 평가 방법 및 결과 활용
7. 인성교육 관련 학교 교육과정 편성·운영 방법 및 절차
8. 그밖에 인성교육 실천에 필요한 사항

③ 교원연수 이수기준은 연간 4시간 이상으로 한다.

④ 제1항부터 제3항까지에서 규정한 사항 외에 교원연수의 운영 및 연수비의 지급 등에 관하여는 「교원 등의 연수에 관한 규정」에 따른다.

제15조(인성교육 전문인력 양성기관의 지정 및 지정기준 등)

① 교육부장관 및 교육감이 법 제20조제2항에 따라 교육 관련 기관 또는 단체(이하 "교육관련기관등"이라 한다)를 인성교육 전문인력 양성기관(이하 "전문인력양성기관"이라 한다)으로 지정하는 경우 그 지정기준은 다음 각 호와 같다.

1. 교육관련기관 등이 다음 각 목의 어느 하나에 해당할 것
   가. 「고등교육법」제2조제1호에 따른 대학 중 교육관련 학과 또는 전공이 설치된 대학
   나. 「정부출연연구기관 등의 설립·운영 및 육성에 관한 법률」제8조제1항에 따른 연구기관

다. 인성교육을 포함한 교육 관련 사업을 목적으로 하는 법인으로서,「공익법인의 설립·운영에 관한 법률」제2조에 따른 공익법인 또는「민법」제32조에 따른 비영리법인에 해당하는 법인

2. 인성교육 전문인력의 양성과 관련한 다음 각 목의 요건을 갖출 것

가. 적절한 교육과정 및 교육내용

나. 구체적이고 실천 가능한 교육과정 운영계획

다. 교육과정 운영에 필요한 시설·설비 및 교수요원

② 교육부장관은 제1항제1호가목 또는 나목에 해당하는 교육관련기관등을, 교육감은 제1항제1호다목에 해당하는 교육관련기관등을 각각 전문인력양성기관으로 지정할 수 있다.

③ 전문인력양성기관으로 지정을 받으려는 교육관련기관등은 교육부령으로 정하는 지정신청서에 교육부령으로 정하는 서류를 첨부하여 제2항의 구분에 따른 지정권자에게 신청하여야 한다.

④ 교육부장관 및 교육감은 제3항에 따른 신청을 받은 경우 신청일부터 6개월 내에 전문인력양성기관 지정 여부를 결정하고 그 결과를 해당 교육관련기관 등에 통보하여야 한다.

⑤ 교육부장관 및 교육감은 전문인력양성기관을 지정한 경우 지정된 전문인력 양성기관에 교육부령으로 정하는 지정서를 발급하여야 하며, 그 지정의 유효기간은 지정일부터 3년으로 한다.

제16조(전문인력양성기관의 재지정 등)

① 교육부장관 및 교육감은 전문인력양성기관으로부터 신청을 받아 전문인력 양성기관의 재지정을 할 수 있다.

② 제1항에 따른 재지정을 받으려는 전문인력양성기관은 지정 유효 기간 만료일 1년 전부터 6개월 전까지의 기간에 재지정을 위한 신청을 하여야 한다.

③ 제1항에 따른 재지정의 기준, 절차 및 유효기간 등에 관하여는 제15조를 준용한다.

제17조(전문인력양성기관에 대한 보고 요구 등)

교육부장관 및 교육감은 법 제20조제2항에 따라 경비를 지원한 경우 해당 전문인력양성기관에 다음 각 호의 조치를 할 수 있다.

1. 업무 및 회계의 상황에 관한 보고 요구

2. 지원받은 경비의 사용에 관한 지도·권고

제18조(전문인력양성기관 지정 등의 공개)

　교육부장관 및 교육감은 전문인력양성기관을 제15조에 따라 지정하거나 제16조에 따라 재지정한 경우에는 다음 각 호의 사항을 교육부·교육청의 인터넷 홈페이지 등을 통하여 공개하여야 한다.

　1. 전문인력양성기관의 지정 현황(명칭·대표자 및 소재지 등)
　2. 지정일 및 지정 유효기간

제19조(과태료의 부과기준)

법 제22조제1항에 따른 과태료의 부과기준은 별표와 같다.

부 칙[2015.7.20 제26403호]

제1조(시행일) 이 영은 2015년 7월 21일부터 시행한다.

제2조(종합계획 및 시행계획 수립에 관한 특례) 제2조제3항 및 제3조제1항에도 불구하고 이 법 시행 이후 최초로 수립하는 종합계획은 2015년 11월 30일까지, 2016년도 시행계획은 2016년 1월 31일까지 각각 수립한다.

별표 과태료의 부과기준(제19조 관련)

5.1.3 인성교육진흥법 시행규칙(施行規則)

> * 인성교육진흥법 시행규칙 [교육부령 제81호 신규제정 2015. 12. 10.]

제1조(목적)

이 규칙은 「인성교육진흥법」및 같은 법 시행령에서 위임된 사항과 그 시행에 필요한 사항을 규정함을 목적으로 한다.

제2조(인성교육프로그램의 인증 절차 및 기준 등)

① 「인성교육진흥법」(이하 "법"이라 한다) 제12조제2항에 따라 인성교육프로그램 인증을 신청 하려는 자는 별지 제1호서식에 따른 인성교육프로그램 인증 신청서에 인성교육프로그램의 교육내용 및 구성 등에 관한 서류 전부를 첨부하여 교육부장관에게 제출하여야 한다.

② 교육부장관은 제1항에 따른 신청을 받은 경우 신청일부터 60일 내에 인증 여부를 결정하고 그 결과를 신청자에게 통보하여야 한다.

③ 법 제12조제3항에 따른 인성교육프로그램 인증기준은 별표 1과 같다.

④ 교육부장관은 인성교육프로그램 인증을 한 경우 별지 제2호서식에 따른 인증서를 발급하여야 한다.

⑤ 인성교육프로그램 인증을 받은 자는 별표 2에 따른 인증표시를 사용하여 인성교육프로그램의 표시·광고 또는 홍보 등을 할 수 있다. 이 경우 인증 분야와 유효기간을 함께 표시하여야 한다.

제3조(인증 업무의 위탁)

① 법 제12조제7항에 따라 교육부장관이 인성교육프로그램 인증 업무를 위탁할 수 있는 전문기관 또는 단체 등은 다음 각 호의 어느 하나에 해당하여야 한다.

1. 「정부출연연구기관 등의 설립·운영 및 육성에 관한 법률」 제8조제1항에 따른 연구기관

2. 교육 관련 조사 및 연구 사업을 수행하는 「공공기관의 운영에 관한 법률」 제4조에 따른 공공기관

3. 인성교육을 포함한 교육 관련 사업을 목적으로 하는 「민법」 제32조에 따른 비영리법인

② 교육부장관은 인증 업무를 위탁한 기관이나 법인에 대하여 위탁한 업무 수행에 필요한 예산을 지원할 수 있다.

제4조(인증 유효기간의 연장)

① 법 제13조제2항에 따라 인증 유효기간을 연장 받으려는 자는 유효기간 만료일 3개월 전부터 60일 전까지의 기간에 연장 신청을 하여야 한다. 이 경우제2조제1항에 따른 첨부서류 중 인증 신청 시와 변동이 없는 부분에 관한 서류는 제출하지 아니할 수 있다.

② 제1항 외에 인증 유효기간 연장의 절차 등에 관하여는제2조제1항부터 제4항까지의 규정을 준용한다.

제5조(인증 등의 공개)

교육부장관은 법 제12조 부터 제14조까지의 규정에 따라 인성교육프로그램의 인증, 인증 유효기간의 연장 또는 인증 취소를 하는 경우에는 다음 각 호의 사항을 교육부의 인터넷 홈페이지 등을 통하여 공개하여야 한다.

1. 인성교육프로그램의 인증 현황(인성교육프로그램의 인증 분야와 인성교육프로그램 보유 기관의 명칭·대표자 및 소재지 등)

2. 인증일 및 인증 유효기간

3. 취소 사유(취소의 경우만 해당한다)

제6조(교원의 연수 등)

법 제17조제2항에서 "교육부령으로 정하는 교원 양성기관"이란 다음 각 호의 기관을 말한다.

1. 「고등교육법」 제41조에 따른 교육대학·사범대학(교육과 및 교직과정을 포함한다)

2. 해당 기관에서 학위를 취득하거나 과정을 이수하는 경우 예비교원이 「교원자격검정령」 제18조제3호에 따른 무시험검정을 통하여 같은 영 제3조에 따른 교원자격증을 수여받을 수 있는 기관

제7조(인성교육 전문인력 양성기관의 지정 및 지정기준 등)

① 교육부장관 및 교육감은 인성교육 전문인력 양성기관(이하 "전문인력양성기관"이라 한다)을 지정하려는 경우 별표 3에 따른 전문인력양성기관 지정 세부기준을 고려하여 「인성교육진흥법 시행령」(이하 "영"이라 한다) 제15조제1항제2호의 지정기준 충족 여부를 판단하여야 한다.

② 영 제15조제3항에 따른 지정신청서는 별지 제3호서식과 같다.

③ 영 제15조제3항에서 "교육부령으로 정하는 서류"란 다음 각 호의 서류를 말한다.

 1. 교육과정 편성표 및 설명서

 2. 교육과정별 기간 및 정원표

 3. 교수요원 채용계약서 또는 채용계획서

 4. 강사명단 및 강의 승낙서

 5. 시설·설비 현황표 및 해당 시설·설비의 유지방법에 관한 내용 설명서

 6. 교육비를 포함한 경비 및 시설의 유지비용 등에 관한 명세서

 7. 그 밖에 교육부장관 또는 교육감이 지정과 관련하여 필요하다고 인정한 서류

④ 영 제15조제5항에 따른 지정서는 별지 제4호서식과 같다.

부 칙[2015.12.10 제81호]
이 규칙은 공포한 날부터 시행한다.

별표1 인성교육프로그램 인증기준(제2조제3항 관련)
별표2 인성교육프로그램 인증표시 기준(제2조제4항 관련)
별표3 전문인력양성기관 지정 세부기준(제7조제1항 관련)
서식1 인성교육프로그램 (인증, 인증연장) 신청서
서식2 인증서
서식3 인성교육 전문인력 양성기관 (지정, 재지정) 신청서
서식4 인성교육 전문인력 양성기관 지정서

제5.2절 『바른인성지도사』 교육과정 실기문제(實技問題)

5.2.1 제1회 『바른인성지도사』 교육과정 실기문제

1. '밥상머리교육'을 위한 『학습목표와 내용』을 기술하시오.

실기문제

○ 다음 내용을 읽어보고, 가정(家庭)에서 '밥상머리교육(敎育)'으로 인성교육(人性敎育)을 할 경우, 아이들에게 당부(當付)하고 싶은 『학습목표(學習目標)와 내용』에 대하여 기술(記述)하시오. 그리고 발표(發表)하시오. 【발표시간: 10분】

움 '밥상머리교육(敎育)'이란 가족이 모여 함께 식사(食事)하면서 대화(對話)를 통해 가족 사랑과 인성(人性)을 키우는 시간이다.

행 우리나라에서 가족식사 전통이 점점 사라지고 있는 사이, 미국과 일본 등에서는 밥상머리교육의 열풍(熱風)이 일고 있었다. 그 바탕에는 밥상머리교육이 인성함양은 물론 아이의 두뇌(頭腦) 발달과 학습 능력에도 영향(影響)을 미친다는 놀라운 연구결과들이 뒷받침되어 있다.

려 아이가 대화(對話)를 통해 어휘(語彙)를 습득하는 기회가 오로지 가족 식사 시간에만 있는 것은 아니지만, 유아시절의 일상생활(日常生活) 속 에서 가장 많은 대화가 오가는 시간이 가족식사 시간인 것만은 분명 (分明)하다. 3~5세에 가족의 밥상머리에서 길러진 교육효과는 초등학교 를 졸업하고 중학교에 진학할 때까지도 계속되는 것이다. 자녀를 유해 환경으로 부터 지키는 가장 확실한 방법이 가족식사인 셈이다. 책읽기 가 부모의 일방적인 어휘(語彙)에 노출(露出)되는 것에 비해, 가족식사 에서는 아이가 자발적으로 부모와 이야기 할 때가 더 많았다. 밥상머 리의 대화(對話)는 기본적으로 대화로 이뤄지기 때문에 관심(關心)을 잡아놓을 수 있는 것이다.

④ 완벽한 밥상머리교육은 없다. 그저 사는 형편(形便)에 맞춘 우리 모습 그대로면 된다. 분위기(雰圍氣)에 좌우되지 말고, 억지로 연출(演出)하 려고 하지 말고, 그냥 같이 식사하면 된다. 바쁘다는 것은 핑계는 되지 않는다. 함께 식사하기 어려운 가족은 아침이라도 꼭 함께 보내며 대 화(對話)하면 된다. 그러면 아이의 미래가 달라진다. 아빠와 더 많은 접촉을 하면 아이가 강하고 합리적(合理的)이고 든든해진다.

⑤ 저녁식사 시간이 되면 가족은 그날 있었던 이야기를 서로 주고받으며 때로는 요즘 사회문제(社會問題)를 같이 토론(討論)도 한다. 예전에는 식사할 때는 조용히 밥만 먹으라며 식사예절을 많이 강조하였다. 밥상 머리교육을 시작하면서 조용히 밥만 먹는 일은 가정에는 해당이 안 되 는 것 같다. 식사시간이 제일 활기찬 것 같다.

⑥ 매주 한번 가족이 모여 식사하는 날을 정한다. 가족식사는 작은 인성

(人性)을 키우는 수업시간(授業時間)이다. 평생 습관이 될 수 있는 식탁(食卓)에서의 예절(禮節)을 비록 한 번이지만 그동안 몰랐다며 배워가는 아이들의 모습에 기쁨과 보람을 느끼며 꼭 지켜야할 내용을 당부(當付)해 본다. 자연스럽게 기본적인 인성교육(人性敎育), 예절교육(禮節敎育), 사회성교육(社會性敎育) 등이 이우러지며, 그 속에서 가족(家族)의 정체성(正體性)을 형성하고 서로의 사랑을 만들고 확인하게 될 것이다.

해답(예시)

구분(區分)	내용(內容)
◆ 식사 시간을 통해 인성(人性)을 배운다.	1. 식사(食事)하기 전에 반드시 손을 씻는다. 2. 밥 먹을 때 식탁(食卓)에서 지정된 자리를 만든다. 3. 식탁 차릴 때 수저는 아이가 놓게 한다. 4. TV를 끄게 한다. 5. 바르게 앉아서 "잘 먹겠습니다."라고 인사(麟史)를 한다. 6. 음식(飮食)이 많으면 먹기 전에 덜어 놓는다. 7. 필요 없는 이야기를 하고 떠들거나 장난을 치지 않는다. 8. 식사(食事) 후 수저를 오른쪽에 가지런히 놓는다. 9. "잘 먹었습니다."라고 감사(感謝) 인사를 한다.
◆ 식사 후 소감(所感)을 얘기해 본다.	1. 싫어하는 음식(飮食)을 먹도록 노력해 본다. 2. 모든 반찬(飯饌)을 아이가 골고루 먹게 된다. 3. TV를 끄니 정말 대화(對話)도 많아지고, 어떻게 뭘

	잘 먹는지도 더 잘 알게 된다.
	4. 먼저 먹고 일어나지 않는다.
	5. 음식(飮食)을 남기지 않는다.
	6. 예절(禮節) 바른 식사 시간은 모두에게 즐거움을 주었다.

2. 부모님을 위한 『효도 잘하는 방법과 내용』을 기술하시오.

실기문제

○ 다음 내용을 읽어보고, 부모님을 위하여 '효도(孝道)'를 할 경우 어린 자식들에게 당부(當付)하고 싶은 『효도(孝道) 잘하는 방법(方法)과 내용』에 대하여 기술(記述)하시오. 그리고 발표(發表)하시오. 【발표시간: 10분】

움 효도(孝道)는 자식이 해야 할 마땅한 도리(道理)이다. 효도의 한자어 효(孝)를 보면 아들 자(子)자가 늙을 노(老)자를 업고 있다. 이 한자만 보더라도 "효도(孝道)는 자녀가 부모를 섬긴다."라는 것을 알 수 있다. 자식이 이 자리에 서게 된 이유는 저희를 낳아주시고 길러주시고 사랑해주시고 이 세상에서 누구보다 소중(所重)한 부모님께 말씀을 드리기 위해서이다. 세상의 모든 사람들은 좋든 싫든 지금 있든 없든 자신을 낳아주신 혹은 길러주신 부모님이 있을 것이다.

행 우리는 부모님의 은혜(恩惠)를 알지 못한다. 아껴주시고 걱정해주시고 보살펴 주시고 다른 누구보다도 잘나게 만들기 위해서, 행복(幸福)할 수 있도록 하시기 위해서 열심히 일하시고 생각한 부모님들이다. 물론 "부모님 말씀을 잘 듣겠다."는 말도 필요하지만, 지금까지 부모님이 자식에게 해주셨던 것처럼 혼자서도 행복(幸福)하게 살 수 있고 누구보다 멋진 사람이 되기 위해 "열심히 공부하고 일하겠다."라고 생각하는 것이다.

려 부모님이 살아 계시다면 효도(孝道)할 기회가 아직 남아 있으니 '행복한 사람'이라는 저희는 부모님이 살아계실 동안 자식의 사랑을 표현할 수 있는 방법을 생각해야 한다. 거창한 선물(膳物)이나 큰돈이 아니라 일상 속에서 실천할 수 있는 작지만 감동적(感動的)인 방법들이 있을 것이다.

4 매일 일찍 들어오라고 잔소리하는 아빠, 답답한 집에서 살기 싫다고 나가서 살고 싶다고 고래고래 소리를 지르던 자식들, 오늘 학교수업이 일찍 끝났다. 그러나 집으로 발길이 떨어지질 않는다. 언제부터 이렇게 되었던 것인가? 할 일이 없어 학교 주변(周邊)을 한 바퀴 돈다. 서점(書店)에 들어가 우연히 보게 된 책(冊). 우연히 손에 들었다가 두 손으로 들고 나온 책이다. 얼마나 불효(不孝)를 하며 살았는가? 아니 불효(不孝)라는 것을 느끼지도 못하면서 살았는가? 전철(電鐵)을 타고 오면서 뜨거운 눈물이 내 볼을 타고 끊임없이 흐른다. 책을 읽으면서 참 많은 생각을 한다. 저와 비슷한 경험을 한 사람들, 혹은 저와 비슷한 시절을 겪고 지금은 한 아이의 부모로 가장(家長) 또는 엄마가 된 사람들, 언젠가 시간이 지나 저도 지금 부모님께 불효(不孝)하며 때 늦은 반항(反抗)을 하는 이때를 후회(後悔)하는 것은 아닌가?

* 맹자(離婁章句下)에서 말한 다섯 가지 不孝

孟子曰(맹자왈) 世俗所謂不孝者五(세속소위무효자오)
맹자(孟子)께서 말씀하였다. 세속에서 이른바 불효(不孝)라는 것이 다섯 가지이다.

❶ 惰其四支(타기사지)하여 不顧父母之養(불고부모지양) 一不孝也(일불효야)이다.
- 그 사지(四肢)를 게을리 하여 부모(父母)의 봉양을 돌보지 않음이 첫 번째 불효(不孝)요.

❷ 博奕好飮酒(박혁호음주)하여 不顧父母之養(불고부모지양) 二不孝也(이불효야)이다.
- 장기 두고 바둑 두며 술 마시기를 좋아하여 부모(父母)의 봉양을 돌보지 않음이 두 번째 불효(不孝)요. 잡기를 즐기는 데는 시간과 돈을 쾌척 하면서도 늙고 병든 부모를 돌보지 않는 것은 큰 불효라는 뜻이다.

❸ 好貨財私妻子(호화재사처자)하며 不顧父母之養(불고부모지양) 三不孝也(삼불효야)이다.
- 재물을 좋아하고 처자를 지나치게 사랑하여 부모 봉양을 하지 않는 것이 셋째 불효요. 돈을 많이 벌어서 풍족하게 살면서도 제 부모를 모르는체하고 처 자식에게는 돈을 아끼지 않고 쓰면서도 부모에게는 인색하게 군다면 그 역시 큰불효라고 했다.

❹ 從耳目之欲(종이목지욕)하여 以爲父母戮(이위부모육) 四不孝也(사불효야)이다.
- 귀와 눈의 하고자 함을 따라 부모(父母)를 욕되게 함이 네 번째 불효(不孝)요. 눈으로 보고 싶은 욕망 귀로 듣고 싶어 하는 욕망에만 쫓아서 부모에게 수치와 욕됨이 돌아가게 한다면 그 역시 큰 불효라는 것이었다. 이는 부모가 가고 싶어 하고, 보고 싶어 하는 것은 전혀 생각 해 보지도 않고 제가 하고 싶은 것만 추구하는 것 역시 불효라는 뜻과 같은 것이다.

❺ 好勇鬪狠(호용투한)하여 以危父母(이위부모) 五不孝也(오불효야)이다.
- 용맹을 좋아하고 다투고 싸워서 부모를 위태롭게 하는 것은 다섯째 불효이니라 하였다. 즉 용맹한 것을 좋아하여 싸움을 잘 하고 부모를 위태롭게 한다면 이 역시 불효라는 뜻이다.

⑤ 부모님은 단 두 사람뿐입니다. 잘해주셨건 못해주셨건 자식에게 도움이 됐건 못됐건, 마음으로 진정(眞情)하게 생각하신 분들이다. 이해관계(利害關係)에서 힘들 땐 나 몰라라 하고 잘될 땐 붙고, 겉으로는 화(禍)내고 혼내시고 하셔도 속으로는, 마음속 깊이 자식을 걱정하고 잘

되길 바라고 못되려 하면 고쳐주시려 하는 그런 진정한 사랑을 주시는 분들이다. 당장에 자식에게 무엇을 해주지 않으셨다고 원망하고 서운해 하며 툴툴대다가 나중에 후회(後悔)하지 말고 모두 부모님을 사랑해야 한다.

6 이번 어버이날은 여태껏 겪어왔던 어버이날보다는 조금 더 특별했던 것 같다. 이유는 어버이날 전에 있었던 일 때문에 그런지, 어버이날에 대한 인식이 좀 더 강렬한 듯싶다. 효도(孝道)란 부모님의 은혜(恩惠)를 알고 자식으로서 부모님께 올바른 도리(道理)를 다하는 것을 말한다. 학생들은 자칫하면 부모가 자식을 사랑하는 것이 부모로서 당연한 일을 하는 것으로 여길 수도 있으며, 또 부모에 대한 효도(孝道)는 물질적인 것으로 만족(滿足)한다고 생각하기 쉽다. 자신의 성장과 발전이 부모와는 관계없이 독자적으로 이루어지는 것이라 생각하기 쉽다.

7 어린이들로 하여금 자신이 자라 온 생활 속에서 '부모님의 자식에 대한 정성', '부모님들이 자식들을 위해 사시는 일', '자신의 성장 과정'을 알게 해야 한다. 그리고 부모님에 대하여 보은(報恩)하려는 것은 마음뿐만 아니라, 그것을 표현하는 방법도 올바르게 되어야 함을 인식시켜, 생활 속에서 실천하도록 해야 한다. 우애(友愛)는 형제자매 간의 돈독(敦篤)한 정으로 서로 간에 사이좋게 지내며, 형제간에 지켜야 할 예절(禮節)을 지킴으로 인하여 가정의 행복과 화목(和睦)이 되는 중요한 요소임을 깨닫게 한다. 접대 예절은 일상생활에서 손님을 맞이할 때 일반적인 예절(禮節)을 익혀 가정에서의 바른 예절생활을 습관화(習慣化)해야 할 것이다.

8 옛날 우리 조상들은 부모님께서 효도(孝道)하는 방법 중에서 혼정신성(昏定晨省)이라는 것을 실천해 왔다. 혼정신성(昏定晨省)이란 날이 저물어 캄캄해지면 편안하게 주무시도록 이부자리를 깔아드리고 새벽

이 되면 잘 주무셨는지 안부(安否)를 묻는 것을 말한다. 요즘은 어떤가? 여러분은 부모님의 잠자리를 살펴드리는가? 아침에 부모님보다 먼저 일어나서 안부를 묻는가? 거의 그렇게 하지 못할 것이다. 대부분의 가정에서는 부모님께서 자식의 방을 청소(淸掃)해 주고 잠자리를 보살펴 주며, 아침에 일어나도록 깨우는 경우가 많을 것이다. 예전하고는 완전히 거꾸로 되어 버렸다. 시대가 바뀌고 생활 모습이 바뀌었기 때문에 생각도 많이 바뀌었을 것이다. 작은 실천 하나가 효자효녀(孝子孝女)로 만들어 드린다. 부모님의 이부자리를 펴드리기 어렵다면 내 잠자리만큼은 내 손으로 정돈(整頓)하면 어떨까? 새벽에 부모님께서 문안(問安) 인사를 드리는 것이 어렵다면 부모님께서 깨우시기 전에 먼저 일어나 학교 갈 준비를 마치면 어떨까?

9 자식이 사랑스럽게 하는 한마디 한마디가 부모님껜 큰 기쁨이 된다. 자식이 중1이 되었다고 기특(奇特)하다고 잘했다고 수고(愁苦)했다고 하시지만, 자식이 그런 뜻 깊은 말을 부모님께 하고 싶다. 지금까지 6년 하고도 7년이나 감사했다. 이젠 자식들이 갚을 차례(次例)이다. 부모님 다시 한 번 감사(感謝)드리며 지난날의 추억(追憶)을 살펴본다. 부모님 덕(德)에 아주 즐겁게 학교생활도 하도 하루하루 즐겁게 신나게 지낸 것이다. 부모님 사랑합니다! 이렇게 해 부모님의 눈물이 주록 주록 흐른다.

해답(예시)

구분(區分)	내용(內容)
◆ 효도(孝道) 잘 하는 방법(方法)에는 이런 것이 있다.	1. 부모님께 재롱을 부려 기쁘게 해드린다. 2. 부모님 말씀을 잘 듣고 말대꾸를 하지 않는다.

3. 열심히 공부(工夫)하는 모습을 보여 드린다.

4. 설거지 등 자기(自己)가 할 수 있는 집안일을 도와 드린다.

5. 나쁜 길로 탈선하여 속 썩이는 것보다, 나쁜 길로 빠져들지 않고 건강(健康)하게 자란다.

6. 돈을 모아서 드리는 것보다 마음이 담긴 편지(片紙)를 써서 드린다.

7. 사랑스러운 마음의 선물(膳物)을 드린다.

8. 부모님의 마음을 잘 헤아려주고 기대(期待)에 어긋나지 않게 행동(行動)하도록 한다. 부모님은 자식이 성장(成長)하고 성숙(成熟)해 나가는 과정을 보면 대견하고 자랑스럽다.

9. 부모님의 마음을 정확(正確)히 알고, 그 마음을 알아주는 것이다.

10. 부모님이 자식들에게 강요하고 잔소리하는 것은 부모님의 기대에 부응(副應)하지 않아서 속상할 때가 많다. 부모님의 기대(期待)에 따라 주며, 부모님의 마음을 알아준다.

11. 부모님의 말씀을 잘 듣고, 건강하고 성실(誠實)하게 생활한다. 학교에서나 집에서나 늘 마음 편하고 재미 있게 성실(誠實)하게 살아가도록 한다.

12. 학교생활이나 친구관계, 취미생활 등의 일에 재미를 가지고 즐겁게 생활(生活)하도록 한다.

13. 부모님의 연세(年歲)와 고향, 일가친척, 건강 상태, 좋아하는 것 등을 안다. 모르는 사항이 있으면 부모님께 여쭙고 반드시 알아둔다.

14. 잠자리에 들거나 일어난 뒤에는 반드시 '안녕히 주무세요.' '안녕히 주무셨습니까?'하고 인사(人事)를 드린다.

15. 학교(學校) 갈 때는 '학교에 다녀오겠습니다.'라고 인사를 드린다. 외출(外出)할 때도 반드시 가는 곳을 말씀드리고, '몇 시쯤 돌아오겠습니다.'라고 귀가(歸家) 시간을 말씀드린다.

	16. 외출 후 예정보다 귀가 시간이 늦어질 경우에는 부모님께서 걱정을 하지 않도록 미리 연락(連絡)을 드린다.
	17. 부모님께서 외출을 할 때는 자리에서 일어나 문(門) 앞까지 배웅하며 '안녕히 다녀오세요.'하고 인사를 하며, 다녀오셨을 때에도 '안녕히 다녀오셨습니까?'하고 인사(人事)를 드린다.
	18. 부모님과 함께 식사(食事)를 할 때에는 부모님보다 먼저 시작하지 않으며, 부모님께서 식사를 마칠 때까지 자리에서 일어나지 않는다. 바쁜 일이 있을 때에는 미리 말씀드리고 자리에서 일어난다. 먹고 난 그릇은 치워놓으며, 설거지 등 부모님을 도와 드린다.
	19. 중요한 일은 항상 부모님과 의논(議論)하여 결정하도록 하며, 항상 부모님과 대화(對話)하는 습관(習慣)을 기른다.
	20. 부모님 앞에서는 항상 얼굴빛은 온화(溫和)하게 하며, 결코 형제간에 다투는 일이 없도록 한다.
	21. 부모님과 떠나 있게 될 경우에는 자주 소식(消息)을 전하고 찾아뵙도록 한다.
	22. 작더라도 부모님께 항상 감사(感謝)의 마음을 표현하도록 노력하며, 부모님의 일을 거들어 드린다.
	23. 가정 형편을 생각해서 절약(節約)하는 생활을 한다. 자식(子息)에게 모든 것을 다 해주고 싶은 부모님의 마음을 헤아린다.
	24. 가장 존경(尊敬)하는 인물을 찾아서 그 부분의 삶을 배워본다.
	25. 훌륭한 사람이 되기 위해서 자기가 할 수 있는 바른 일에 최선(最善)을 다한다.
	26. 목표점을 분명(分明)히 하고, 그 목표점을 향해 게으름을 피우지 말과 전진(前進)한다.
◆ 평소(平素) 부모님께 좋은 말을 해 드린다.	1. 저를 이렇게 키워 주셔서 정말 고맙습니다. 2. 아버님, 오늘도 힘 드셨죠. 제가 어깨 주물러 드릴게

	요.
	3. 어머니께서 해주신 음식(飲食)은 정말 맛있었어요. 최고(最高)예요.
	4. 사람들이 부모(父母)님 닮아서 머리도 좋고 착하다고 해요.
	5. 부모님처럼 열심히 공부(工夫)하고 성실(誠實)하게 살겠습니다.
	6. 오래 오래 사세요. 제가 효도(孝道) 많이 할게요.
	7. 어디 편찮으신 데 없으세요?
	8. 어쩌면 그렇게 많이 아세요? 저에게도 좀 가르쳐 주세요.
	9. 모두 부모(父母)님 덕분(德分)입니다.
◆ 불효(不孝)에는 이런 것이 있다.	1. 게으름을 피워서 부모에게 수고(愁苦)로움을 끼치게 한다.
	2. 술 마시고 노는 것을 좋아해서 부모를 봉양(奉養)하지 않는다.
	3. 자기의 욕심(慾心)만을 채우다가 부모를 욕(慾)되게 한다.
	4. 난폭(亂暴)하고 사나운 행동(行動)을 하거나 친구(親舊)들과 싸움을 해서 부모에게 걱정을 끼치게 한다.

1. 『공부하는 사람의 바른 자세와 내용』을 기술(記述)하시오.

실기문제

○ 학생들은 학업에 열중하고 매진(邁進)하는 것이 바로 공부(工夫)하는 자세(姿勢)이다. 다음 내용을 읽어보고, 학생들에게 당부(當付)하고 싶은 『공부(工夫)하는 사람의 바른 자세(姿勢)와 내용』에 대하여 기술(記述)하시오. 그리고 발표(發表)하시오. 【발표시간: 10분】

움 옛사람은 인격을 수양(修養)하기 위해 끊임없이 노력하였다. 성인(聖人)의 말씀과 행동을 거울삼아 자신을 반성(反省)하여 마음을 다스리고, 인간으로서의 도리(道理)와 예의(禮儀)를 어떻게 행할 것인지 살피면서, 모자라는 부분이 있으면 배움으로 채워 나간다. 책(冊)을 읽고 배우되 마음으로 터득하고 몸으로 실천하여 참된 배움의 길을 걸은 것이다. 배움은 곧 인격수양(人格修養)의 한 과정이며, 그 결과는 언행(言行)을 통해 드러난다.

행 우리 선조들은 맑고 깨끗한 마음과 곧고 바른 언행으로 다른 사람과의 관계를 만들어 감으로써 아름답고 조화(調和)로운 사회를 지향(志向)한다. 선인(先人)들이 인격수양(人格修養)을 위하여 어떠한 자세로 배움에 임했는지를 생각해 보며, 인간의 근본 도리(道理)와 참된 삶의 태도(態度)를 깨우쳐 본다.

려 배우는 사람은 반드시 정성(精誠)스러운 마음으로 올바른 도(道)를 위하여 향해 나아가야 한다. 세속(世俗)의 잡된 일로써 그 뜻을 어지럽게 하지 않은 연후에 학문을 하면 기초가 있게 된다. 그러므로 공자(孔子)께서 말씀하시길 "충신(忠信)을 주로 하라."고 하였는데, **주자(朱子)**35)가 그것을 풀이하여 말하길 "사람이 충실(忠實)하고 미덥지 못하면 일이 충실함이 없다. 그러므로 반드시 충신(忠信)으로써 주를 삼아야 한다."고 하였으니, 반드시 충신(忠信)으로써 주(主)를 삼아서 용맹(勇猛)정진하여 공부한 다음에 성취(成就)한다.

○ 學者는 必誠心向道요 不以世俗雜事로 亂其志한 然後에 爲學이면 有基址라. 故로 夫子 曰, "主忠信하라."하시어늘 朱子가 釋之 曰, "人不忠信이면 事皆無實하여 爲惡則易하고 爲善則難하라. 故로 必以是爲主焉이라."하시니 必以忠信으로 爲主하여 而勇下工夫然後에 能有所成이니라.
(학자필성심향도 불이세속잡사로 란기지연후 위학유기지. 고부자왈, 주충신. 주자석지왈, 인불충신 사개무실 위악칙역 위선칙난. 고필이시위주언. 필이충신위주 이용하공부연후 능유소성취.)

- 배우는 자는 반드시 진실한 마음으로 도(道)를 향하여 세속의 잡된 일로 자신의 뜻을 어지럽히지 않은 뒤에야 학문(學問)을 함에 기초가 있게 된다. 그러므로 부자(공자)께서 말씀하시기를, "충(忠)과 신(信)을 중심으로 삼아야 한다."고 하셨으니, 주자(朱子)께서 이를 해석하여 말씀하시기를, "사람에게 충과 신이 없으면 하는 일이 모두 진실함이 없어서 악(惡)을 저지르기는 쉽고 선(善)을 실천하기는 어렵다. 그러므로 반드시 이를 중심으로 삼아야 하는 것이다."고 하셨으니, 반드시 충과 신을 중심으로 삼고 용감(勇敢)하게 공부에 착수한 뒤에야 성취하는 바가 있을 것이다

---

35) **주자(朱子)**: 송나라 때의 대학자. 주희(朱熹)는 1130년 지금의 복건성(福建省) 우계현(尤溪縣)에서 태어났다. 그의 선조는 휘주(徽州) 무원(婺源)의 호족으로 대대로 그곳에서 살았다. 휘주 무원은 바로 지금의 강서성(江西省) 무원현(婺源縣)이다. 주희의 아버지 위재(韋齋)가 당시 재상 진회(秦檜)의 금(金)나라에 대한 굴욕적인 화의정책에 불복하여, 관직을 사퇴하고 이곳 우계에 우거(寓居)하였다. 주희의 출생지(出生地)는 우계(尤溪)이고, 고향(故鄕)은 무원(婺源)이다.

이 글은 **율곡(栗谷) 선생**[36]이 지은 격몽요결(擊蒙要訣)의 '지신장(持身 章)'으로 학문하는 사람의 몸가짐에 대해 설명하고 있다. 정성스러운 마음가짐이 무엇보다 중요함을 깨우쳐 주고 있다. 자신의 본분(本分)에 따라 학업에 열중하고 마음을 정성스럽게 하여 학업에 매진(邁進)하는 것이 바로 학문하는 바른 자세일 것이다.

---

* **격몽요결(擊蒙要訣):** '어리석음을 물리치는 긴요한 방법'이라는 뜻의 격몽요결(擊 蒙要訣)은 1577년(선조 10) 이이(李珥)가 일반 학도들에게 도학(道學)의 입문을 지시하기 위해서 저술한 책이다. 이 책은 덕행과 지식의 함양을 위한 초등과정의 교재로 근세에 이르기까지 여러 번 간행되었을 뿐만 아니라, 초학자들에게 ≪천자문 千字文≫·≪동몽선습 童蒙先習≫·≪훈몽자회 訓蒙字會≫에 이어 널리 읽혀졌다. 서문에 의하면, 저자가 해주의 은병정사(隱屛精舍)에서 제자들을 가르칠 때, 초학 (初學)의 향방을 정하지 못하여 굳은 뜻이 없는 제자들에게 뜻을 세우고 몸을 삼가하며, 부모를 봉양하고 남을 접대하는 방법을 가르치기 위해서 이 책을 지었다고 하였다. 본문은 입지(立志)·혁구습(革舊習)·지신(持身)·독서(讀書)·사친(事親)·상제 (喪制)·제례(祭禮)·거가(居家)·접인(接人)·처세(處世) 등 10장으로 구성되어 있으며, 책 끝에 사당도(祠堂圖)·시제도(時祭圖)·설찬도(設饌圖)와 제의(祭儀)의 출입의(出入儀)·참례의(參禮儀)·천헌의(薦獻儀)·고사의(古事儀)·시제의(時祭儀)·기제의(忌祭儀)·묘제의(墓祭儀)·상복중행제의(喪服中行祭儀) 등이 수록되어 있다.

---

④ '다인이'와 '다성이'는 10살의 학교 친구다. 그들의 학교생활은 티격태격 바람 잘날 없다. 어느 날 소풍을 간 '다인이'와 '다성이'는 신기한 경험을 통해 과거에서 온 '인성이'와 '성품이'를 만나게 된다. 자신들과 나이가 똑같은 '인성이'와 '성품이'는 300년 시간을 훌쩍 뛰어 넘어 21세기로 들어와 과거와 현재는 하나의 시점으로 연결된다. '다인이'와 '다성이'는 300백 년 전 조선시대(朝鮮時代)에 살단 '인성이'와 '성품

---

36) **율곡(栗谷) 이이(李珥, 1536-1584, 중종31-선조17):** 조선 중기의 학자이며 정치가로서, 자는 숙헌(叔獻)이고 호는 율곡(栗谷: 집안의 농장이 있는 경기도 파주 파평면 율곡리의 이름을 딴 것)이며, 관향은 풍덕군 덕수현(豊德郡德水縣)이다. 이원수(李元秀)와 평산 신씨(平山 申氏)의 4남 3녀 중 3남으로 외가인 강릉에서 태어났다. 이이의 집안은 요절했던 조부를 제외하면, 대대로 관직에 나갔다.

이'를 현재 생활에 적응(適應)시키게 하기 위해 노력한다. 하지만 과거와 너무 다른 현재의 삶은 '인성이'와 '성품이'를 혼란(混亂)스럽게 하고 문득문득 과거의 서당(書堂) 생활을 기억나게 하여 '다인이'와 '다성이'를 충돌(衝突)하게 만든다. 과연 현재의 '다인이'와 '다성이'는 과거의 '인성이'와 '성품이'를 통해 무엇을 공감(共感)하고 무엇을 배울 수 있을까? 다음 글의 내용을 읽어보고 자신의 생각을 정리하자.

○ [다인이]: 10살의 남자아이. 현대에 살고 있다. 운동선수가 꿈인 장난꾸러기 악동(惡童)이다. 이웃집 '다인이'와는 한 반으로 어릴 적부터 계속 함께 커왔다. 완벽주의자인 '다인이'를 놀리는 것을 좋아하지만 '다인이'에 대한 애정(愛情)이 각별하여 누가 '다인이'를 상처 주면 곧바로 응징한다. 공부보다는 노는 것에 치중하는 편이지만 용감(勇敢)하고 두려움이 없고, 리더십이 있으나 끈기가 없다.

○ [다성이]: 10살의 여자아이로 현재에 살고 있다. 공부하는 것을 즐기며 꿈이 탐험가(探險家)인 몽상가(夢想家)이다. 불의(不義)를 보면 참지 못하는 다혈질(多血質)이지만 평소에는 조용하고 논리적이다. 완벽주의자인 면이 있어 헐렁한 '다성이'와 티격태격하는 사이이다. 의리심이 있어 '다성이'가 곤경(困境)에 처하면 함께 문제를 해결하려 한다. 어른 같은 현명함과 끈기가 있지만 마음이 연약(軟弱)하고 동정심(同情心)이 많다.

○ [성품이]: 10살의 남자아이로 알 수 없는 힘 때문에 과거에서 현대로 왔다. 공부에는 관심 없는 장난꾸러기에 허풍쟁이다. 몰락한 양반의 자손으로 부모님의 기대가 대단해 힘들어하기도 한다. 낙천적(樂天的)이고 나라를 지키는 무관의 꿈을 가지고 있어 운동신경이 날렵하다. 자존심(自尊心)이 강하고 타인에 대한 배려(配慮)에 인색하다. '다성이'와 성격이 비슷해서 친하게 지내기도 하지만 거의 매일 아옹다옹한다.

○ [인성이]: 10세의 여자아이로 알 수 없는 힘 때문에 과거에서 현대로 왔다. 동네에서 제일 부자(富者)이며 권력있는 양반의 자녀로 조용하고 얌전하다. 공부하는 것을 좋아하는 것만큼 자신이 아는 것에 대해 교만(驕慢)하다. 지혜롭고 명석해서 '다인이'와 '다성이'의 친절한 충고자(忠告者)이다. 과거에 여자로써 제한적 한계를 벗어나려고 노력했기 때문에 현재의 여성의 지위에 큰 관심(關心)을 가지고 있다.

○ [연구 중 박사]: 50 세의 현대에 살고 있는 과학자이다. 노벨수상을 꿈꾸는 과학자로 자아도취 형이다. 시대가 인정해주지 않는다고 생각할 뿐 연구 성과에 자부심(自負心)이 대단하다. 부끄러움이 많고 수줍음이 많아 대인관계(對人關係)가 원활하지 못하다. 아이들을 좋아하지만 겉으로는 냉정한 모습을 유지한다. '인성이'와 '성품이'를 300백 년 전 과거로 보내기 위한 타임머신을 만들고 있다.

○ [최희 훈장]: 56세의 남자이며 과거에 살고 있는 서당(書堂) 선생이다. 엄격하고 무뚝뚝하며 근엄(謹嚴)하다. 나라의 혼란기(混亂期)에 벼슬을 버리고 서당(書堂)을 차려 아이들을 가리키는 이유는 당파싸움을 혁파 할 수 있는 교육의 첫 번째 방법이 인성교육(人性敎育)이라고 생각했기 때문이다. 아이들에게 학문보다 마음가짐인 인성(人性)을 가리키려고 노력한다. 겉으로는 냉정(冷情)하지만 아이들에게 한없이 인자(仁慈)하다.

5 학문하는 기본자세(基本姿勢)는 무수히 많다. 먼저 사물을 볼 때 항상 순수(純粹)하고 정직한 마음을 가져야 한다. 사물의 외형만 보지 말고 그 뒤에 숨어 있는 본질을 보고 왜 그렇게 보이는지 그 원인을 관찰하고 왜라는 의문을 가지고 생각하고 또 생각하여 해답(解答)을 찾도록

하는 습관을 가진다.

가. 이것은 공부하는 태도 또한 이와 같다. 편법(便法)이나 요령(要領)으로 자기 편리한대로 근본 원리도 모르는 채 암기(暗記)하는 식으로 공부하면 백중 백은 실패하고 끝내는 좌절(挫折)하여 공부를 그만 두게 되어 공부에 흥미를 잃게 된다.

나. 공부에는 왕도(王道)가 없다. 무식(無識)할 정도로 노력하고 반복(反復)하는 것 외는 다른 방도(方道)가 없다. 오직 신념(信念), 열의(熱意)와 꾸준한 실천뿐이다.

다. 항상 자기 자신에게 부끄럼 없이 당당(堂堂)하며 자기에 엄격하여 작은 이익이나 몸이 편한대로 삶을 살지 않는다. 얕은 생각이 일어 날 때는 자신에게 서릿발 같은 내면의 규율(規律)로 다스리도록 노력하고 또 노력한다.

라. 태산(泰山)을 오르려면 머리로 수많이 생각하는 것으로만 결코 올라 갈 수 없다. 직접 땀 흘려 고된 행군(行軍)을 통해서만 정상(頂上)을 정복(征服)할 수 있다. 수십 번에 걸친 실패와 재기를 그쳐야 자전거(自轉車)를 탈 수 있듯이 실패는 두려운 것이 아니고 성공으로 이끄는 필수과정임을 명심한다. 수학공부 또한 원리를 익혀 놓으면 잊어버리고 또 익히기를 수십 번 반복하면 어느새 내 것으로 될 날이 오기 마련이다. 조급하게 생각지 마라 조급(躁急)하면 앞이 보이질 아니한다. 사람들은 이와 같은 단순한 진리(眞理)를 알면서 실천하지 않으니까 실패하거나 좌절(挫折)한다. 우리는 이와 같은 것을 알았으니 실천 또 실천만이 해답(解答)이다. 지금 당장 쓰고 그래프를 그리고 반복하여 생각하고 익혀서 하나하나 벽돌 쌓듯이 해 나가야 한다.

해답(예시)

구분(區分)	내용(內容)
◆ 공부(工夫)하는 바른 자세(姿勢)에는 이런 명언(名言)이 있다.	① 공부(工夫)에는 왕도(王道)가 없다. - 공부(工夫)를 하는 데에는 편법(便法)이나 요령(要領)이 필요 없다. 먼 길도 돌아가라는 말과 비슷하다. 열심히 공부하고 외우고 익히는 자세(姿勢)를 가져야 한다. ② 하루라도 책(冊)을 보지 않으면 입안에 가시가 돋친다. - 이 말은 어디에나 쓰일 수 있지만, 말 그대로 책(冊)을 읽는 즐거움을 강하게 표현한 말이다. ③ 청출어람 청어람(靑出於藍而靑於藍) - '푸른색이 쪽에서 나왔으나 원래(原來)의 그것보다 더 푸르다.'라는 뜻이다. 훌륭한 스승의 밑에서는 그보다 더 대단한 제자(弟子)가 나오게 된다. 교육(敎育)하는 분들이 가장 지향(志向)하고자 하는 교육의 목적이다. ④ 서당(書堂) 개 삼년이면 풍월(風月)을 읊는다. - '그냥 그 곳에 있기만 해도 그 정도는 한다.'라는 뜻이다. 열심히 하면 그 이상의 성과(成果)를 얻을 수 있는 것이다. 이보다 못하는 사람을 꼬집을 때 하는 말이기도 하다. ⑤ 맹모삼천지교(孟母三遷之敎) - 맹자(孟子)의 부모가 맹자의 교육(敎育)을 위해 세 번 이사(移徙)를 하였다는 데에서 나온 말이다. 교육도 중요하지만 그 장소(場所)가 중요성을 말한 것이다. - 무덤가에 있자 맹자가 무덤에서 놀고, 시장으로 이사가자 장사치 흉내를 냈으며, 서당 있는 곳으로 이사가자 맹자가 글공부를 하며 놀게 되었다.
◆ 공부(工夫)할 때 좋은 자세(姿勢)에는 이런 것이 있다.	① '공부' 하면 떠오르는 말은 '열심히'이다. 그러나 무작정(無酌定) 열심히만 한다고 해서 좋은 성적(成績), 뛰어난 실력이 갖춰지는 것은 아니다.

	② 선행(先行) 독서(讀書)를 충실히 한다. - 다양(多樣)한 책을 많이 읽고, 좋아하는 책을 반복(反復)해서 읽고, 어떤 책은 국어사전에서 뜻을 찾아가며 읽는 세 가지 방법(方法)을 모두 사용해서 읽기를 생활화(生活化)해야 한다. ③ 식사(食事)할 때 토론(討論)을 한다. - 식사 시간에 가족과 대화(對話)를 나누며 토론을 하면 어휘력과 말하기 능력이 동시에 자란다. 시간대비 효과 만점 공부법이라는 사실을 기억한다. ④ 한자(漢字) 공부(工夫)를 한다. - 고학년으로 올라갈수록, 중·고등학생이 되면 더욱 어휘력(語彙力)을 키우기에 한자(漢字)가 큰 도움이 된다는 것을 알게 된다. 한자(漢字)를 알면 어휘력이 폭발적(爆發的)으로 늘어나게 된다.
◆ 공부(工夫)할 때 나쁜 자세(姿勢)에는 이런 것이 있다.	① 누워서 공부를 하면 건강(健康)에 안 좋다. - 하루 30분 내외로 누워서 하는 것이라면 크게 문제될 건 없다. 하지만 공부 30분하고 말 것도 아니고 누워서 하는 자세(姿勢)는 매우 비효율적(非效率的)인 자세이다. 배를 바닥에 붙여서 책을 바닥에 놓고 하는 자세이든, 책을 들고 공부하던 어떤 자세라도 30분이상하면 허리, 팔, 어깨 등에 무리가 오게 된다. ② 밥상에서 허리 숙이고 공부하면 건강에 나쁘다. - 가급적 책상(冊床)에서 의자에 앉아서 공부하는 게 좋지만 사정상 안 된다면 50분정도 공부하고, 10분정도는 바람을 쐰다던 가 스트레칭을 한다. 유연성(柔軟性)이 좋고 몸이 튼튼하다면 모를까 식탁 펴서 앉아서 공부해보니 30분만해도 허리, 골반(骨盤) 쪽이 뻐근하게 된다. 허리는 가급적 바로 세운 자세로 공부한다. 허리를 앞으로 숙이면 상체의 하중(荷重)이 척추(脊椎) 전체로 나눠지는 게 아니고 한부분에 많이 몰린다. 4~5번 척추 쪽에 하중이 많이 몰린다. 잠시 동안은 숙인 자세라도 무관하다지만, 그런 자세로 수개월 이상하면 허리디스크 등의 질병(疾病)이 생길 수 있으니 허리는 가급적 바르게 편 상태를 유지한다. ③ 공부할 때 어깨가 아프다. 신경질(神經質)이 날 정도면 자세(姿勢)에 문제가 있다. - 어깨 결림의 원인(原因)은 여러 가지가 있는데 초기에는 부적합한 근무자세, 스트레스, 피로(疲勞), 신경 예민 등으로 먼저 어깨, 목 주위의 근육(筋肉)과 인대(靷

帶)가 경직(硬直)되기 시작하면서 유발된다. 목과 어깨 주위의 근육은 아주 부드럽고 탄력성(彈力性)이 뛰어난 근육으로 형성되어 있다. 그 이유는 목이 잠자는 시간을 빼고는 머리의 움직임을 보조해야 하기 때문에 목 주위의 근육은 탄력성이 뛰어나고 부드러워야 하는 것이다. 예방할 수 있는 방법(方法)으로는 앉아 있을 때의 올바른 자세이다. 자연스러운 경사각을 이룰 수 있도록 해주고, 너무 지나치게 차렷 자세를 취하는 것은 오히려 어깨근육의 긴장(緊張)을 유발할 수 있으니 주의한다.

2. 『인간이 갖추어야 할 덕목과 내용』을 기술(記述)하시오.

실기문제

○ 바른 인성(人性)을 갖춘 인간은 우리 모두가 바라는 하나의 목표(目標)이면서 원하는 마음이다. 다음 내용을 읽어보고, 『자녀(子女)나 성인(成人) 등 인간이 반드시 갖추었으면 좋은 덕목(德目)과 그 내용』에 대하여 기술(記述)하시오. 그리고 발표(發表)하시오. 【발표시간: 10분】

움 인성교육진흥법에서 "核心價値(핵심가치) 8가지 德目(덕목)"이란 인성교육의 目標(목표)가 되는 것으로 예(禮), 효(孝), 正直(정직), 責任(책임), 尊重(존중), 配慮(배려), 疏通(소통), 協同(협동) 등의 마음가짐이나 사람됨과 關聯(관련)되는 核心的(핵심적)인 價値(가치) 또는 德目(덕목)을 말한다.

행 인성교육의 인성요소에는 인류의 보편적 가치(價值)와 덕목(德目)이 포함되며, 미래 사회에서 성공적인 삶을 영위하기 위한 핵심역량(核心力量), 즉 공감능력, 소통능력, 갈등해결능력, 문제해결능력, 대인관계능력, 자기관리능력 등이 강조된다.

려 우리는 이 시대에 필요한 "바른 인성교육(人性敎育)의 내용"을 사람으로서의 지녀야 할 보편적 덕목(德目)을 보다 구체화하여 '효(孝)의 사상(思想)'은 물론, 직장인으로서의 책임(責任)과 도리(道理), 국제사회 일원으로서의 도덕(道德)과 질서(秩序), 인간이 서로 다름의 인정(認定)과 배려(配慮), 소통(疏通)과 통섭(通涉)의 방법, 그리고 행복의 기준을 알며 만족(滿足)함을 느낄 줄 알며, 나의 가치(價值)를 스스로 찾을 줄 아는 지혜(智慧) 등을 가르쳐야 할 것이다.

4 인성교육하면 대체적으로 효도(孝道)와 예절(禮節)이라는 덕목(德目)만을 중시하는 경향이 있는데 물론 "효도(孝道)"란 인간이 지닌 최고의 덕목(德目)임은 부인할 수 없는 가치(價值)이지만 현대사회에서는 그 이외의 여러 가지 사람으로서의 지녀야 할 광범위한 덕목(德目)이 요구되기 때문에 보다 광범위한 분야에 대해서도 이를 간과(看過)해서는 안 될 것이다. 때문에 정부에서도 인성교육의 중요성을 인식하고 2015년 1월 20일 인성교육진흥법(人性敎育振興法) <법률 제13004호>을 제정(制定) 공포한바 있다.

5 동양에서는 주로 공자(孔子)와 맹자(孟子)의 유교사상(儒敎思想)에서 그 윤리적 전통성을 찾을 수 있는데, 공자는 특히 인(仁)사상에 근거한 효제충신(孝悌忠信)의 덕목(德目)을 강조하였다. 그리고 맹자는 인의예지(仁義禮智)의 인간본성을 추구하는 방법으로 측은·수오·사양·시비(惻隱·羞惡·辭讓·是非)의 심정(心情)을 중시하였으며, 친·의·별·서·신(親·義·別·序·信)을 덕목(德目)으로 하는 소위 오륜(五倫)을 천명하여 전통윤리의 요체(要諦)

로 간주되어 오게 하였다.

6 동양윤리를 배경으로 하는 우리나라에서는 그러한 보편덕목과 함께 특히 충효(忠孝) 정신과 의리(義理) 정신이 최고의 덕목(德目)으로 간주(看做)되어 왔으니, 그 이유는 그것이 우리나라 특유의 생존 원리로 작용하는 것이었기 때문이다.

해답(예시)

구분(區分)	내용(內容)
1 예(禮)	1) 예의(禮儀)에 관한 모든 절차나 질서를 뜻하며, 禮法(예법), 禮儀(예의)를 말한다. 2) 예(禮)는 함께 지키고 따르기로 약속(約束)한 생활규범(生活規範)이며, 사람이 만든 질서(秩序)에 따라 나와 남을 구분하고 그 구분에 따라 알맞게 표현(表現)하는 것이다. 3) 역자교지(易子敎之): 나의 자식(子息)과 남의 자식(子息)을 바꾸어 교육(敎育). 4) 예의염치(禮義廉恥): 예절(禮節), 의리(義理)와 청렴(淸廉)한 마음과 부끄러워하는 태도(態度).
2 효(孝)	1) 효(孝)는 아들이 노인을 잘 봉양하는 것이며, 어버이를 잘 섬기는 것이다. 父母(부모)를 잘 섬기는 道理(도리)를 뜻하며, 父母(부모)를 정성껏 잘 섬기는 일을 말한다. 2) 효(孝)는 덕(德) 중에 으뜸이고, 길이 지켜야 할 인륜의 덕목(德目)이며, 인(仁)을 행하는 근본(根本)이 되는 것으로서 부모의 은혜에 감사(感謝)하고 이에 보답(報答)하고자 하는 덕목이다. 3) 孝悌忠信(효제충신): 어버이에 대한 효도(孝道), 형제

	(兄弟)끼리의 우애(友愛), 임금에 대한 충성(忠誠)과 벗 사이의 믿음을 통틀어 이르는 말.
	4) 反哺之孝(반포지효): 어미에게 되먹이는 까마귀의 효성(孝誠)이라는 뜻으로, 어버이의 은혜에 대한 자식의 지극한 효도(孝道)를 이르는 말.
3 정직(正直)	1) 마음에 거짓이나 꾸밈이 없이 바르고 곧음을 뜻하며, 거짓이나 꾸밈이 없이 성품(性品)이 바르고 곧음을 말한다.
	2) 정직(正直)은 하나 밖에 없는 길에서 잠시 멈추어 살피고, 열 개의 눈으로 숨어 있는 것을 바르게 볼 수 있다.
	3) 徑情直行(경정직행): 있는 그대로. 곧이곧대로. 예절이나 법식 따위에 얽매이지 않고 곧이곧대로 행동함.
	4) 路不拾遺(노불습유): 백성(百姓)이 길에 떨어진 물건(物件)을 줍지 않는다는 뜻으로, 나라가 평화(平和)롭고 모든 백성(百姓)이 매우 정직(正直)한 모양을 이르는 말.
4 책임(責任)	1) 맡아서 해야 할 임무(任務)나 의무(義務)를 뜻하며, 도맡아 해야 할 임무(任務)를 말한다. 어떤 일에 관련되어 그 결과에 대하여 지는 의무(義務)나 부담(負擔) 또는 그 결과로 받는 제재(制裁), 위법한 행동을 한 사람에게 법률적 불이익(不利益)이나 제재(制裁)를 가하는 일이다.
	2) 다양한 윤리적(倫理的) 상황에서 중요한 핵심가치가 무엇인지를 인식(認識)하고 판단(判斷)할 수 있으며 책임(責任)있는 의사결정(意思決定)을 하는 능력의 덕목이다.
	3) 挺身出戰(정신출전): 앞장서서 나가 싸운다는 뜻으로, 위급(危急)할 때 과감히 나서 모든 책임(責任)을 다함을 이르는 말.
	4) 反求諸己(반구저기): '잘못을 자신(自身)에게서 찾는다.'라는 뜻으로, 어떤 일이 잘못 되었을 때 남의 탓을 하지 않고 그 일이 잘못된 원인(原因)을 자기(自己) 자신(自身)에게서 찾아 고쳐 나간다는 의미(意味)로 모든 결과에 책임(責任)을 질 줄 아는 삶임. 〔출전: 맹자(孟子), 명심보감 (明心寶鑑)〕
5 존중(尊重)	1) 높이고 중(重)히 여김을 뜻한다. 정중(鄭重)하고 사려

	깊은 방식으로 다른 사람들을 대함으로써 그들이 존엄성(尊嚴性)을 가진 가치 있는 존재(存在)라는 것을 보여 주는 것이다.
	2) 존중(尊重)에 대한 쓰임을 보면, 인권 존중(尊重), 인간 존중(尊重), 개성 존중(尊重)의 시대, 개인을 존중(尊重)하다. 등이 있다.
	3) 家鷄野鶩(가계야목): 집의 닭을 미워하고 들의 물오리를 사랑한다는 뜻으로, 일상(日常) 흔한 것을 피(避)하고 새로운 것, 진기한 것을 존중(尊重)함을 비유(比喩、譬喩).
	4) 男尊女卑(남존여비): 남자(男子)는 높고 귀(貴)하게 여기고, 여자(女子)는 낮고 천하게 여긴다는 뜻으로, 사회적(社會的) 지위(地位)나 권리에 있어 남자(男子)를 여자(女子)보다 존중(尊重)하는 일.
6 배려(配慮)	1) 배려(配慮)는 혼례식(婚禮式)에서 술(술 유, 酉)을 나눠 마신 사람을 자신(몸 기, 己)과 같은 사람으로 생각하고, 상대(相對)는 무서운 호랑이(범 호, 虎)를 생각(생각 사, 思)하듯이 진중하게 생각하는 역지사지(易地思之)의 마음의 덕목(德目)이다.
	2) 도와주거나 보살펴 주려고 마음을 씀을 뜻하며, 보살펴 주려고 이리저리 마음을 써 줌을 말한다.
	3) 與民同樂(여민동락): 임금이라는 지위(地位)를 감추고 백성(百姓)과 더불어 풍년(豐年)을 같이 즐기는 임금의 마음.
	4) 易地思之(역지사지): 남의 잘못을 책하지 않고 그 사정을 바꾸어 생각하는 판관의 지혜(智慧).
7 소통(疏通)	1) 막히지 아니하고 서로 통(通)함을 뜻하며, 뜻이 서로 통하여 오해(誤解)가 없음. 뜻이 서로 통(通)함. 속이 트임. 도리(道理)와 조리(條理)에 밝음을 말한다.
	2) 다양한 상황과 장소에서 타인의 생각, 감정(感情), 관점(觀點)을 이해·파악(把握)하고 타인과 긍정적(肯定的)인 관계를 형성·유지(維持)하고 소통(疏通)하는 능력(能力)의 덕목(德目)이다.
	3) 肝膽相照(간담상조): 간과 쓸개를 내놓고 서로에게 내보임, 서로 마음을 터놓고 친밀(親密)히 사귐. 〔출전: 한유(韓愈)〕
	4) 虛心坦懷(허심탄회): 마음을 비우고 생각을 터놓음, 명랑(明朗)하고 거리낌이나 숨김이 없는 마음.
8 협동(協同)	1) 협동(協同)은 사회의 공동선(common good)을 창출

(創出)하고 증진(增進)하기 위해 구성원(構成員)들이 힘과 뜻을 모아 노력(努力)하는 것이다.

2) 힘과 마음을 함께 합(合)함, 또는 서로 마음과 힘을 하나로 합함을 뜻한다. 協同(cooperation, 협동)은 사회적(社會的) 상호 작용에 여러 가지 형식(形式)으로, 거기에는 공통(共通)의 목적과 목표의 달성을 촉진하기 위해 정도의 차이는 있어도 무엇인가 조직적(組織的)인 방법으로 개인이나 집단(集團)이 활동을 결합(結合)하고, 혹은 서로 도우면서 같이 일하는 것이다.

3) 줄탁동기(啐啄同機): 병아리가 알에서 나오기 위해서는 새끼와 어미닭이 안팎에서 서로 쪼아야함.

4) 십시일반(十匙一飯): 열 사람이 한 술씩 보태면 한 사람 먹을 분량(分量)이 된다는 뜻으로, 여러 사람이 힘을 합(合)하면 한 사람을 돕기는 쉽다는 말.

제5.3절 『바른인성지도사』 자격시험 예상문제(豫想問題)

5.3.1 제1회 『바른인성지도사』 자격시험 예상문제(豫想問題)

객관식(1~50)

과목1. 인성교육의 개념 등

※ 다음 물음에 답하시오.(1~8)

1. 사람의 성품과 기질은 환경의 영향을 받는다는 의미와 관련 있는 성어가 아닌 것은?(   )
① 마중지봉(麻中之蓬)　　　　　② 노래지희(老萊之戲)
③ 귤화위지(橘化爲枳)　　　　　④ 근묵자흑(近墨者黑)

2. 한국인의 바른 인성교육의 방향이 아닌 것은?(   )
① '한마음'의 원리를 체득하도록 한다.
② 홍익인간을 실천하는 사람을 만든다.
③ 학생들로 하여금 삶의 목표를 세울 수 있도록 한다.
④ 집중적인 명상을 통해 형이상학적인 삶을 영위하도록 한다.

3. 다음 ㉠에 들어갈 내용으로 적절한 것은?(   )

> 성품이란 주위환경과 생존의 조건에 따라 변한다. 인간으로서의 바르지 못한 성품으로 변하는 것을 막거나, 스스로 바르게 가는 사람이라도 이를 변화하지 않고 계속 유지되도록 하기 위해서는 (㉠)이란 과정을 통하여 지속적 관리가 필요하다.

① 재능   ② 교육   ③ 환경   ④ 습관

4. 인성교육의 필요성이 대두되게 된 배경으로 바르지 <u>않은</u> 것은?(   )
① 창의적 인재 양성의 확대
② 자기중심적 사고의 팽배
③ 도덕적 윤리의 붕괴
④ 가족공동체 문화가 무너지고 핵가족제도의 확대

5. 인성을 위한 생활예절의 필요성에 대한 설명으로 바르지 <u>않은</u> 것은?
(   )
① 삶의 질을 향상시킨다.
② 자녀의 예절지도에 도움을 준다.
③ 좋은 인간관계를 형성하도록 한다.
④ 엄격한 예절교육을 통해 획일적 사고에 도움이 된다.

6. 다음 ㉠에 들어갈 내용으로 적절한 것은?(   )

(㉠)은 주로 신체적 특성의 변화를 뜻하는 개념으로 인식되어 왔으나, 현재는 발달과 상호연관지어 동일한 개념으로 간주된다. (㉡)은 유전인자의 발달과정을 방향 짓는 것을 뜻한다고 볼 수 있다. 환경이 유전인자의 발달과정과 발달방향에 영향을 미친다고 보아야 할 것이다.

---

① ㉠-성장, ㉡-성숙   ② ㉠-생각, ㉡-활동
③ ㉠-지능, ㉡-도덕   ④ ㉠-성격, ㉡-환경

7. 청소년기의 학교 내 인성교육 실패의 원인으로 적절하지 <u>않은</u> 것은?
(   )
① 교사의 역할 축소
② 교사의 권위를 존중하는 학부모의 태도
③ 학교가 행정중심으로 운영되는 경우
④ 지도의 명분으로 학생을 꾸중할 수 없는 사회적 분위기

8. 다음 중 설명이 바르지 <u>않은</u> 것은?(   )
① 퀴닉학파는 근면, 검소의 덕목으로 제시하였다.
② 로마시대에는 애국, 준법, 균형, 공정의 덕목이 중요시 되었다.

③ 서양에서 덕(德)을 처음으로 제시한 사람은 플라톤(platon)이다.
④ 기독교에서는 믿음, 소망, 사랑을 덕의 근간으로 하였다.

※ 다음 물음에 답하시오.(9~19)

9. '예절(禮節)'과 관련된 설명으로 바르지 <u>않은</u> 것은?(   )
① 상황에 따라 알맞은 격식을 차린 모습으로 나타난다.
② 공수(拱手)는 두 손을 마주잡아 공경의 뜻을 나타내는 예(禮)의 모습니다.
③ 배례(拜禮)는 절을 하여 예(禮)를 표하는 것을 말한다.
④ 관례(冠禮)는 과거(科擧)에 합격(合格)한 후 치르는 예식(禮式)을 말한다.

10. 예(禮)와 관련한 명언이다. ㉠에 들어갈 가장 적절한 말은?(   )

○ 예는 스스로를 낮추어 남을 (㉠   )하는 것이다. 『예기(禮記)』

① 존경(尊敬) ② 화목(和睦) ③ 친밀(親密) ④ 용서(容恕)

11. 효(孝)를 실천하기 위한 방안으로 바르지 <u>않은</u> 것은?(   )
① 안부 전화를 매일 드린다.
② 부모님의 걱정을 끼쳐드리지 말자.
③ 부모님의 노후생활 근거지를 잘 보살펴드린다.
④ 금전적인 것이 중요한 것이 아니며, 마음으로 감동을 드리는 것으로 충분
  하다.

12. 다음 중 효(孝)에 관한 성어가 <u>아닌</u> 것은?(   )
① 선행후교(先行後敎)   ② 노래지희(老萊之戱)
③ 풍수지탄(風樹之嘆)   ④ 동온하정(冬溫夏凊)

13. 군자로서 가지고 있어야 할 아홉 가지 생각인 구사(九思)에 대한 설명으
  로 바르지 <u>않은</u> 것은?(   )
① 視思明-볼 때에는 밝게 볼 것을 생각한다.
② 色思溫-안색은 온순하게 할 것을 생각한다.
③ 貌思恭-말은 공손히 할 것을 생각한다.
④ 疑思問-의심날 때에는 질문할 것을 생각한다.

14. 익자삼우(益者三友)에 해당하지 <u>않은</u> 것은?(   )

① 우직(友直)   ② 우량(友諒)

③ 우편녕(友便佞)   ④ 우다문(友多聞)

15. 배려(配慮)와 관련 있는 성어의 설명이 적절한 것은?(   )

① 여자동포(與子同袍): 자신의 관복을 자식에게 물려줌.

② 위이불맹(威而不猛): 호랑이보다 무서운 정치의 폐해.

③ 의금경의(衣錦褧衣): 가난한 사람을 위해 옷을 나누어 줌.

④ 이책인지심책기(以責人之心責己): 남을 꾸짖는 마음으로 자기를 꾸짖음.

16. 소통(疏通)과 가장 관련이 있는 명언은?(   )

① 남의 잘못에 대해 관용하라.

② 남에게 절대로 우는 소리를 하지 말아야 한다.

③ 백성을 멀리하면 나라가 망한다.

④ 내가 원하지 않는 바를 남에게 행하지 말라.

17. 소통(疏通)에 대한 설명으로 바르지 <u>않은</u> 것은?(   )

① 나를 꾸짖는 사람은 인생에 해로운 사람이니 멀리해야 한다.

② 토론은 소통을 위한 장(場)이 되어야 한다.

③ 나의 말이 존중되려면 상대의 말을 먼저 존중해주어야 한다.

④ 사회적 동물인 인간은 무수한 관계 속에서 의사소통을 하며 살아간다.

18. '동주공제(同舟共濟)'가 사용되는 예(例)로 바른 것은?(   )

① 거침없이 말을 잘 할 때.

② 잘못을 뉘우치는 사람을 용서할 때.

③ 예절이나 법식 따위에 얽매이지 않고 곧이곧대로 행동함을 책망할 때.

④ 이해와 환란을 같이하자는 의미로 어려움을 함께 극복하고자 호소할 때.

19. 다음 ㉠에 들어갈 가장 적절한 말은?(   )

일인불과이인지(一人不過二人智)는 '혼자서는 두 사람의 지혜를 넘지 못한다.'는 뜻으로, (㉠   )의 중요성을 말하고 있다.

---

① 충효(忠孝) ② 공경(恭敬) ③ 협동(協同) ④ 책임(責任)

과목2. 인성교육진흥법의 이해 등

※ 다음 물음에 답하시오.(20~27)

20. '인성교육진흥법' 제2조(정의)의 내용이다. ㉠에 들어가기에 적절한 것은?
(   )

> "(㉠   )"이란 핵심가치·덕목을 적극적이고 능동적으로 실천 또는 실행하는 데 필요한 지식과 공감·소통하는 의사소통능력이나 갈등해결능력 등이 통합된 능력을 말한다.

① 핵심 역량 ② 핵심 가치·덕목 ③ 기본 방향 ④ 기준과 운영

21. '인성교육진흥법' 제4조(국가 등의 책무)의 내용으로 적절하지 <u>않은</u> 것은?(   )
① 인성을 갖춘 국민을 육성하기 위하여 인성교육에 관한 단기적이고 산발적인 정책을 수립하여 시행하여야 한다.
② 학교를 중심으로 인성교육 활동을 전개하고, 인성 친화적인 교육환경을 조성할 수 있도록 가정과 지역사회의 유기적인 연계망을 구축하도록 노력하여야 한다.
③ 국민은 국가 및 지방자치단체가 추진하는 인성교육에 관한 정책에 적극적으로 협력하여야 한다.
④ 학생의 발달단계 및 단위학교의 상황과 여건에 적합한 인성교육 진흥에 필요한 시책을 마련하여야 한다.

22. 「인성교육진흥법 시행령」제6조(위원회의 구성 및 운영 등)의 내용에 의거하여 인성교육진흥위원회의 구성원이 될 수 <u>없는</u> 사람은?(   )
① 학부모를 대표하는 사람으로서 학부모단체 등이 추천한 사람.
② 법조계·종교계·언론계·문화계 또는 「비영리민간단체 지원법」제2조에 따른 비영리민간단체에 대항하는 시민단체의 추천을 받은 사람.
③ 학교·교육행정기관 또는 「교육기본법」제15조에 따른 교원단체의 추천을 받은 사람.
④ 심리치료 분야의 전문지식과 연구경험이 풍부한 사람으로서 관련 단체 및 학회의 추천을 받은 사람.

23. 「인성교육진흥법 시행령」 제14조(교원의 연수 등)에 따라 교원연수계획
    에 포함되어야할 내용이 <u>아닌</u> 것은?(   )
① 인성교육의 목표와 내용
② 인성 및 인성교육의 개념
③ 국내외 인성교육의 실패 사례
④ 인성교육 관련 학교 교육과정 편성·운영 방법 및 절차

24. 「인성교육진흥법 시행령」 제15조(인성교육 전문인력 양성기관의 지정
    및 지정기준 등)에 따라 인성교육 전문인력 양성기관이 갖추어야할 요건
    이 아닌 것은?(   )
① 인성교육을 받게 될 피교육자
② 적절한 교육과정 및 교육내용
③ 구체적이고 실천 가능한 교육과정 운영계획
④ 교육과정 운영에 필요한 시설·설비 및 교수요원

25. 교육부에서 제시한 「창의·인성교육 기본 지침」에서 언급된 창의·인성 교
    육에 대한 검토 배경으로 적절하지 <u>않은</u> 것은?(   )
① 학생들의 잠재력과 바람직한 가치관을 '찾고 키워주는' 교육의 핵심에 '창
   의성'과 '인성'이 존재함.
② 대학 수학 능력 시험의 강화를 통해 창의성과 인성 역시 측정 가능한 수
   치로 변환되어감.
③ 창의성과 인성 함양은 바람직한 교육의 차원을 넘어서 미래사회에서 개
   인과 국가의 생존과 직결되는 문제임.
④ 기업 등 인재의 최종 수요자는 창의성과 인성을 겸비한 훌륭한 전문인을
   요구함.

26. 교육부에서 제시한 「창의·인성교육 기본 지침」에서 언급된 창의·인성교
    육의 현황, 문제점이 <u>아닌</u> 것은?(   )
① 창의·인성교육 개념이 명확치 않고 사회적 합의 부재.
② 창의·인성교육을 위한 체계적 프로그램 및 체험기회 부족.
③ 창의·인성교육을 할 수 있는 학교 사회의 여건과 환경이 취약.
④ 성적과 점수위주가 아닌 학연과 혈연 등 관계 중심의 교육 대두.

27. 교육부에서 제시한 「창의·인성교육 기본 지침」에서 <창의·인성교육 실천>의 세부항목으로 적절하지 <u>않은</u> 것은?(　　　)
① 유아의 사회봉사 · 참여 활성화
② 초중등 교과 활동에서의 창의 · 인성교육 강화
③ 지역사회·기업 등과 연계한 창의 · 인성교육 추진
④ 초중등 창의적 체험활동의 확대 및 내실 있는 운영

과목3. 고전으로부터 배우는 바른 인성교육

※ 다음 보기에 읽고 물음에 답하시오.(28~30)

(가) 無故而得千金이면 不有大福이라 必有大禍이니라 『明心寶鑑』
　　(까닭이 없이 천금을 얻는다면 큰 복이 있는 것이 아니라 반드시 큰 화가 있을 것이다.)

(나) 守口如瓶하고 防意如城하라 『明心寶鑑』
　　(입을 지키는 것은 힝아리를 막는 것과 같이 하고, 뜻을 지키는 것은 성을 지키는 것과 같이 하라.)

(다) 屈己者는 能處重하고 好勝者는 必遇敵이니라 『明心寶鑑』
　　(자기를 굽힐 줄 아는 사람은 중요한 위치에 높일 수 있고, 이기기만을 좋아하는 사람은 반드시 적대시하는 사람을 만나게 된다.)

28. (가)와 연관 있는 한자성어는?(　　　)
① 심모원려(深謀遠慮)　　　　　② 관포지교(管鮑之交)
③ 계찰계검(季札繫劍)　　　　　④ 방약무인(傍若無人)

29. (나)에 해당하는 인성교육 핵심 가치 덕목으로 가장 알맞은 것은?
(　　　)
① 소통　　　② 효　　　③ 책임　　　④ 협동

30. (다)를 가지고 지도해야할 대상으로 가장 알맞은 것은?(　　　)
① 늦잠 자는 버릇이 있는 사람.
② 자기 고집만 부리는 사람.
③ 남 흉보기 좋아하는 사람.
④ 자기의 잘못을 인정하지 않으려는 사람.

※ 다음을 읽고 물음에 답하시오.(31~32)

(가) 事長에 必極其恭하여 不敢斥呼姓名하며 見必納拜跪坐니라 『湛軒書』
어른을 섬김에 반드시 공경함을 다하여 감히 그 (㉠)을 직접 부르지 않으며 어른을 뵐 때면 반드시 (㉡)을 올린 뒤에 무릎을 꿇고 앉는다.

(나) 所(㉢)於上으로 毋以使下하며 所(㉢)於下로 毋以事上하며 所(㉢)於前으로 毋以先後하며 所(㉢)於後로 毋以從前하며 所(㉢)於右로 毋以交於左하며 所(㉢)於左로 毋以交於右하라『明心寶鑑』
내가 윗사람에게서 싫었던 것을 가지고 아랫사람에게 시키지 말고, 내가 아랫사람에게 싫었던 것을 가지고 윗사람을 섬기지 말라. 내 앞사람에게서 싫었던 것을 뒷사람의 앞에서 행하지 말며, 뒷사람에게서 싫었던 것을 가지고 앞사람의 뒤를 따르지 말라. 왼쪽 사람에게 싫었던 것을 가지고 오른쪽 사람과 사귀지 말라. 이것이 자신의 마음을 미루어 남을 헤아리라.

31. ㉠, ㉡에 들어갈 단어로 알맞은 것을 고르시오.(   )
① ㉠: 성명, ㉡: 절   ② ㉠: 별칭, ㉡: 손
③ ㉠: 직함, ㉡: 돈   ④ ㉠: 출석, ㉡: 발

32. ㉢에 공통적으로 들어갈 한자로 알맞은 것은?(   )
① 愛   ② 嫌   ③ 憂   ④ 惡

※ 다음을 읽고 물음에 답하시오.(33~34)

哲人知幾하여	철인은 기미를 알아 생각을
㉠誠之於思하고	진실 되게 하고
志士勵行하여	지사는 행함을 힘써
守之於爲하나니	행위를 지키니
㉡順理則裕요	이치를 따르면 여유롭고
㉢從欲惟危니	욕심을 따르면 위태로우니
造次克念하여	잠시라도 능히 생각해서
戰兢自持하라	전전긍긍해하며 스스로 지켜야 한다.
習與性成하면	습관이 본성과 더불어 이루어지면

㉣聖賢同歸하리라	성인과 현인과 같아질 것이다.

33. 위 글은 <사물잠(四勿箴)> 중 어디에 해당하는지 고르시오.(　　)
① 시잠(視箴)　② 청잠(聽箴)　③ 동잠(動箴)　④ 언잠(言箴)

34. ㉠~㉣ 중 독음이 틀린 것은?(　　)
① ㉠: 감지　　② ㉡: 순리　　③ ㉢: 종욕　　④ ㉣: 성현

※ 다음을 읽고 물음에 답하시오.(35~36)

孟宗冬笋

李齊賢

雪中新㉠笋宅邊生하니	눈 속의 대순 집 가에 나니
摘去高堂㉡慰母情이라	따다가 병든 어머니 위로했네.
但使子孫能㉢盡孝면	다만 자손으로 효성을 다하면
乾坤感應自分㉣明이라	천지신명 감응함이 분명하네.

35. 위 한시에 대한 설명으로 바른 것은?(　　)
① 겨울에 돋아난 대나무의 절개를 칭찬하고 있다.
② 대나무처럼 곧은 선비의 지조와 기개를 드러내고 있다.
③ 지은이가 자신의 심정을 담담하게 읊조리고 있다.
④ 어머니를 위해 겨울에 죽순을 찾아 올린 맹종에 대한 내용이다.

36. 밑줄 친 ㉠~㉣의 뜻으로 알맞지 않은 것은?(　　)
① ㉠: 죽순　　② ㉡: 병들다　　③ ㉢: 다하다　　④ ㉣: 밝다

과목4. 현장에서 배우는 인성교육의 실제

※ 다음 물음에 답하시오.(37~50)
37. 다음 중 가정에서 자녀에게 시행하는 바른 인성 교육에 대한 설명으로
　　적절하지 않은 것은?(　　)
① 가정교육은 태아 때부터 시작된다고 볼 수 있다.

② 인성교육은 하나의 습관으로 배어들게 해주어야 한다.
③ 사람다움을 결여되지 않도록 인성교육이 이루어져야 한다.
④ 가정에서의 인성교육은 기술적으로 자녀에게 가르쳐야 한다.

38. 자녀들에게 보여주기 위한 인성 교육의 예로 적절하지 <u>않은</u> 것은?
( )
① 근검절약하고 성실한 모습을 보여준다.
② 자녀들 앞에서는 온화한 표정을 보여준다.
③ 남과 다툴 때는 끝까지 지지 않는 모습을 보여준다.
④ 웃어른을 만날 때는 바르게 인사하는 모습을 보여준다.

39. 자녀들에게 들려주기 위한 인성 교육의 예로 적절하지 <u>않은</u> 것은?
( )
① 화를 낼 때는 엄하게 꾸짖고 탓하는 말을 들려준다.
② 함부로 말하지 않고 생각해서 말하는 것을 들려준다.
③ 자녀들에게 바른 호칭을 알려주고 부르는 것을 들려준다.
④ 교양강좌나 훌륭한 강연에 함께 참석해서 들려준다.

40. 자녀들과 함께하는 인성 교육의 예로 적절하지 <u>않은</u> 것은?( )
① 평소에도 어른들이 함께 아이들과 예법을 행한다.
② 남들이 보는 데서만 예를 지킬 수 있도록 독려한다.
③ 손님을 접대할 때 아이들이 거들게 해서 예를 배우게 한다.
④ 어른에게 문안을 여쭐 때는 아이들과 함께 한다.

41. 가정에서의 인성교육 지침으로서 적절하지 <u>않은</u> 것은?( )
① 인성교육은 자녀에게 잘 가르치는 것이 중요하다.
② 가정은 우리가 살고 있는 시대만의 것이 아님을 자각해야한다.
③ 집에서 새는 바가지는 밖에 나가서도 새는 법이다.
④ 가정에서 동기간에 우애하는 사람은 밖에서 동료들과 잘 어울린다.

42. 효에 대한 설명으로 적절하지 <u>않은</u> 것은?( )
① 초라한 집과 남루한 옷을 입게 해드리는 것은 불효이다.
② 부모님의 마음을 편안하게 해드리고 뜻에 따르는 효도가 으뜸이다.
③ 인간으로서 올바른 심성을 지니고 살아가는 것이 효도의 실천이다.

④ 부모님께서 걱정하시지 않도록 자기 몸을 소중하게 여긴다.

43. 효를 실천하는 구체적인 방법으로 적절하지 <u>않은</u> 것은?(   )
① 부모님께서 기분 좋으시도록 좋은 말씀을 올린다.
② 멀리 나가 놀 때는 반드시 자기가 있는 곳을 알린다.
③ 어른 앞에서 함부로 다리를 뻗거나 눕지 않는다.
④ 몸이 아프면 부모님이 걱정하시니 알리지 않는다.

44. 바른 언어 예절에 대한 필요성으로 적절하지 <u>않은</u> 것은?(   )
① 말은 약속된 어휘와 말씨이므로 바른 의사소통에 기본이 된다.
② 마음에 있는 생각을 제대로 표현하지 못하면 오해를 산다.
③ 말하는 자세와 듣는 태도는 언어 예절과 아무런 상관이 없다.
④ 비속어를 사용하다보면 평소 자신의 말투도 거칠어지고 만다.

45. 언어 예절의 실천 조목으로 적절하지 <u>않은</u> 것은?(   )
① 밝고 부드러운 표정으로 말을 한다.
② 공통 관심사를 이야깃거리로 삼는다.
③ 가급적 정교하고 복잡하게 말을 한다.
④ 손발의 움직임을 자제하고 바른 자세로 말을 한다.

46. 친족에 대한 호칭에 대한 설명으로 바르지 <u>못한</u> 것은?(   )
① 재당숙: 아버지의 6촌 형제
② 외숙모: 어머니의 오빠 · 남동생의 부인
③ 당고모: 아버지의 4촌 누이
④ 고종형제: 이모의 아들 · 딸

47. 자녀에게 언어 예절을 지도할 때 유의 사항으로 적절하지 <u>않은</u> 것은?
(   )
① 듣기 싫은 말은 외면하도록 주의시킨다.
② 남이 말할 때는 바른 태도로 듣도록 지도한다.
③ 상황에 맞는 적절한 인사말을 사용하도록 한다.
④ 기분이 좋아질 수 있는 긍정적인 말을 많이 가르쳐준다.

48. 자녀가 바른 습관을 가질 수 있도록 지도할 때 유의해야 할 점이 <u>아닌</u> 것

은?(   )

① 아이는 실수하며 자라기 때문에 잘못을 묵인해준다.

② 말하거나 식사할 때 등 모든 행동을 지켜주고 바로잡아주어야 한다.

③ 어릴 때부터 잘못된 습관이 배지 않도록 주의시킨다.

④ 어른이 일상에서 좋은 말과 행동을 보여주는 본보기가 되어야 한다.

49. 오늘날 주목해야할 조선시대 선비의 면모로 적절하지 <u>않은</u> 것은?(   )

① 학문과 예술을 아울러 통달한 지식인이었다.

② 의리와 명분을 중요하게 여겼다.

③ 안락한 생활이나 좋은 옷과 음식에 매달리지 않았다.

④ 덕이나 인정보다는 명확하고 강력한 법치를 강조했다.

50. 직장에서 필요한 인성교육에 대한 설명으로 적절하지 <u>않은</u> 것은?(   )

① 내가 상대방을 알아주면 상대방도 나를 알아주게 되어 있다.

② 부하직원은 힘들고 어려운 일은 상사에게 맡겨야 한다.

③ 자신을 용서하는 마음으로 남을 용서할 줄 알아야 한다.

④ 나보다 남을 배려하고 생각하는 자세를 갖추고 있어야 한다.

주관식(주1~주20)

※ 다음 글을 읽고 물음에 답하시오.(주1~주2)

> 그리고 맹자는 인의예지(仁義禮智)의 인간본성을 추구하는 방법으로 측은지심(惻隱之心)·수오지심(羞惡之心)·사양지심(辭讓之心)·시비지심(是非之心)을 중시하였으며, 친·의·별·서·신(親·義·別·序·信)을 덕목으로 하는 소위 ㉠<u>오륜</u>을 천명하여 전통윤리의 요체로 간주되어 오게 하였다. 한편 한대(漢代) 이후 충효열(忠孝烈)을 기본으로 하는 ㉡<u>삼강</u>의 명분(名分)이 중시되기도 하였다.

주1. ㉠을 한자(漢字)로 쓰시오. (   )

주2. ㉡을 한자(漢字)로 쓰시오. (   )

※ 다음 물음에 답하시오.(주3~주7)

주3. 다음 ㉠에 들어갈 핵심 가치 · 덕목을 쓰시오.　　　　　(　　　　　　　)

> 　사람이 아무리 훌륭한 말을 한다고 하더라도, 사람으로 갖추고 있어야 할 (　㉠　)를 갖추지 못한다면 앵무새나 원숭이와 다를 것이 무엇이 있겠는가! 『예기(禮記)』

주4. 다음 ㉠에 공통으로 들어갈 2음절의 단어를 쓰시오. (　　　　　　　)

> ○ 받들어 봉양함에 모자람이 없게 하고, 자기의 할 일을 먼저 (　㉠　)에게 여쭈며, (　㉠　)가 하시는 일에 순종하여 어기지 말라. -선생경-
> ○ 자기 (　㉠　)를 섬길 줄 모르는 사람과는 벗하지 말라. 왜냐하면 그는 인간의 첫 걸음을 벗어났기 때문이다. -소크라테스-

주5. 다음 ㉠에 공통으로 들어갈 2음절의 단어를 쓰시오. (　　　　　　　)

> ○ 거짓말을 하다가 들킨 사람은 (　㉠　)을 말해도 아무도 믿어주지 않는다. -스페인 속담-
> ○ (　㉠　)은 빛과 같이 눈을 어둡게 한다. 거짓은 반대로 아름다운 저녁노을처럼 모든 것을 멋지게 보이게 한다. -까뮈-

주6. 다음 글을 읽고 ㉠에 들어갈 2음절의 단어를 쓰시오.(　　　　　　　)

> '김(金)씨가 먹고 이(李)씨가 취한다.'는 속담은 좋지 못한 짓은 제가 하였으나 그에 대한 벌이나 비난은 남이 당하게 됨을 비유적으로 이르는 말로써. 좋지 못한 결과에 대해 남에게 (　㉠　)을 지운다는 뜻이다.

주7. 다음 글을 읽고 ㉠을 한자(漢字)로 쓰시오.　　　　　　(　　　　　　　)

> '가계야목(家鷄野鶩)'은 '집의 닭을 미워하고 들의 물오리를 사랑한다.'는 뜻으로, 일상 흔한 것을 피하고 새로운 것, 진기한 것을 ㉠**존중**함을 비유한 성어이다.

※ 각 설명에 알맞은 '인성 교육 핵심 가치 덕목'을 쓰시오.(주8~주10)

주8. 뜻이 서로 통하여 오해가 없음. (   )

주9. 거짓이나 꾸밈이 없이 성품이 바르고 곧음. (   )

주10. 부모에 대한 공경(恭敬)을 바탕으로 한 자녀의 행위.(   )

※ 다음은 '九思'와 '九容'에 대한 설명이다. 각 설명에 해당하는 항목을 <보기>에서 찾아 그 기호를 쓰시오.(주11~주12)

> (가) 말은 충실한지를 생각한다. 즉 말을 할 때는 한마디라도 성실하고 신의 있게 하려고 생각한다.
> (나) 손의 용모는 가지런하고 공손해야한다. 즉 일을 할 때가 아니면 단정히 손을 단정히 맞잡는다.

─── <보기> ───

㉠두용직(頭容直)   ㉡사사경(事思敬)   ㉢수용공(手容恭)   ㉣언사충(言思忠)

주11. (가) - (   )   주12. (나) - (   )

※ 다음 물음에 답하시오.(주13~주14)

> 알 속에서 자란 병아리가 때가 되면 알 밖으로 나오기 위해 부리로 껍데기 안쪽을 쪼는데 이것을 '줄[빠는 소리 줄]'이라고 하며 어미닭이 병아리 소리를 듣고 알을 쪼아 새끼가 알을 깨는 행위를 도와주는 것을 '탁[쫄 탁]'이라 한다. 안과 밖에서 쪼는 행위는 동시에 일어나야 하듯이 스승이 제자를 깨우쳐주는 것을 말하는 '㉠줄탁동기'는 ㉡협동과 관련된 성어이다.

주13. ㉠을 한자(漢字)로 쓰시오. (   )

주14. ㉡을 한자(漢字)로 쓰시오. (   )

※ (가)~(라)에 해당하는 '창의·인성교육'의 개념을 <보기>에서 골라 그 기호를 쓰시오.(주15~주18)

> (가) 창의성과 인성을 동시에 함양하는 교육.
> (나) 일부 교과나 활동에서만 담당하는 것이 아니라, 교과활동, 창의적 체험활동, 가정교육 등 모두를 통해 유아 단계에서부터 종합적으로 함

양해야 하는 자질 교육.

(다) 부정적 이미지의 관행적인 교육이 아니라 '즐거움, 스스로, 중요한' 등 긍정적 이미지의 미래형 교육.

(라) 영재 등 특정 학생을 위한 한정된 교육이 아니라 모든 학생을 대상으로 일상적으로 이루어지는 포괄적인 교육.

───────── <보기> ─────────

㉠종합성 ㉡연계성 ㉢전문성 ㉣동시성 ㉤포괄성 ㉥시사성 ㉦미래지향성

주15. (   )   주16. (   )   주17. (   )   주18. (   )

※ (가)~(마)에 해당하는 덕목을 <보기>에서 골라 그 기호를 쓰시오.(주 19~주23)

(가) 무실역행(務實力行)　　(나) 결자해지(結者解之)

(다) 사생취의(捨生取義)　　(라) 공회형제(孔懷兄弟)

(마) 동고동락(同苦同樂)

───────── <보기> ─────────

㉠우애　　　㉡성실　　　㉢조화　　　㉣용기　　　㉤책임

주19. (가) - (   )   주20. (나) - (   )   주21. (다) - (   )

주22. (라) - (   )   주23. (마) - (   )

※ 각 내용에 해당되는 한자성어를 <보기>에서 골라 그 기호를 쓰시오.(주24~주26)

───────── <보기> ─────────

㉠大同團結　　　㉡周而不比　　　㉢禮義廉恥　　　㉣伯牙絶絃

주24. 자기를 알아주는 절친한 벗의 죽음을 슬퍼함을 이르는 말.

(   )

주25. 사람들과 두루 가까이 지내지만 편을 갈라 무리 짓지 않는다는 말.

(   )

주26. 여러 집단이나 사람이 어떤 목적을 이루려고 크게 한 덩어리로 뭉침.

※ (가)~(라)의 내용에 알맞은 해석을 <보기>에서 골라 그 기호를 쓰 시오.(주27~주30)

(가) 輕交(㉠)絶은 君子所恥니라 『禮記』

　(사귐을 가벼이 하고 절교를 쉽게 함은, 군자가 부끄러워하는 바이 다.)

(나) 非其道則一(㉡)食라도 不可受於人이니라 『孟子』

　(그 도가 아니라면 한 그릇의 밥이라도 남에게 받아서는 안 된다.)

(다) 凡事에 (㉢)人情이면 後來에 好相見이니라 『明心寶鑑』

　(모든 일에 인정을 남겨두면 뒷날 만날 때 서로 좋은 얼굴로 볼 수 있다.)

(라) 君子는 愼其所(㉣)處니라 『孔子家語』

　(군자는 더불어 지내는 사람을 신중히 선택하는 법이다.)

──────── <보기> ────────

①留　　②簞　　③豆　　④易　　⑤與　　⑥約

주27. ㉠-(　　　)　　　주28. ㉡-(　　　)

주29. ㉢-(　　　)　　　주30. ㉣-(　　　)

객관식(1~50)

과목1. 인성교육의 개념 등

※ 다음 물음에 답하시오.(1~8)

1. 인성교육에 대한 설명으로 바르지 <u>않은</u> 것은?(　　)
① 올바른 습관을 형성하는 데 도움이 된다.
② 사회구성원으로서 사회를 발전시키는 인격체로 자라게 한다.
③ 인성교육의 기본적인 기틀은 부모를 통해 시작된다.
④ 온라인교육을 통한 인성교육프로그램은 불가능하다.

2. 인성교육자로서의 자격이 <u>부적합한</u> 사람은?(　　)
① 홍익인간을 실천하는 사람
② 타인을 하늘처럼 존중하는 사람
③ 개인의 이익만을 추구하는 사람
④ 자기수양을 통해 스스로 하늘과 같은 사람

3. 인성교육의 핵심으로 적절한 것은?(　　)
① 개인적 영달을 이룬다.
② 사회적 성공을 우선시 한다.
③ 수양을 통해 덕을 갖추는 것이다.
④ 훌륭한 리더를 맹목적으로 추종한다.

4. 바른 인성교육의 필요성에 대한 설명으로 바르지 <u>않은</u> 것은?(　　)
① 자기 통제 및 조절 능력을 기른다.
② 인지발달과 행동발달에 도움을 준다.
③ 자신을 존중하고 수용하는 자세를 기른다.
④ 타인에 대한 공감각적 이해와 타인존중의 자세를 함양한다.

5. 인성을 위한 생활예절의 필요성에 대한 설명으로 바르지 <u>않은</u> 것은?
(   )
① 사회질서 유지에 도움이 된다.
② 관혼상제 등 복잡한 전통예절을 복원할 수 있다.
③ 개인적인 입장에서 여유로운 마음가짐을 가질 수 있다.
④ 신뢰할 수 있는 사회적 분위기를 조성하는데 도움이 된다.

6. 바른 인성교육에 대한 설명으로 바른 것은?(   )
① 인성교육은 지속적인 학교교육을 통해서만 가능하다.
② 인성은 타고 나는 것이므로 교육을 통해 바꿀 수 없다.
③ 바른 인성교육은 조기교육 뿐 아니라 지속적 교육이 필요하다.
④ 사회적 위치와 역할과는 상관없이 획일적 교육이 필요하다.

7. 유아기의 인성교육에 대한 설명으로 바르지 <u>않은</u> 것은?(   )
① 부모의 자녀양육에 대한 책임이 선행되어야 한다.
② 맹목적 보호와 사랑의 태도를 경계해야 한다.
③ 인격적 미성숙 단계이므로, 자율성과 독립성을 위한 훈련은 지양한다.
④ 밥상머리 교육을 통한 도덕성, 사회성 교육이 필요하다.

8. 청소년기의 인성교육에 대한 설명으로 바르지 <u>않은</u> 것은?(   )
① 정신적, 학문적 올바른 지도가 필요한 시기이다.
② 가정에서의 정신적 안정감이 요구된다.
③ 가정, 학교, 사회가 연계하여 각각의 교육적 기능을 다해야 한다.
④ 학문적, 기술적 성취를 위한 입시라는 당면과제를 우선시해야 한다.

※ 다음 물음에 답하시오.(9~14)
9. '예(禮)'에 대한 설명으로 바르지 <u>않은</u> 것은?(   )
① 이 세상을 살아가는 데에 꼭 필요한 도리이며 질서이다.
② 공자는 예(禮)에 대해 '백행(百行)의 근본(根本)'이라 하였다.
③ 사회의 질서, 가족과 사회의 화합의 기능을 가진다.
④ 함께 지키고 따르기로 약속한 생활규범이다.

10. 예(禮)와 관련한 명언이다. ㉠에 들어갈 가장 적절한 말은?(   )

○ 예는 사치(奢侈)하기보다는 (㉠   )해야 한다. 『논어(論語)』

① 검소(儉素) ② 의리(義理) ③ 청렴(淸廉) ④ 정직(正直)

11. 효(孝)에 대한 설명으로 바르지 <u>않은</u> 것은?(   )
① 효도의 부모에게 받은 만큼 되돌려 드리는 것이다.
② 덕(德) 중에 으뜸이며, 인(仁)을 행하는 근본이 되는 것이다.
③ 제사는 미풍양속으로 효(孝)에서 나온 자연스러운 행동이다.
④ 자녀가 부모에게 경애(敬愛)의 감정을 토대를 두고 하는 행위이다.

12. 효도하는 방법으로 바르지 <u>않은</u> 것은?(   )
① 양지(良志)   ② 봉양(奉養)
③ 입신양명(立身揚名)   ④ 제례(祭禮)의 간소화(簡素化)

13. 정직(正直)에 대한 설명으로 바르지 <u>않은</u> 것은?(   )
① 남을 높이어 귀중하게 여김을 뜻한다.
② 거짓이나 꾸밈이 없이 성품이 바르고 곧음을 말한다.
③ 정직은 삶의 원천이며, 사회를 지배하고 움직이는 힘이다.
④ 어려운 일이 닥칠 때 유연함과 정직함을 가지면 의외로 잘 풀릴 수 있다.

14. 손자삼우(損者三友)에 해당하지 <u>않은</u> 것은?(   )
① 우편벽(友便辟)   ② 우성실(友誠實)
③ 우편녕(友便佞)   ④ 우선유(友善柔)

※ 다음 물음에 답하시오.(15~16)

(가) 내가 존중받으려면 상대방도 존중해야 더욱 조화롭게 살아갈 수 있다.
(나) 막히지 않고 뜻이 서로 통하여 오해가 없는 것을 말한다.

15. (가)의 설명에 해당하는 명언은?(   )
① 내가 하기 싫은 일을 남에게 시키지 말라.
② 도둑의 때는 벗어도 자식의 때는 못 벗는다.
③ 군자는 자기에게 책임을 추궁하고 소인은 남에게 추궁한다.
④ 하나의 거짓을 관철하기 위해서는 또 다른 거짓말을 발견해야 한다.

16. (나)의 설명에 해당하는 덕목의 예(例)가 되는 것은?(   )

① 토론을 통해 양극화 현상을 해소한다.

② 장기 기증을 통해 꺼져가는 생명을 살린다.

③ 어려운 일이 닥칠 때일수록 유연함과 정직함을 가져야 한다.

④ 협동을 통해 힘든 일을 빠르고 쉽게 해결할 수 있다.

※ 다음 물음에 답하시오.(17~19)

17. 다음 설명에 해당하는 덕목은?(   )

> 혼례식에서 술을 나눠 마신 사람을 자신과 같은 사람으로 생각하고, 상대는 무서운 호랑이를 생각하듯이 진중하게 생각하는 역지사지의 마음을 말한다.

① 효(孝)   ② 책임(責任) ③ 소통(疏通) ④ 배려(配慮)

18. 소통(疏通)과 가장 관련이 <u>적은</u> 성어는?(   )

① 십시일반(十匙一飯)   ② 간담상조(肝膽相照)

③ 정의상통(情意相通)   ④ 허심탄회(虛心坦懷)

19. 협동(協同)에 대한 명언으로 적절하지 <u>않은</u> 것은?(   )

① 백짓장도 맞들면 낫다.

② 백성이 입 막기는 내 막기보다 어렵다.

③ 도움이 될 만하 사람과 그 일을 함께 하라. 함께 하면 혼자보다 효과적이고 포기하지 않는다.

④ 우리는 형제로서 함께 살아가는 것을 배워야 한다. 그렇지 않으면 바보로서 다 같이 멸망할 따름이다.

과목2. 인성교육진흥법의 이해 등

※ 다음 물음에 답하시오.(20~27)

20. 인성교육진흥법(2016. 12. 20. 시행)의 내용이다. ㉠에 들어가기에 적절한 것은?(   )

> "(㉠   )"이란 인성교육의 목표가 되는 것으로 예(禮), 효(孝), 정직(正直), 존중(尊重), 배려(配慮), 소통(疏通), 협동(協同) 등의 마

음가짐이나 사람됨과 관련되는 핵심적인 가치 또는 덕목을 말한다.

① 기본 방향 ② 핵심 역량 ③ 핵심 가치 · 덕목 ④ 기준과 운영

21. 「인성교육진흥법」 제4조(국가 등의 책무)의 내용으로 적절하지 <u>않은</u> 것은?(　　)
① 학교 인성교육의 진흥을 위하여 범국민적 참여의 필요성을 홍보하도록 노력하여야 한다.
② 학생의 발달단계 및 단위학교의 상황과 여건과 관계없이 통합적이고 동일한 시책을 마련하여야 한다.
③ 국민은 국가 및 지방자치단체가 추진하는 인성교육에 관한 정책에 적극적으로 협력하여야 한다.
④ 학교를 중심으로 인성교육 활동을 전개하고, 인성 친화적인 교육환경을 조성할 수 있도록 가정과 지역사회의 유기적인 연계망을 구축하도록 노력하여야 한다.

22. 「인성교육진흥법 시행령」 제6조(위원회의 구성 및 운영 등)의 내용에 의거하여 인성교육진흥위원회의 구성원이 될 수 <u>없는</u> 사람은?(　　)
① 학생을 대표하는 사람으로서 학생단체 등이 추천한 사람.
② 법조계·종교계·언론계·문화계 또는 「비영리민간단체 지원법」 제2조에 따른 비영리민간단체에 대항하는 시민단체의 추천을 받은 사람.
③ 학교·교육행정기관 또는 「교육기본법」 제15조에 따른 교원단체의 추천을 받은 사람.
④ 인성교육 분야의 전문지식과 연구경험이 풍부한 사람으로서 관련 단체 및 학회의 추천을 받은 사람.

23. 「인성교육진흥법 시행령」 제14조(교원의 연수 등)에 따라 교원연수계획에 포함되어야할 내용이 <u>아닌</u> 것은?(　　)
① 인성교육의 목표와 내용
② 인성 및 인성교육의 개념
③ 국내외 인성교육 우수 사례
④ 인성교육 관련 학교 교칙 사항

24. 「인성교육진흥법 시행령」 제15조(인성교육 전문인력 양성기관의 지정

및 지정기준 등)에 따라 인성교육 전문인력 양성기관이 갖추어야할 요건이 <u>아닌</u> 것은?(   )
① 인성교육 실시를 위한 자금력
② 적절한 교육과정 및 교육내용
③ 구체적이고 실천 가능한 교육과정 운영계획
④ 교육과정 운영에 필요한 시설·설비 및 교수요원

25. 교육부에서 제시한 「창의·인성교육 기본 지침」에서 언급된 창의·인성 교육에 대한 검토 배경으로 적절하지 <u>않은</u> 것은?(   )
① 기업 등 인재의 최종 수요자는 인성이 아닌 창의성과 기술을 갖춘 훌륭한 전문인을 요구함.
② 학생들의 잠재력과 바람직한 가치관을 '찾고 키워주는' 교육의 핵심에 '창의성'과 '인성'이 존재함.
③ 창의성과 인성 함양은 바람직한 교육의 차원을 넘어서 미래사회에서 개인과 국가의 생존과 직결되는 문제임.
④ 입학 사정관제 도입에 따라 교과 성적만 아니라 학생의 창의성·인성·잠재력 등도 대학 입학을 결정하는 중요 요소로 등장함.

26. 교육부에서 제시한 「창의·인성교육 기본 지침」에서 언급된 창의·인성교육의 현황, 문제점이 <u>아닌</u> 것은?(   )
① 창의·인성교육에 대한 사회적 불신과 갈등 팽배.
② 창의·인성교육을 할 수 있는 학교 사회의 여건과 환경이 취약.
③ 창의·인성교육을 위한 체계적 프로그램 및 체험기회 부족.
④ 사회전반의 학벌주의 풍토에 따른 입시위주, 점수위주 학교 교육.

27. 교육부에서 제시한 「창의·인성교육 기본 지침」에서 <창의·인성교육 실천>의 세부항목으로 적절하지 <u>않은</u> 것은?(   )
① 유아단계의 창의·인성교육 내실화
② 대학 교과 활동에서의 창의·인성교육 강화
③ 지역사회·기업 등과 연계한 창의·인성교육 추진
④ 초중등 창의적 체험활동의 확대 및 내실 있는 운영

과목3. 고전으로부터 배우는 바른 인성교육

※ 다음 보기에 읽고 물음에 답하시오.(28~30)

> (가) 過則勿憚改라 『論語』
>
> (허물이 있거든 고치길 꺼려하지 말라.)
>
> (나) 忍一時之忿이면 免百日之憂이니라 『明心寶鑑』
>
> (한 때의 성남을 참으면 백날의 근심을 면할 수 있다.)
>
> (다) 父母在어시든 不遠遊하며 遊必有方이니라 『論語』
>
> (부모가 생존해 계시거든 먼 데 놀지 말며, 놀더라도 반드시 일정한 방소 있어야 한다.)

28. (가)와 연관 있는 한자성어는?(   )

① 금석맹약(金石盟約)　　　　② 칠신탄탄(漆身吞炭)

③ 각고면려(刻苦勉勵)　　　　④ 해로동혈(偕老同穴)

29. (나)를 가지고 지도해야할 대상으로 알맞은 것은?(   )

① 거짓말을 자주 하는 사람.

② 해야 할 일을 자주 미루는 사람.

③ 하고 싶은 말을 제대로 못하는 사람.

④ 사소한 잘못에도 버럭 화를 내는 사람.

30. (다)에 해당하는 인성교육 핵심 가치 덕목으로 가장 알맞은 것은?
(   )

① 효　　　② 존중　　　③ 소통　　　④ 정직

※ 다음을 읽고 물음에 답하시오.(31~32)

> (가) 人性이 如水하야 水一傾則不可復이오 性一縱則不可反이니 制水者는 必以堤防하고 制性者는 必以禮法이니라. 『明心寶鑑』
>
> (사람의 성품이 물과 같아서, 물은 한번 기울어지면 돌려 담을 수 없고 성품은 한 번 제멋대로 하면 돌이킬 수 없다. 물을 제어하려는 사람은 반드시 (㉠)을 쌓고 성품을 제어하려는 사람은 반드시 (㉡)을 사용한다.)
>
> (나) 孝子之事親也는 居則(㉢)其敬하고 養則(㉢)其樂하고 病則(㉢)其憂하고 喪則(㉢)其哀하고 祭則(㉢)其嚴이니라 『明心寶鑑』
>
> (효자가 어버이를 섬길 적에, 거처할 때에는 그 공경을 다하고, 봉양할 때에는 그 즐거움을 다하고, 병이 들었을 때에는 그 근심을 다하고, 돌

아가신 때에는 그 슬픔을 다하며, 제사지낼 때에는 그 엄숙함을 다한다.)

31. ㉠, ㉡에 들어갈 단어로 알맞은 것은?(　　　)
① ㉠: 담장, ㉡: 병법　　② ㉠: 제방, ㉡: 예법
③ ㉠: 장작, ㉡: 수법　　④ ㉠: 토대, ㉡: 편법

32. ㉢에 공통적으로 들어갈 한자로 알맞은 것은?(　　　)
① 效　　　　② 達　　　　③ 致　　　　④ 制

※ 다음을 읽고 물음에 답하시오.(33~34)

人有㉠秉彝는	사람이 간직한 본성은
本乎㉡天性이언마는	천성에 바탕한 것이지만
知誘物化하여	앎이 외물에 꾀여져 동화해서
遂亡其正하나니라	결국 그 바름을 잃는다.
卓彼㉢先覺은	저 높으신 선각자들은
知止有定이라	멈출 줄 알아 안정됨이 있으셨네.
閑邪㉣存誠하여	삿된 것을 막고 진실함을 간직하여
非禮勿聽하나니라	예가 아니면 듣지 말아야 하네.

33. 위 글은 <사물잠(四勿箴)> 중 어디에 해당하는지 고르시오.(　　　)
① 언잠(言箴) ② 동잠(動箴) ③ 시잠(視箴) ④ 청잠(聽箴)

34. ㉠~㉣ 중 독음이 틀린 것은?(　　　)
① ㉠: 승이　② ㉡: 천성　③ ㉢: 선각　④ ㉣: 존성

※ 다음을 읽고 물음에 답하시오.(35~36)

七步詩

曹植(子建)

煮㉠豆燃豆其하니	콩 삶는 데 콩대 태우니
豆在㉡釜中泣이라	콩이 솥 안에서 우는 구나.
本是㉢根同生으로	본래 한 뿌리에서 났는데
相煎何太㉣急고	볶아대기를 어찌 그라 급히 하는고?

35. 위 한시에 대한 설명으로 바른 것은?(   )
① 시집살이의 어려움을 노래한 것이다.
② 형제를 콩과 콩대에 비유하였다.
③ 지은이가 산책을 하며 지은 한시이다.
④ 화상을 입지 않도록 주의해야한다는 내용이다.

36. 밑줄 친 ㉠~㉣의 뜻으로 알맞지 <u>않은</u> 것은?(   )
① ㉠: 삶다   ② ㉡: 솥   ③ ㉢: 뿌리   ④ ㉣: 급하다

과목4. 현장에서 배우는 인성교육의 실제

※ **다음을 읽고 물음에 답하시오.(37~50)**
37. 다음 중 가정에서 자녀에게 시행하는 바른 인성 교육에 대한 설명으로
    적절하지 <u>않은</u> 것은?(   )
① 가정교육은 사람다움을 확립시키는 인성교육이다.
② 인성교육은 가르치는 것이 아니라 먼저 본보기가 되어야 한다.
③ 자녀가 집안의 중심이므로 다른 무엇보다 자녀를 우선해야한다.
④ 가정에서부터 사람다움을 갖추지 못하면 원만한 사회생활이 어렵다.

38. 자녀들에게 보여주기 위한 인성 교육의 예로 적절하지 <u>않은</u> 것은?
(   )
① 자녀에게는 늘 엄숙한 표정을 보여준다.
② 자녀들 앞에서 먼저 단정한 몸가짐을 보여준다.
③ 부부 사이에도 서로 공경하고 엄정한 모습을 보여준다.
④ 자기 직분에 성실하고 최선을 다하는 모습을 보여준다.

39. 자녀들에게 들려주기 위한 인성 교육의 예로 적절하지 <u>않은</u> 것은?
(   )
① 곱고 바른 말씨로 조용히 말하는 것을 들려준다.
② 경각심을 주기위해 패륜의 예를 자주 들려준다.
③ 가정을 중시하고 어른을 공경해야함을 들려준다.
④ 온화하게 한마디 말이라도 깊은 뜻을 담아 들려준다.

40. 자녀들과 함께하는 인성 교육의 예로 적절하지 <u>않은</u> 것은?(   )

① 혼인이나 제사 등 집안의 의식이나 행사에 참여한다.
② 남의 집을 방문할 때 함께 가서 방문 예절을 익히게 한다.
③ 손님을 접대할 때는 자녀들이 맡아 알아서 처리하도록 한다.
④ 유치원이나 학교 등에서 선생님을 예우하여 존경심을 심어준다.

41. 가정에서의 인성교육 지침으로서 적절하지 <u>않은</u> 것은?(　　)
① 동성동본의 혈족이라고 해서 일가라고 말해서는 안 된다.
② 가정은 수월하게 생길 수 없고 멸실되지도 않음을 알아야한다.
③ 조상으로부터 자손까지 한 뿌리에서 뻗은 가지임을 명심해야한다.
④ 가정에서 가족을 사랑할 줄 알아야 사회에서도 남을 사랑할 수 있다.

42. 효에 대한 설명으로 적절하지 <u>않은</u> 것은?(　　)
① 부모님의 입장에서 생각하고 행동해야 한다.
② 몸을 다쳐 부모님께 걱정을 끼쳐서는 안 된다.
③ 병환이 있으실 경우 정성을 다해 간호한다.
④ 부모님의 몸을 편안하게 해드리는 것이 최상의 효도 방법이다.

43. 효를 실천하는 구체적인 방법으로 적절하지 <u>않은</u> 것은?(　　)
① 맛있는 음식은 부모님께 먼저 권한다.
② 위험한 곳에 가까이 가지 않는다.
③ 부모님께서 부르시면 대답하고 하던 일을 멈추고 달려간다.
④ 물질보다는 마음이 중요하므로 용돈 드리는 것에 구애받지 않는다.

44. 바른 언어 예절에 대한 필요성으로 적절하지 <u>않은</u> 것은?(　　)
① 표준어 구사를 요구하는 것은 굉장한 실례이다.
② 호의에 대해 적절한 말을 하지 않으면 무례하다는 오해를 살 수 있다.
③ 예의바르게 말하고 들으면 원만한 사회생활에 도움이 된다.
④ 올바른 언어와 공손한 말투는 사람의 됨됨이를 좋아보이게 한다.

45. 언어 예절의 실천 조목으로 적절하지 <u>않은</u> 것은?(　　)
① 발음을 또렷하고 정확하게 한다.
② 평온한 감정을 갖고 말을 한다.
③ 상황에 따라 말의 속도를 알맞게 한다.
④ 주변여건과 상관없이 말은 크고 우렁차게 한다.

46. 친족에 대한 호칭에 대한 설명으로 바르지 못한 것은?(   )
① 당숙: 아버지의 4촌 형제
② 재당숙: 아버지의 6촌 형제
③ 시숙: 어머니의 4촌 형제
④ 이종사촌: 이모의 아들·딸

47. 자녀에게 언어 예절을 지도할 때 유의 사항으로 적절하지 않은 것은?
(   )
① 자녀가 말할 때는 열심히 들어주고 격려를 해준다.
② 바른 자세로 앉아 남의 말을 끝까지 잘 듣도록 지도한다.
③ 하고 싶은 말이 있으면 중간에 끼어들 수 있는 방법을 알려준다.
④ 남에게 도움을 받을 때는 감사의 표현을 하도록 지도한다.

48. 자녀가 바른 습관을 가질 수 있도록 지도할 때 유의해야 할 점이 아닌 것
은?(   )
① 질서와 규칙과 도덕을 확실하게 가르쳐야 한다.
② 친구와 약속이 있으면 실행하도록 지도한다.
③ 작은 나쁜 버릇이라도 우습게보지 말고 고치도록 한다.
④ 사사건건 참견하며 어긋나는 행동을 하지 않도록 감시한다.

49. 오늘날 주목해야할 조선시대 선비의 면모로 적절하지 않은 것은?(   )
① 명분과 의리를 중시했다.
② 올바른 일을 위해서는 죽음도 피하지 않았다.
③ 거친 옷과 음식을 부끄러워하지 않았다.
④ 선비는 학문만을 연구하는 전문가들이었다.

50. 직장에서 필요한 인성교육에 대한 설명으로 적절하지 않은 것은?(   )
① 남에게는 너그럽고 자신에게는 엄격해져야 한다.
② 사내 분위기보다 이익창출이 우선시 되어야 한다.
③ 내가 하고 싶지 않은 일을 남에게 강요해서는 안 된다.
④ 상호존중과 배려를 바탕으로 대화와 소통이 이루어져야한다.

주관식(주1~주20)

※ 다음 글을 읽고 물음에 답하시오.(주1~주2)

> 동양에서는 주로 공자와 맹자의 유교사상에서 그 윤리적 전통성을 찾을 수 있는데, 공자는 특히 (㉠)사상에 근거한 효제충신(孝悌忠信)의 덕목을 강조하였다. 그리고 맹자는 인의예지(仁義禮智)의 인간본성을 추구하는 방법으로 ㉡측은지심(惻隱之心)·수오지심(羞惡之心)·사양지심(辭讓之心)·시비지심(是非之心)을 중시하였으며, 친·의·별·서·신(親·義·別·序·信)을 덕목으로 하는 소위 오륜을 천명하여 전통윤리의 요체로 간주되어 오게 하였다.

주1. ㉠에 들어가기에 적절한 1음절의 한자(漢字)를 쓰시오(   )

주2. 밑줄 친 ㉡을 표현하기에 적절한 2음절의 단어를 한자(漢字)로 쓰시오.
(   )

※ 다음 물음에 답하시오.(주3~주7)

주3. 다음 ㉠에 공통으로 들어갈 핵심 가치·덕목을 쓰시오.(   )

> 군자(君子)에게 용맹(勇猛)만 있고, (㉠)가 없으면 세상은 어지럽게 되고, 소인(小人)에게 용맹(勇猛)만 있고, (㉠)가 없으면 도둑이 된다.

주4. 다음 설명에 해당하는 한자(漢字)를 쓰시오.(   )

> 설문해자에 의하면, 노(老)의 줄임에다가 자(子)를 합친 글자로서 아들이 늙은이를 업고 있는 모양을 본뜬 글자이다. 어버이와 자녀 간에 형성되는 원초적인 관계를 규율하는 질서로서 곧 자식이 부모를 섬기는 것이라 할 수 있다.

주5. 정직과 관련된 성어에 대한 설명이다. □에 들어갈 한자(漢字)를 쓰시오.
(   )

> 路不□遺: 백성이 길에 떨어진 물건을 줍지 않는다는 뜻으로, 나라가 평화롭고 모든 백성이 매우 정직한 모양을 이르는 말.

주6. 다음 ㉠에 공통으로 들어갈 2음절의 단어를 쓰시오. (   )

○ 자유에는 (㉠)이 따른다.
○ 교사는 학생들을 지도하고 보호할 (㉠)이 있다.

주7. 다음 글을 읽고 ㉠을 한자(漢字)로 쓰시오.   (   )

'㉠**남존여비**'는 사회적 지위나 권리에 있어 남자를 여자보다 우대하고 존중하는 일을 말한다.

※ 각 설명에 알맞은 '인성 교육 핵심 가치 덕목'을 쓰시오.(주8~주10)

주8. 높이어 귀중하게 대함.   (   )
주9. 도와주거나 보살펴 주려고 마음을 씀.   (   )
주10. 마음에 거짓이나 꾸밈이 없이 바르고 곧음.   (   )

※ 다음은 '九思'와 '九容'에 대한 설명이다. 각 설명에 해당하는 항목을 보기에서 찾아 그 기호를 쓰시오.(주11~주12)

(가) 일을 처리할 때는 공경히 할 것을 생각한다. 즉 한 가지 일을 하더라도 공경하고 신중해야한다.
(나) 머리의 용모는 똑바로 가져야한다. 즉 머리를 바르고 곧게 세워 위엄을 잃지 않는다.

──────── <보기> ────────

㉠언사충(言思忠) ㉡사사경(事思敬) ㉢수용공(手容恭) ㉣두용직(頭容直)

주11. (가) - (   )   주12. (나) - (   )

※ 다음 물음에 답하시오.(주13~주14)

체육적 활동은 대개 집단적으로 행해지므로 ㉠**협동**을 필요로 한다. 또 체육적 활동에는 댄스나 하이킹 등 ㉡**경쟁적** 요소를 포함하지 않는 것도 있으나, 팀이나 그룹의 성원은 다른 팀이나 그룹의 성원과 경쟁하기 위해서 협동하므로, 경쟁적 협동의 형식이 많다.

주13. ㉠을 한자(漢字)로 쓰시오.　　　　　　　　　（　　　　　　　　　）

주14. ㉡을 한자(漢字)로 쓰시오.　　　　　　　　　（　　　　　　　　　）

※ (가)~(라)에 해당하는 '창의 · 인성교육'의 개념을 <보기>에서 골라 그 기호를 쓰시오.(주15~주18)

(가) 영재 등 특정 학생을 위한 한정된 교육이 아니라 모든 학생을 대상으로 일상적으로 이루어지는 포괄적인 교육.

(나) 일부 교과나 활동에서만 담당하는 것이 아니라, 교과활동, 창의적 체험활동, 가정교육 등 모두를 통해 유아 단계에서부터 종합적으로 함양해야 하는 자질 교육.

(다) 부정적 이미지의 관행적인 교육이 아니라 '즐거움, 스스로, 중요한' 등 긍정적 이미지의 미래형 교육.

(라) 창의성과 인성을 동시에 함양하는 교육.

──────── <보기> ────────

㉠종합성　㉡연계성　㉢전문성　㉣동시성　㉤포괄성　㉥시사성　㉦미래지향성

주15. (　　　)　　주16. (　　　)　　주17. (　　　)　　주18. (　　　)

※ (가)~(마)에 해당하는 덕목을 <보기>에서 골라 그 기호를 쓰시오.(주19~주23)

(가) 선공후사(先公後私)　　　　(나) 반포지효(反哺之孝)

(다) 역지사지(易地思之)　　　　(라) 우공이산(愚公移山)

(마) 역발산기개세(力拔山氣蓋世)

──────── <보기> ────────

㉠용기　　　㉡성실　　　㉢배려　　　㉣책임　　　㉤효도

주19. (가) - (　　　)　　주20. (나) - (　　　)　　주21. (다) - (　　　)

주22. (라) - (　　　)　　주23. (마) - (　　　)

※ 각 내용에 해당되는 한자성어를 <보기>에서 골라 그 기호를 쓰시오.(주24~주26)

<보기>

㉠和而不同　　㉡仁者無敵　　㉢水魚之交　　㉣不恥下問

주24. 아주 친밀하여 떨어질 수 없는 사이를 비유적으로 이르는 말. 임금과 신하 또는 부부의 친밀함을 이르는 말. (　　　)

주25. 남과 사이좋게 지내기는 하나 무턱대고 어울리지는 아니함.
(　　　)

주26. 어진 사람은 남에게 덕을 베풂으로써 모든 사람의 사랑을 받기에 모든 사람이 사랑하므로 세상에 적이 없음. (　　　)

※ (가)~(라)의 내용에 알맞은 해석을 <보기>에서 골라 그 기호를 쓰시오.(주27~주30)

(가) 水至淸則無魚하고 人至察則無(㉠)니라『明心寶鑑』
(물이 지극히 맑으면 고기가 없고, 사람이 지극히 살피면 따르는 무리가 없느니라.)

(나) 躬自厚而薄(㉡)於人이면 則遠怨矣니라『論語』
(스스로 돌아보기를 엄하게 하고, 남 책망하기를 가볍게 한다면 원망을 멀리할 수 있을 것이다.)

(다) 君子가 不盡人之歡하며 不竭人之忠은 以全(㉢)일새니라『禮記』
(군자가 지나치게 남이 자기를 좋아하도록 요구하지 않으며, 지나치게 남이 진심을 다하도록 요구하지 않는 것은 사귐을 온전히 하기 위해서다.)

(라) 無身(㉣)는 易하고 無心(㉣)는 難이니라 『心經附註』
(몸에 허물이 없기는 쉽고 마음에 허물이 없기는 어렵다.)

<보기>

①過　　②責　　③效　　④怨　　⑤徒　　⑥交

주27. ㉠-(　　　)　　　　주28. ㉡-(　　　)
주29. ㉢-(　　　)　　　　주30. ㉣-(　　　)

제1회 『바른인성지도사』자격시험 예상문제 모범답안

■ 객관식 ■

1	②	11	④	21	①	31	①	41	①
2	④	12	①	22	④	32	④	42	①
3	②	13	③	23	③	33	③	43	④
4	①	14	③	24	①	34	①	44	③
5	④	15	④	25	②	35	④	45	③
6	①	16	③	26	④	36	②	46	④
7	②	17	①	27	①	37	④	47	①
8	①	18	④	28	①	38	③	48	①
9	④	19	③	29	③	39	①	49	④
10	①	20	①	30	②	40	②	50	②

■ 주관식 ■

1	五倫	11	ㄹ	21	ㄹ
2	三綱	12	ㄷ	22	ㄱ
3	예(禮)	13	啐啄同機	23	ㄷ
4	부모(父母)	14	協同	24	ㄹ
5	진실(眞實)	15	ㄹ	25	ㄴ
6	책임(責任)	16	ㄱ	26	ㄱ
7	尊重	17	ㅅ	27	④
8	소통(疏通)	18	ㅁ	28	②
9	정직(正直)	19	ㄴ	29	①
10	효(孝)	20	ㅁ	30	⑤

제2회 『바른인성지도사』 자격시험 예상문제 모범답안

■ 객관식 ■

1	④	11	①	21	②	31	②	41	①
2	③	12	④	22	①	32	③	42	④
3	③	13	①	23	④	33	④	43	④
4	②	14	②	24	①	34	①	44	①
5	②	15	①	25	①	35	②	45	④
6	③	16	①	26	①	36	①	46	③
7	③	17	④	27	②	37	③	47	③
8	④	18	①	28	③	38	①	48	④
9	②	19	②	29	④	39	②	49	④
10	①	20	③	30	①	40	③	50	②

■ 주관식 ■

1	仁	11	㉡	21	㉢
2	四端	12	㉣	22	㉡
3	예(禮)	13	협동(協同)	23	㉠
4	효(孝)	14	경쟁적(競爭的)	24	㉢
5	拾	15	㉤	25	㉠
6	책임(責任)	16	㉠	26	㉡
7	男尊女卑	17	㉥	27	⑤
8	존중(尊重)	18	㉣	28	②
9	배려(配慮)	19	㉣	29	⑥
10	정직(正直)	20	㉤	30	①

제5.4절 참고문헌(參考文獻)

❍ <한글판-신명심보감>, 박성규, 이동환 외 10인, 고려대학교출판부, 2003년
❍ <어린이 明心寶鑑>, 손호출, 과천향교, 2016년
❍ <21세기 신명심보감>, 한국교육삼락회 총연합회, 대한교과서(주), 2006년
❍ <명심보감-인성이 미래다>, 석류정, 유혜영, 도서출판 관지, 2016년
❍ <타인에게 흔들리지 않고 주도적으로 사는 방법-나에게, 明心寶鑑>, 모을, (주)느린생각, 2015년
❍ <현토완역 明心寶鑑>, 성백효, 전통문화연구회, 2009년
❍ <바른 人性敎育을 겸한 한문교재-쉽게 배우는 四字小學>, 장영근, ㈜에세이퍼블리싱, 2012년
❍ <현토완역 四字小學>, 성백효, 전통문화연구회, 2008년
❍ <현토완역 童蒙先習, 擊蒙要訣>, 성백효, 전통문화연구회, 2008년
❍ <1015 고사성어>, 최영미, 도서출판 형민사, 2013년
❍ <365일 촌철살인의 지혜-故事成語>, 신동운, ㈜인문학서재, 2013년
❍ <한권으로 읽는 채근담>, 홍자성, 글로북스, 2014년
❍ <신역 채근담>, 이기석, 홍신문화사, 1996년
❍ <자연과 인생에 관한 명상-菜根譚>, 홍자성, 현암사, 2011년
❍ <채근담>, 조지훈, ㈜나남, 2016년
❍ <마음을 되돌리는 古典의 바늘 끝-一針>, 정민, 김영사, 2012년
❍ <고등학교 漢文古典>, 최상익 외 2인, ㈜금성출판사, 2007년
❍ <고등학교 漢文Ⅰ자습서>, 송재소 외 4인, ㈜다락원, 2014년
❍ <고등학교 漢文Ⅰ자습서>, 안대희 외 6인, ㈜천재교육, 2014년
❍ <고등학교 漢文Ⅰ자습서>, 박성규 외 4인, 동아출판, 2016년
❍ <禮節學-이론과 실제>, 남상민, 박영사, 1997년
❍ <孝와 人性>, 硏齊 전병호, 2015년
❍ <과천禮문화-제11호>, 果川鄕校, 2013년
❍ <실천예절개론>, 김득중, 교문사, 2002년
❍ <한문으로 배우는-청소년 忠孝禮>, 성균관출판부, 2011년
❍ <청소년 人性敎育 현장교실-예절서>, 성균관출판부, 2004년
❍ <청소년 人性敎育 현장교실-禮節日記>, 성균관출판부, 2008년

○ <우리의 生活禮節>, 성균관유도회경기도본부, 우리인쇄사, 2007년

○ <孝와 禮節>, 성균관유도회경기도본부, 우리인쇄사, 2005년

○ <아름다운 우리禮節>, 성균관유도회경기도본부, 도서출판 우리사, 2013년

○ <어린이 生活禮節>, 전례연구위원회, 1999년

○ <생활漢字쓰기교본>, 한자문화교육연구회, 문자향, 2012년

○ <청소년이 알아야할 禮節>, 성균관출판부, 2011년

○ <한국의 한시>, 양희용, 한국문화사, 2007년

○ <현토완역 孝經大義>, 정태현, 전통문화연구회, 2005년

○ <현토완역 論語集註>, 성백효, 전통문화연구회, 2009년

○ <현토완역 孟子集註>, 성백효, 전통문화연구회, 2009년

○ <현토완역 大學·中庸集註>, 성백효, 전통문화연구회, 2009년

○ <大學·中庸의 완역서>, 이세동, 을유문화사, 2014년

○ <신완역 禮記>, 이상옥, 명문당, 2012년

○ <譯註 古文眞寶 前集>, 성백효, 전통문화연구회, 2009년

○ <현토완역 周易傳義>, 성백효, 전통문화연구회, 2009년

○ <인성예절지도사 자격증과정-기본서>, 한국예절문화원 2015년

○ <人性禮節敎育-인성예절지도사 자격증과정>, 한국예절문화원, 도서출판 예학,
   2015년

○ <제1기 선비 인성최고지도자과정-인성교육지도사 1급 자격과정>, (사)동인
   문화원 선비인성교육원, 2015년

○ <人性指導師 직무연수교재>, 한국한문교사중앙연수원, 2016년

○ <Naver 등 인터넷>, 관련 검색자료, 2016~2017년

○ 교육부 홈페이지(http://www.mest.go.kr) 관련 자료, 2016~2017년

○ 법제처 홈페이지(http://www.moleg.go.kr) 관련 자료, 2016~2017년

○ 로앤비 홈페이지(http://www.lawnb.com) 관련 자료, 2016~2017년

『바른 인성지도사』 자격시험 안내

- 인성지도자를 위한 전문강사의 자격 -

시험요강

등 급	문항 수(개)		합격기준 (점)	시험시간 (분)	응시자격	응시료 (원)
바른 인성지도사	80	객: 50 주: 30	70	60	만20세 이상	100,000

출제범위

자격종목 / 등 급	출 제 범 위	출제문항 수		
		객	주	(계)
바른 인성지도사	인성교육의 개념 등	8	2	10
	핵심가치 덕목	11	12	23
	인성교육진흥법의 이해 등	8	4	12
	고전으로부터 배우는 바른 인성교육	9	12	21
	현장에서 배우는 인성교육의 실제	14	0	14
	(합계)	50	30	80

※ 출제범위 및 문항 수는 조정될 수 있음.

편 찬 후 기

　　인성교육은 '사람다운 사람을 기르는 교육'이며, '사람답게 살아가는 사람을 기르는 교육'이라고 할 수 있다. 인성교육을 의무로 규정한 세계 최초의 법, '人性教育振興法'의 법안이 2014년 12월 29일 대한민국 국회를 통과, 2015년 01월 20일자로 공포되었고, 이어서 같은 해 07월 21일 이법이 시행되었다.

　　그러나 인성교육 지도자나 연수원 등에서 필요로 하는 인성교육 교재가 많지 않아 인성교육 지도에 다소 어려움을 느끼고 있는 것이 현실이다. 이에 인성지도에 참고할 서적의 필요성과 인성교육에 관심을 가진 분들의 열망에 부응하여 HCC 教育財團37)의 산하단체인 社團法人 古典文化研究會에서는 그간의 연수활동과 다양한 교육경험을 바탕으로 다음과 같은 몇 가지 점에 유의하여 인성지도자 양성을 위한 『바른인성지도사』 교과서를 편찬하게 되었다.

❖ 2019년도 초등학교 교과서 한자병기 활용에 대비하여 학습자에 도움을 드리고자 본 교과서에 필요한 한자를 병기하여 제시

❖ 우리나라 최상의 "인성지도사 자격시험 및 연수교육 교과서"로서 애독자 여러분들의 눈높이에 맞게 적기 활용할 수 있도록 세부 사안별로 개념 및 근거와 주요 사례를 제시

❖ 인성지도자를 위하여, "제1장 인성교육의 개관, 제2장 인성교육진흥법의 이해, 제3장 고전으로부터 배우는 바른 인성교육, 제4장 현장에서 배우는 인성교육의 실제, 제5장 부록(직무교육 실기문제, 자격시험 예상문제 등)"의 내용별로 한 눈에 파악할 수 있도록 제시

❖ 각종 연수원 등에서 인성지도자를 양성하기 위한 교과서로서, 또는

필요한 분들이 학습할 수 있도록 그간의 교육연수 및 강의경험 등을 기초로 실기문제 및 예상문제를 제시

❖ 본 교과서는 강사와 수강생이 보다 쉽게 접근할 수 있도록 내용순서에 따라 敎學相長의 활용가치를 높이고자 각 항목별마다 수업진행 식별번호(예: 1. 가. (1). 1). 움. ① ❶. 등)를 부여

　아무쪼록 본 교과서가 인성지도에 종사하시는 분들과 그밖에 필요로 하는 분들에게 정보공유, 역량강화에 도움이 되기를 바란다. 감사합니다.

2017년　3월

HCC교육재단

사단법인 고전문화연구회 편찬위원

HCC교육재단

사단법인 고전문화연구회
어문능력개발평생교육원 · 태학원

전화 (02)3406-9117 / 전송 (02)3406-9118
홈페이지: www.icc39.org / E-mail: icc39@icc39.org
⊕ 04551 서울특별시 중구 수표로 45(저동2가) 을지비즈센터 4층 401호

---

37) **HCC (Hanja·Classical·Culture) 교육재단:**　①사단법인 한자교육진흥회, ②사단법인 고전문화연구회, ③재단법인 간송학술쟁학재단, ④어문능력개발 평생교육원(태학원), ⑤어문능력개발 원격평생교육원 등 주식회사 형민사를 제외한 5개 기관의 통합 명칭입니다.

편찬위원	장 형 식 HCC교육재단 회장
	박 성 규 (사)고전문화연구회 이사장
	손 호 출 (사)고전문화연구회 원장
	장 윤 경 (사)고전문화연구회 사무차장
	차 민 경 (사)한자교육진흥회 연구부장
	김 융 창 (사)한자교육진흥회 연구팀장

미래는 인성이다!!

바른인성지도사

초판발행 | 2017년 3월 28일

초판인쇄 | 2017년 3월 21일

편저자 | 사단법인 고전문화연구회

감　수 | 사단법인 고전문화연구회

펴낸곳 | 주식회사 형민사

교정교열 | HCC교육재단 편찬위원

인터넷구매 | www.hanja114.co.kr

구입문의 | TEL. 02-736-7694, FAX. 02-736-7692

주　소 | ㉾04551 서울특별시 중구 수표로 45, 505호 (저동2가, 비즈센터)

등록번호 | 제2016-000003호

정　가 | 32,000원

ISBN | 978-89-91325-87-6　03190